世界の中のラテンアメリカ政治

舛方周一郎
宮地隆廣

東京外国語大学出版会

この本について

この本はラテンアメリカの政治に関する概説書です。ラテンアメリカはアメリカ大陸とその周辺の島々の中でも、アメリカ合衆国（米国）より南に位置しています。多くのラテンアメリカ諸国が独立した一八〇〇年前後からさらに昔にさかのぼり、二〇一〇年代までの政治の歩みを見ていきます。

この本はラテンアメリカの政治に見られる共通点や多様性を扱います。ラテンアメリカ諸国は非常に類似した経験を共有していることに着目します。同時に、その経験に関連して、各国が異なる政治的特徴を示したことを指摘します。

私たち筆者は、世界史の流れの中にラテンアメリカを位置づけることを意識して、この本を作りました。ラテンアメリカ諸国に共通する経験は、ラテンアメリカを取り巻く世界の動向に深く関連しています。このつながりを意識することで、そうした世界とラテンアメリカ諸国の変化を連動させて理解することができます。さらに同時期の日本の状況にも適宜触れることで、ラテンアメリカの状況を日本と対比して理解する機会も設けています。

この本は政治を扱う上で基本となる学術的な概念を用いて、ラテンアメリカの政治を記述しています。ラテンアメリカ諸国の経験をそれ以外の国と関連づけるには、一般的な広がりを持つ概念を用いる必要があります。その概念をなるべく平易に定義し、ラテンアメリカ内外の政治の説明に生かしています。

この本には専用のウェブサイトが用意されています。

https://wp.tufs.ac.jp/tufspress/books/book79/

ウェブサイトにはこの本にまつわる多様な情報が収められています。例えば、この本は読みやすさを優先し、記述の根拠となる参考資料の表示を省いています。そうした資料の一覧はウェブサイトで確認できます。また、この本の読み方や使い方に関する情報もまとめられています。

この本は、以上に示した特徴から、とりわけ次に挙げる三つの役割を果たせるものと、私たち筆者は期待しています。

第一に、漠然とラテンアメリカの政治のことを知りたいという関心に応えます。この文章を読んでいる方は、ラテンアメリカへの関心があって、この本を手にしていることと思います。高校までの社会科で学んだ（学んだ後に忘れてしまった）世界の出来事を振り返り、「ポピュリズム」や「軍事政権」のような日常で流れる世界のニュースのキーワードにも触れるなど、すでに皆さんが聞いたことのある言葉と関連づけて、ラテンアメリカの政治を説明します。

第二に、大学におけるラテンアメリカ政治の教科書や参考書として使うことができます。ラテンアメリカ政治の全体像と世界史の流れを念頭に置きつつ、それぞれの時代に特徴的な事例を把握することは、ラテンアメリカの政治の理解に広がりをもたらします。この本のウェブサイトでは、実際の授業における使い方の例も示しています。また、比較政治の副読本として、ラテンアメリカの事例を知るための教材とすることもできます。

第三に、ラテンアメリカの人々と関わる方の交流を助けます。日本におけるラテンアメリカとの関わりは、日本に移住した人を対象とする行政から、ビジネス、国際協力、文化まで多様な分野に広がっています。相手となる人々の歴史的背景を理解し、身近に感じることは、より豊かな交流をもたらします。

　もちろん、この本にはいくつかの限界もあります。まず、一つの国の歴史をすべての時代を通して扱うことはありません。ラテンアメリカ全体の特徴を打ち出す以上、それに収まらない各国や各時代に対する多様な理解を細やかに捉えることは断念せざるを得ないからです。また、ラテンアメリカ政治の研究は日進月歩で、様々な説が提唱されています。この本はその代表的なものを取り上げていますが、そのすべてを網羅するものではありません。こうした問題点を克服するため、**この本のウェブサイトでは、ラテンアメリカ各国の通史や、この本で取り上げたテーマに関連する書籍や論文などを紹介しています。**

　この本が、政治という切り口からラテンアメリカを知り、ラテンアメリカを通じて日本や世界の情勢を考えるきっかけとなることを願っています。

本書に関連するウェブ資料は
以下のＵＲＬからご覧いただけます。
https://wp.tufs.ac.jp/tufspress/books/book79/

日本語ではない言語のカタカナ表記の原則

（1）大貫良夫ほか監修　二〇一三『新版　ラテンアメリカを知る事典』（平凡社）と全国歴史教育研究協議会編　二〇二二『世界史用語集　改訂版　アプリ付き』（山川出版社）に依拠する。両者が相反する場合、前者を優先し、後者の表記をカッコに入れて示す。
（例）クリストバル・コロン（クリストファー・コロンブス）

（2）人名は「名・姓」の順で記し、名と姓は「・」で区切る。姓や名が複数の語で構成される場合、「＝」でつなげる。また、正式な人名が長い場合、参考文献の表記に従い、簡略化したものを用いる。各章の初出では姓と名を示し、それ以外では主に用いられる姓や通称を示す。
（例）フアン＝ドミンゴ・ペロン（二度目以降はペロン）
　　ホセ・デ＝サン＝マルティン（二度目以降はサン＝マルティン）
　　ナポレオン・ボナパルト（二度目以降はナポレオン）

（3）人名以外の場合、原則として複数の語はつなげて表記する。ただし、読みやすさを優先して、語の間を「・」で区切ることもある。
（例）ラテンアメリカ（原語は Latin America）
　　カフェコンレイチ（原語は café com leite）

世界の中のラテンアメリカ政治 ＊ 目次

第5章

ポピュリズムの政治

第10章 新自由主義改革

第11章 左傾化

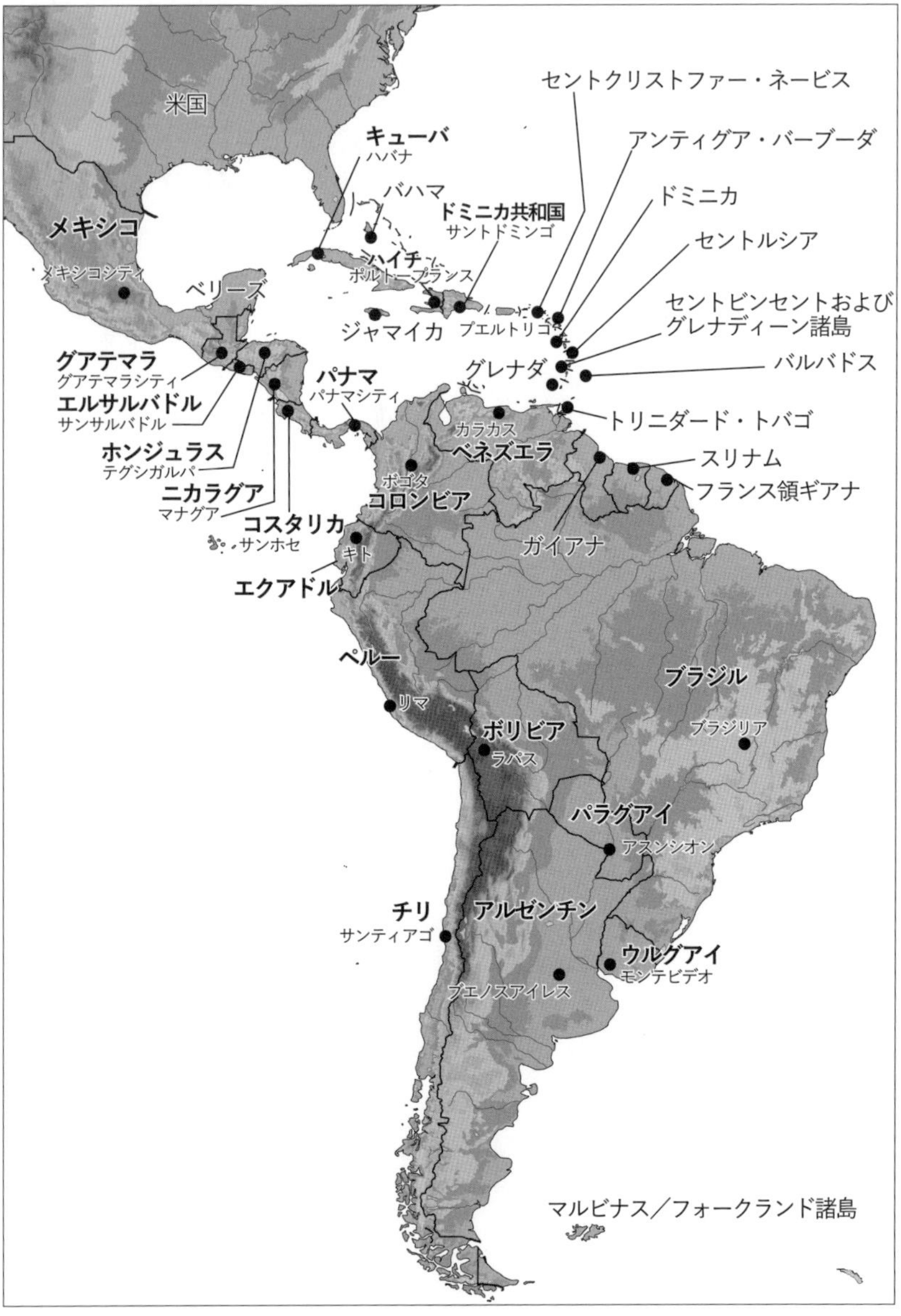

米国
キューバ
ハバナ
バハマ
ドミニカ共和国
サントドミンゴ
セントクリストファー・ネービス
アンティグア・バーブーダ
ドミニカ
セントルシア
セントビンセントおよび
グレナディーン諸島
バルバドス
メキシコ
メキシコシティ
ベリーズ
ハイチ
ポルトープランス
ジャマイカ
プエルトリコ
グレナダ
グアテマラ
グアテマラシティ
エルサルバドル
サンサルバドル
パナマ
パナマシティ
トリニダード・トバゴ
カラカス
ベネズエラ
ホンジュラス
テグシガルパ
スリナム
ボゴタ
フランス領ギアナ
ニカラグア
マナグア
コロンビア
コスタリカ
サンホセ
キト
ガイアナ
エクアドル
ペルー
ブラジル
リマ
ボリビア
ラパス
ブラジリア
パラグアイ
アスンシオン
チリ
アルゼンチン
サンティアゴ
ウルグアイ
モンテビデオ
ブエノスアイレス
マルビナス／フォークランド諸島

ラテンアメリカ全図

第1章

ラテンアメリカ政治の全体像

日本にとって、ラテンアメリカは文字通り遠くにある地域である。日本とラテンアメリカは太平洋をはさんだ対岸にある。東京から見た地球の裏側は、南北アメリカ大陸とアフリカ大陸の間に横たわる大西洋の洋上にあり、アフリカ大陸よりも南米大陸に近い。

ラテンアメリカを知る機会が乏しいという意味でも、ラテンアメリカには遠さが感じられる。日本を取り巻く世界について学ぶ主な機会として、高校で地理歴史を学ぶことがある。ＮＨＫ教育の番組「ＮＨＫ高校講座」で年四〇回放送される「世界史」で「ラテンアメリカ」がタイトルに登場するのはわずかに一回（第三八回「ラテンアメリカとアメリカ合衆国」）である。

しかし、注意して見れば、ラテンアメリカと日本のつながりは色々なところにある。鶏肉や塩、アボカド、バナナなどラテンアメリカ産の食料品がスーパーマーケットに並び、レゲトンやサルサ、タンゴなどラテンアメリカ発の音楽ジャンルを聞いたことがある人もいるだろう。野球やサッカーなど日本のプロスポーツの世界でもラテンアメリカ出身の選手が活躍している。

人的交流の面でも、日本とラテンアメリカの関わりは深い。二〇二一年時点で、ラテンアメリカ諸国の国籍を所有し、日本に在留している者は約二七万人に達した。これには含まれない、すでに日本国籍を得たラテンアメリカの人々も数多く存在する。また、ラテンアメリカに在住する日本人も約九万人を数える。過去に遡れば、一九世紀後半から二〇世紀前半までに、推定二五万人が日本からラテンアメリカに移住した。その子孫が大規模な日系人コミュニティを形成している国もある。

では、ラテンアメリカとはいったいどのような場所なのか。この章ではラテンアメリカを構成する国々を、本書のテーマである政治に着目しながら紹介する。日本を含むラテンアメリカでない国々との対比を通じ、世界の中でのラテンアメリカ諸国の位置づけが示されることになる。

1……ラテンアメリカという地域

ラテンアメリカの政治の解説を始める前に、本書の言うラテンアメリカを定義する必要がある。ラテンアメリカとは「ラテン」の「アメリカ」であり、「アメリカ」に「ラテン」という限定が伴っている。そこで、この二つの概念が指し示す内容をまず確認する。

1⦿支配的言語による区分

日本語の「アメリカ」はアメリカ合衆国（米国）を指すことが多いが、英語の「アメリカ（America）」には地域としてのアメリカの意味もある。言うまでもなく、ラテンアメリカの「アメリカ」は後者を意味する。アメリカはヨーロッパやアジア、アフリカを含む東半球とは反対側の西半球に位置し、世界の約八パーセントの面積（約四二五〇万平方キロメートル）と一〇パーセント強の人口（約一〇億人）を擁する。

アメリカにラテンなものがあると限定することは、ラテンでないアメリカがあることを意味する。この区分は支配的な言語の起源に由来する。メキシコやアルゼンチンなどの公用語であるスペイン語、ブラジルの公用語であるポルトガル語、そしてハイチの公用語であるフランス語はともにロマンス語系の言語であり、ローマ帝国の公用語であるラテン語に起源を持つ。これに対し、米国やカナダ、ジャマイカなどで支配的な言語である英語はロマンス語系ではない。英語が主に話される地域は「イギリスの」を意味する「アングロ」を冠して、アングロアメリカと呼ばれる。さらには、スリナムのように、ロマンス語系でも英語でもない、オランダ語を主な言語とする地域もある。

支配的な言語が場所によって異なることは、かつてヨーロッパ諸国の人々がアメリカに移住し、その土地を支配した、つまり植民地にしたという歴史に由来する。例えば、かつてスペインの植民地であった地域では、現在でもスペイン語が主な言語である。

支配的な言語に着目する場合、どの程度地域を細かく考えるべきかが問題になる。例えば、カナダの東部にはフランス語が支配的なケベック州があり、アメリカ合衆国の自治領であるプエルトリコでは九五パーセント以上の住民がスペイン語を主たる言語としている。このような場合、自治の水準や住民の意識などをどのように評価するかに応じて、分類が変わる。一般に、ケベックはラテンアメリカに含まれないが、プエルトリコはラテンアメリカに含まれることが多い。

2 ⦿ 地理的な区分

アメリカの区分は支配的言語に着目したものだけではない。地理学的な区分によれば、アメリカは北アメリカと南アメリカに区分される。英語でアメリカ大陸のことをジアメリカス（The Americas）と複数形で表現するのは、北アメリカと南アメリカの二つの大陸が含まれているからである。両大陸の境界は大陸の幅が最も狭くなっているパナマ地峡部にある。

さらに、北アメリカの中では慣習的に中央アメリカとカリブという二つの地域が区別される。中央アメリカはメキシコとグアテマラ＝ベリーズの国境より南、パナマとコロンビアの国境より北にある地域である。カリ

	北アメリカ（北米）			南アメリカ（南米）
		中央アメリカ（中米）	カリブ	
ラテン	メキシコ	グアテマラ エルサルバドル ホンジュラス ニカラグア コスタリカ パナマ	キューバ ハイチ ドミニカ共和国	コロンビア ベネズエラ エクアドル ペルー ボリビア チリ パラグアイ ブラジル ウルグアイ アルゼンチン
アングロ	米国 カナダ	ベリーズ	ジャマイカ バハマほか	ガイアナ
それ以外				スリナム

表 1-1　南北アメリカ地域の区分

ブ地域はその名の通り、カリブ海一帯を指す。

政治に関心を当てる本書は、主に国を単位としてラテンアメリカのことを説明する。表1-1は、南北アメリカにある国を言語的な区分と地理的な区分に従って分けた結果を示している。この表からは、ラテンアメリカには北アメリカ一か国、中央アメリカ六か国、カリブ三か国、そして南アメリカ一〇か国の計二〇か国が含まれていることがわかる。本書はこれらの国々の政治を扱う。

3 ⦿ ラテンアメリカ諸国の現在の概況

ラテンアメリカ諸国にはロマンス語系ヨーロッパ諸国の植民地であったという共通点がある。この影響は言語以外の文化的特徴である宗教にも見られ、すべての国でキリスト教、とりわけカトリックの比率が非常に高い。これは植民地本国の主な宗教がカトリックだったことによる。

一方、国ごとに大きな差が見られる側面もある。例えば、ラテンアメリカ最大の国土を持つブラジルの面積は日本の約二三倍にあたる約八五二万平方キロメートルであるが、最小

地理区分	国名	面積（万㎢）	人口（百万人）	1人あたり国民所得（ドル）	平均就学年数（年）	平均寿命（年）
北米	メキシコ	196	126	17,628	8.6	75.0
中米	グアテマラ	11	17	7,378	6.5	74.1
	エルサルバドル	2	6	6,973	6.9	73.1
	ホンジュラス	11	10	4,258	6.6	75.1
	ニカラグア	13	6	4,790	6.8	74.3
	コスタリカ	5	5	14,790	8.7	**80.1**
	パナマ	8	4	20,455	10.2	78.3
カリブ	キューバ	11	11	7,811	**11.8**	78.7
	ハイチ	3	11	1,665	5.4	63.7
	ドミニカ共和国	5	11	15,074	7.9	73.9
南米	コロンビア	114	50	12,896	8.3	77.1
	ベネズエラ	92	29	9,070	10.3	72.1
	エクアドル	28	17	10,141	9.0	76.8
	ペルー	126	44	12,323	9.2	76.5
	ボリビア	109	11	6,849	9.0	71.2
	ブラジル	**852**	**209**	14,068	7.8	75.7
	チリ	75	19	**21,972**	10.4	80.0
	パラグアイ	41	7	11,720	8.5	74.1
	アルゼンチン	278	44	17,611	10.6	76.5
	ウルグアイ	18	3	19,435	8.7	77.8
	日本	38	126	40,799	12.8	84.5

表 1-2　ラテンアメリカ諸国と日本の面積・人口・人間開発指数（HDI）の関連指標〈2019 年〉

（注）網付きのセルは各項目の最高・最低値。国民所得は 2011 年購買力平価。

の国であるエルサルバドルは約二万平方キロメートルで、関東一都四県を合計した程度の広さしかない。人口もまた、ブラジルの二・一億人からウルグアイの三四〇万人まで大きな幅がある（表1－2）。

地形の差も顕著である。アメリカ大陸はアメリカ山系と呼ばれる山岳部が南北を貫いている。ホンジュラスやチリのように高地部が国土面積の六割を超える国もあれば、ブラジルやウルグアイのように二割に満たない国もある。さらに、ホンジュラスの高地帯の多く

順位	ラテンアメリカ諸国	主な域外国
1〜		ノルウェー、スイス
10〜		米国、日本
20〜		スペイン、フランス
30〜		ギリシア
40〜	チリ (42)、アルゼンチン (48)	ポルトガル、ロシア
50〜	ウルグアイ (57)	ベラルーシ、トルコ
60〜	パナマ (67)、コスタリカ (68)	マレーシア、イラン
70〜	キューバ (72)、メキシコ (76)、ブラジル (79)、コロンビア (79)	スリランカ、タイ
80〜	ペルー (82)、エクアドル (85)、ドミニカ共和国 (89)	中国、ウクライナ
90〜	ベネズエラ (96)、パラグアイ (98)	モンゴル、レバノン
100〜		フィリピン
110〜	ボリビア (114)	エジプト、ベトナム
120〜	エルサルバドル (124)、グアテマラ (126)、ニカラグア (126)	イラク、インド
130〜	ホンジュラス (132)	バングラデシュ
140〜		ラオス、ケニア
150〜		シリア、ナイジェリア
160〜	ハイチ (169)	セネガル、スーダン
170〜		アフガニスタン
180〜		ニジェール

表 1-3　ラテンアメリカ諸国の人間開発指数（HDI）順位〈2019 年〉

は二〇〇〇メートルに満たないのに対し、チリやペルーなど急峻なアンデス山脈に領土を持つ国は三〇〇〇メートルを超える土地を広く持つ。低地に目を向けても、アルゼンチンやウルグアイのように温暖湿潤な平原が国土を広く占める国もあれば、アマゾン低地帯を抱えるブラジルのように居住困難な熱帯を擁する国もある（本書12頁の地図）。

ラテンアメリカ諸国は開発途上国であるが、生活水準の差は著しい。表1-2には代表的な生活水準の指標として国連開発計画（UNDP）が発表している人間開発指数（HDI）の関

国	調査年	比率（%）
メキシコ	2015	先住民 21.5、黒人 1.2
グアテマラ	2018	先住民 43.5、黒人 0.2、その他 0.3
アルゼンチン	2010	先住民 2.4、黒人 0.4
ブラジル	2010	パルド 43.4、先住民 0.4、黒人 7.5

表 1-4　ラテンアメリカ 4 か国の先住民・黒人の人口比率

（注）パルドは白人・先住民・黒人の混血。アルゼンチンは血族内該当者の有無、それ以外は自己認識に関する回答。

連指標が示されている。ＨＤＩは一人あたり国民所得と平均就学年数、平均寿命をもとに算出される。この三つの指標が取り上げられるのは、経済的に豊かで、自ら物事を判断でき、健康な身体を持つことが、人間が主体的に生きる機会を享受する条件であるという考えに基づく。表１‐３はラテンアメリカ諸国のＨＤＩの順位を示している。

ラテンアメリカ諸国の中でＨＤＩが最も高いのはチリ（一八九か国中四二位）で、その後をアルゼンチン（四八位）、ウルグアイ（五七位）と南米南部の国が続く。一九位の日本と比べると、平均就学年数や平均寿命は日本とほぼ同じだが、一人あたり国民所得は日本の半分以下である。逆に、最下位のハイチ（一六九位）をチリと比べると、一人あたり国民所得がわずか一三分の一、平均就学年数は約五年、平均寿命は約一三年も短い。また、ハイチに次いでＨＤＩが低い国は中央アメリカに集中しており（ホンジュラス、ニカラグア、グアテマラ、エルサルバドル）、ハイチよりも一人あたり国民所得は大きいものの、ＨＤＩが上位の国々に比べ低く、生きていくことに困難が多いことがうかがえる。

人種構成にも各国の特徴が出る。ラテンアメリカの人々は自身のアイデンティティを表現するにあたり、ヨーロッパの植民地になる前から居住していた先住民、植民地化以後に入植してきたヨーロッパ系住民（白人）、主に奴隷としてラテンアメリカに連れてこられたアフリカ系住民（黒人）、あるいはこれらの混血であると述べることが多い。どのアイデンティティが支配的かは、先住民の人口分布や白人入植者の規模、奴隷に関連する産業の分布などに規定される。表1-4は北中米の隣国であるメキシコとグアテマラ、そして南米の隣国であるアルゼンチンとブラジルにおける先住民と黒人の人口比率である。北中米二か国は南米二か国より先住民人口が多いが、グアテマラの比率はメキシコよりさらに高い。また、ブラジルは黒人比率が他の三か国より高い。

（コラム）カトリック

カトリック教会はプロテスタント諸派や正教会と並ぶキリスト教の三大宗派を構成し、一三億人とも言われる信者を抱える最大の宗派である。最高指導者はローマ教皇であり、イタリアの首都ローマ市内のバチカンを統治する。

現在のイスラエルで始まったとされるキリスト教は、ローマ帝国によって四世紀後半に国教と認められて以来、ヨーロッパ各地の君主から保護された。カトリック教会は信者の寄進などで広大な土地を持つ上に、各地の布教に携わる聖職者の任命を行うため、国土や宗教の管理に関心を持つ君主と対立することもあった。一六世紀よりカトリック教会の権威を批判するプロテスタント諸派が発展し、キリスト教におけるカトリックの絶対的地位は失われたが、それに伴いカトリック教会は新しい信者を獲得するべく、ヨーロッパ外での布教を強化した。ラテンアメリカもまた有力な布教先の一つであった。

現在のラテンアメリカ人口の約六割がカトリックの信者であると言われている。近年、プロテスタント諸派の信者数が増えているが、ラテンアメリカ史を通して言えば、カトリックは圧倒的に支持された宗教だと言っても過言ではない。次章以降で示す通り、カトリックがラテンアメリカ政治における重要なテーマであったことも、カトリックの存在感の強さを反映している。なお、日本のキリスト教信者は人口の約一パーセント、カトリックはその半数程度とされる。

2……政治体制と経済水準

表1-3によれば、ＨＤＩの上位はいわゆる先進国が占めている。しかし、これらの国々が昔から現在の生活水準にあったわけではない。図1-1は現在を代表する二つの大国である米国と中国、ラテンアメリカの大半を植民地として有してきたスペイン、そして日本の一人あたり国内総生産（ＧＤＰ）の長期的な推移である。これを見ると、一九世紀の経済水準はどの国でも現在に比べて非常に低かったことがわかる。米国と日本、そしてスペインは二〇世紀前半に入ってから、そして中国は二一世紀に入ってから急速な成長を遂げた。

ラテンアメリカ諸国の現在の姿もまた過去と同じではない。この節では本書のテーマである政治について定義を示した上で、ラテンアメリカ諸国の政治体制の民主化の度合いと経済水準の変化を見ていく。

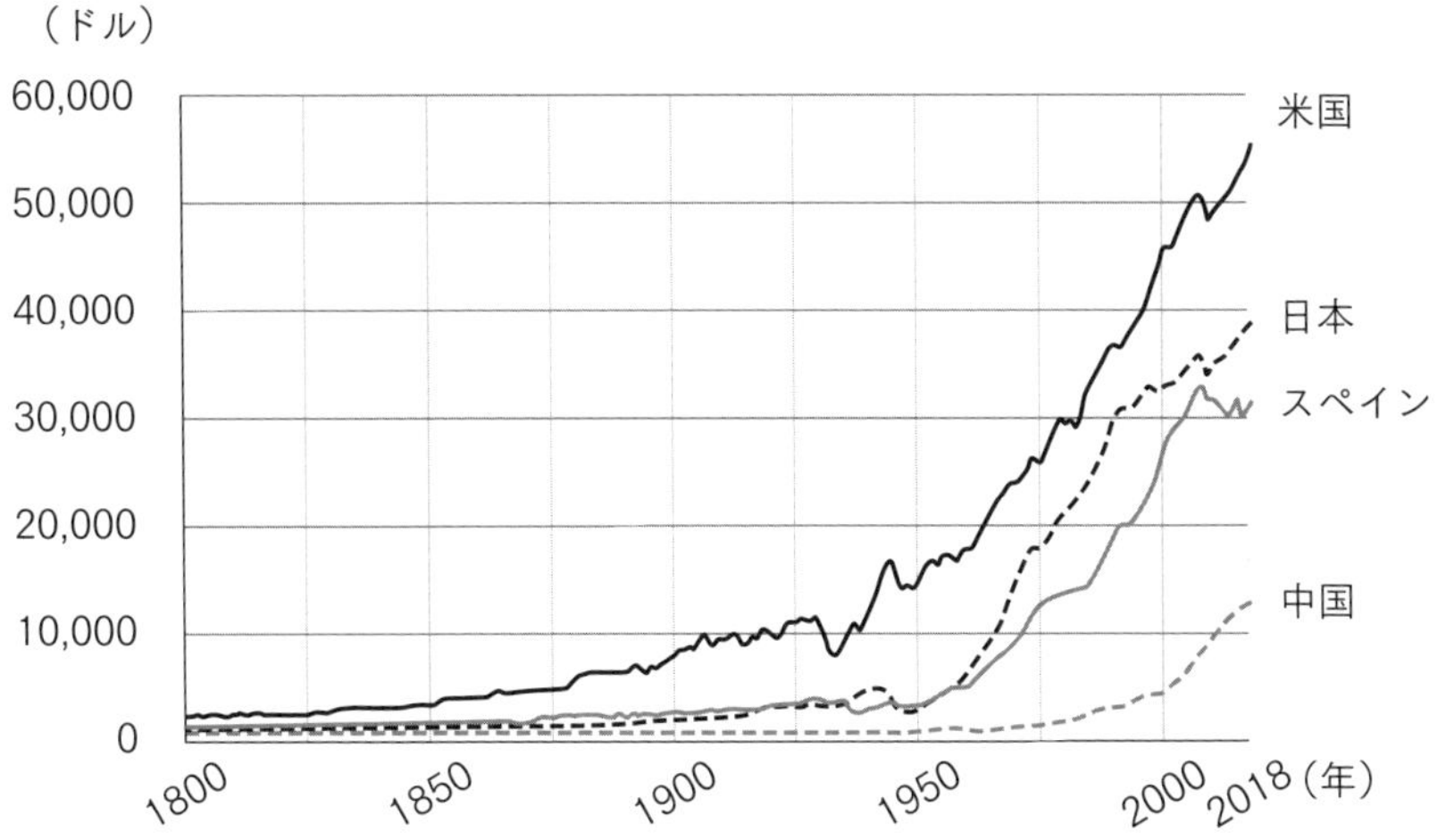

図 1-1　1 人あたり国内総生産（GDP）〈1800〜2018 年〉

1 ⦿ 専制と民主制

政治とは価値の権威的配分である。人間は他者と生きていく上で何らかの決定を下す。家族で夕食のおかずをどう分けるか、放課後のグラウンドをどの部活がいつ使うかといった身近なことから、選挙権を持つのは誰か、税金は誰がどの程度負担するのかといった公的なことまで、決定の対象は様々である。そして、その決定は「全員で平等に分ける」など人々が納得できる原理に基づくものから、「逆らうと罰せられる」といった強制に基づくもの、さらには「今回は譲る代わりに次回は譲ってもらう」といった取引に基づくものまで、何らかの理由に支えられて実行される。価値とは人間の利益や負担に関するものごとを、権威とは人々を従わせる何らかの力を指す。

本書が扱うのはラテンアメリカ諸国の政治である。国家とは一定の領土に住む人間を統治する単位であり、統治は政府によって行われる。独立した国家は外部の影響を受けつつも、自立的に統治の決定を下すものとされる。

中学校や高校で教わった日本史や世界史には各時代を代表する政治の権力者が登場する。古代や中世における権力者と言えば、世襲で統治する君主や貴族、そして軍人たちが思い起こされるであろう。近現代であっても、国民が政治を担う代表者を選ぶ選挙において、一部の成人にしか選挙権が与えられていない、あるいは言論の自由が保障されず、政府を批判することができないことはよく見られる。このように、政府の運営に関われる者が限られ、権力の行使に制限を受けない体制は専制と呼ばれる。

これに対し、現在の世界では民主制が広く採用されている。民主制では、原則としてすべての成年である市民が公正かつ定期的に実施される選挙に参加する。この意味で、政治の意思決定者は市民である。また、選挙が実施されない間も、政権の座にある者は行動を制約される。例えば、言論の自由によって、市民は政府の不適切な振る舞いを批判できる。さらに、政策の執行のために首相や大統領が率いる組織である執政府（行政組織）は、政策の根拠となる法を定める立法府（議会）や、法に基づき裁定を下す司法府（裁判所）によって活動を制約され、恣意的に政策を実施することはできない。

実際には、選挙権や言論の自由などをどの程度保障すれば民主制なのかをめぐっては、多様な意見があるため、すべての政府を専制と民主制に明確に分けることは難しい。しかし、専制と民主制の理念を理解することは、具体的な政府の特徴を評価する上で役立つ。本書では、ある国の政府が民主制の性格を強めることを民主化、専制の性格を強めることを非民主化と呼ぶ。

現在の政治研究では世界各国の体制を歴史的に比較できる指標が整備されつつある。「民主主義の多様性（V-Dem）」プロジェクトでは、三〇〇〇名を超える専門家が一七八九年以降に成立した政治体制の特徴を指標化している。その中に、選挙権や表現の自由の保障の度合いなど複数の指標を合成した「選挙民主主義指標」がある。最低点（完全な専制）は〇、最高点（完全な民主制）は一である。以下では、この指標を体制スコア

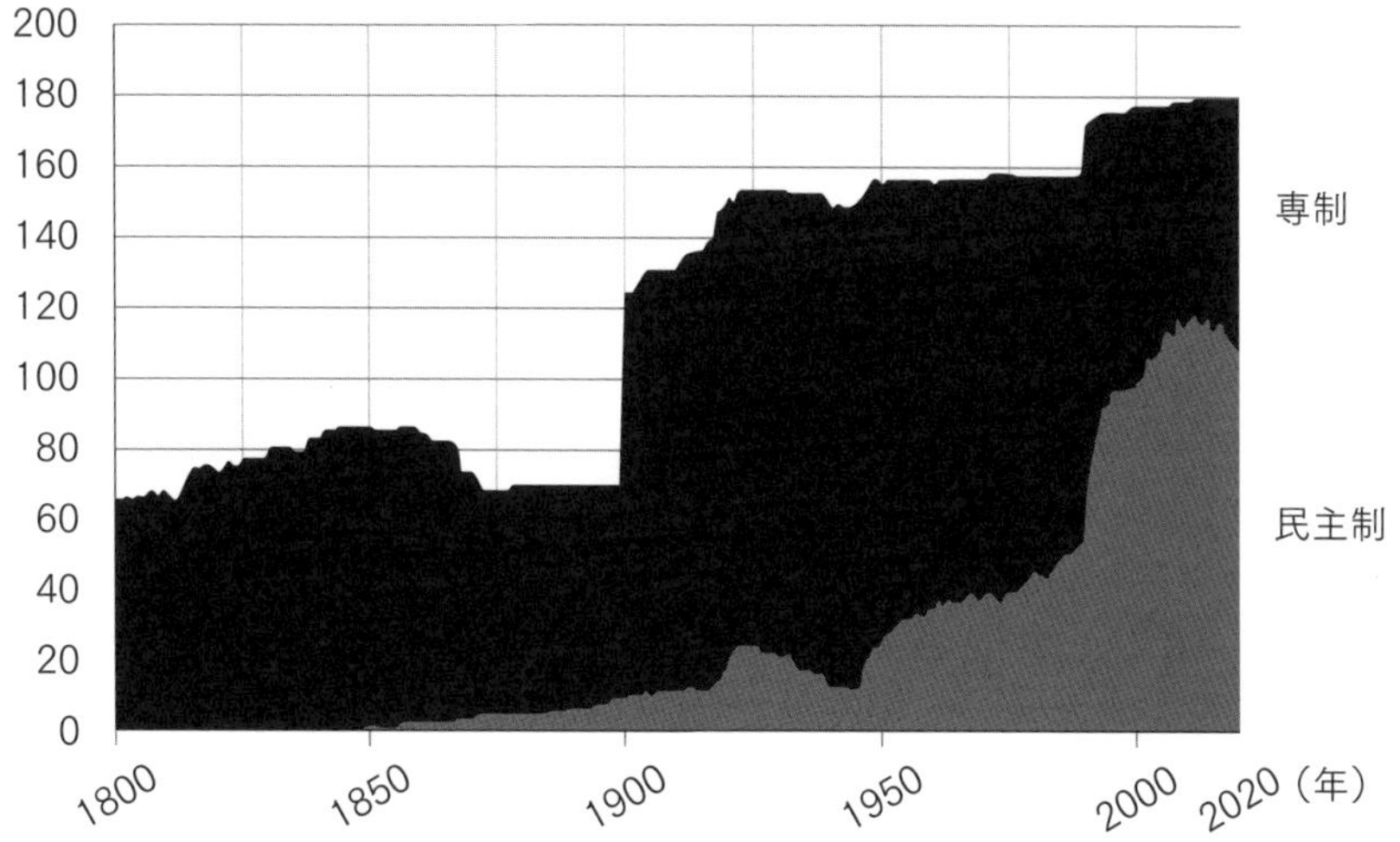

図 1-2　民主制と専制の国家数〈1800〜2020 年〉
（注）選挙民主主義指標（v2x_polyarchy）が 0.4 以上である国を民主制とする。

と呼ぶ。便宜上、体制スコアが〇・四以上の国を民主制であるとすると、かつては〇であった民主制の国数は、現在では世界の半数以上に及ぶ（図1-2）。

2 ⦿ 政治権力の開放

専制においては、財力や武力、宗教的権威を持つ家族が自らの地位を守るべく相互に協力しつつ、社会の大多数の人々を排して、政府を支配する。これに対して民主制では、市民は政治に関する意見を自由に表明でき、大統領や議員など政治を担う自らの代表を定期的に選ぶ。政府はもはや特定の集団のものではない。

王や貴族といった政治を支配する身分の存在は、個人の平等が尊重される現在の世界にはなじまないが、かつては世界に広く認められていた。身分社会において、人は自分の親と同じような一生を歩むことが期待され、そのことで社会は安定を獲得した。ところが、時代を追うごとに人間は身分を超える自由を求めるようになった。科学技術が発展し、経済活動がより自由かつ広範に展開され、教育が普及すると、個人は親とは異なる活動に携わることが容易になった。そして、政治が特定の人間に独占されている状況にも疑問が持たれた。

しかし、民主化は簡単には実現しない。専制において政府を支配する人々が自ら進んで権力を手放すことは考え難い。もし権力を手放せば、自らが支配される側に転落し、政治権力を得た者から報復を受けるおそれが強い。自らの生命と財産を守るなら、権力を掌握し続けることが合理的である。

政府を掌握する権力者は三つの脅威と直面する。第一の脅威は、外国など国の外側にある勢力である。例えば、戦争に負ければ、権力者は自らの地位を失う可能性が高い。第二の脅威は、共同で政府を運営する人々、すなわちエリートである。権力者には、常に協力者から反旗を翻される可能性がある。そして第三の脅威は、権力から排除された人々、とりわけ一般の市民である。

こうした脅威に直面した結果、権力者は権力を奪われたり、権力の独占を緩めたりすることがあり、それによって民主化が進む。前者の例は、市民が君主を追放した一七八九年のフランス革命、あるいは敗戦に伴う外国の占領下で天皇主権から国民主権へ転換した一九四〇年代後半の日本が挙げられる。後者の例は、自由党と保守党が争う一九世紀のイギリスで、労働者が参政権の拡大を求めた結果、彼らの支持獲得を目論んで両党が要求を認めたことが挙げられる。

無論、民主化は順調に進むとは限らない。日本では明治から大正にかけて選挙権が拡大するも、昭和初期に軍が政権を掌握した。ドイツでは市民によって選挙で支持されたアドルフ・ヒトラー率いるナチ党がのちに選挙を廃止した。民主化の後で非民主化の揺り戻しが起きる可能性は常にある。

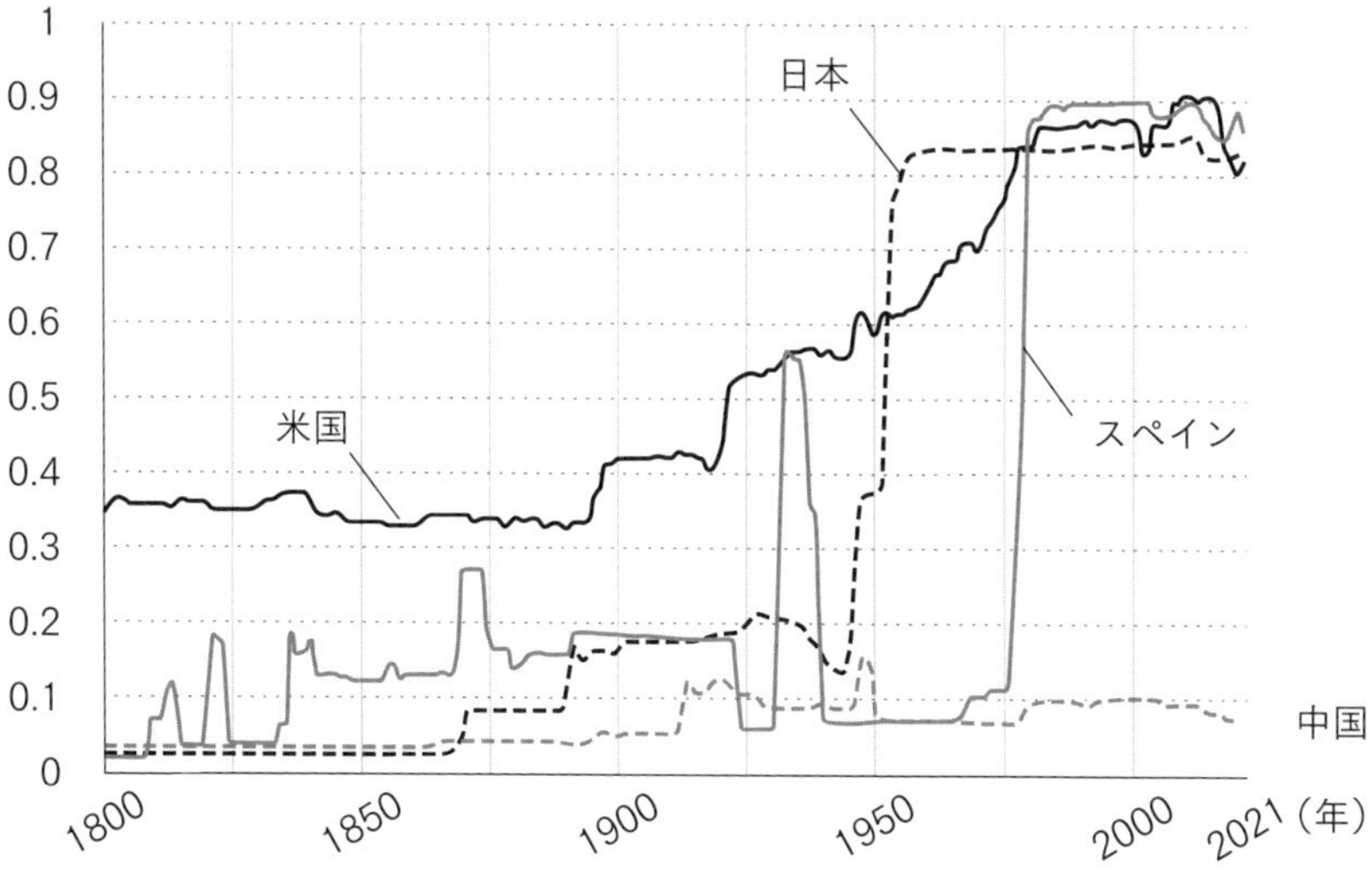

図 1-3　体制スコア〈1800～2021 年〉

3 ⊙ 民主化の三つの波

体制スコアの定義を見ると、結社の自由、選挙の公正性（政府による野党の脅迫などがないこと）、表現の自由、執政代表者と議員を選挙で選ぶ度合い、そして参政権の広さという五つの要因が合成されている。こうした共通の側面に着目することで、二〇〇〇年の日本と一八五〇年のアルゼンチンのように、時代と場所がまったく異なる国も同一の尺度で比較できるようになった。ラテンアメリカ諸国の政治の特徴もまた体制スコアの変動から理解できる。なお、体制スコアが〇・七五を超えると、問題の少ない民主制であると評価される。

まず、図1－1で登場した四か国のスコアを見てみよう（図1－3）。

常に上位にあるのは米国であるが、一七七六年にイギリスから独立して以来、政治的権利は制限され、それは特に黒人層に対して厳しかった。一九世紀前半から約一〇〇年の間に、欧米諸国では参政権の拡大など世界の民主化の「第一の波」と呼ばれる現象が見られ、米国もまた一九〇〇年前後に民主化の度合いが高まったが、その後は一九八〇年代まで漸進的にスコアが改善されてきた。スコアが〇・七五に達したのは一九七〇年頃であったことから、民主主義の象徴とされる米国でさえも十分な民主制の実現には非常に長い時間がかかったことがわかる。

一方、日本のスコアは一九四五年から一〇年間の間に急上昇している。これは敗戦後の外国占領下における戦後改革の結果であり、ナチ党支配の終焉に伴う西ドイツの民主化や一九六〇年代前半のアフリカ諸国の独立とともに、世界的な民主化の「第二の波」を構成するものとして知られる。

スペインのスコア上昇は日本よりも約三〇年遅い。スペインでは第二次世界大戦前より軍人であるフランシスコ・フランコが独裁体制を敷いたが、一九七五年に死亡したのを機に、民主化が実現した。これは、一九七四年に独裁政権が崩れたポルトガルや、一九九〇年代に社会主義体制が崩れた東欧諸国などと並んで、民主化の「第三の波」を構成する。

世界が民主化に向けて動く中、中国のようにスコアが今日まで低い国もある。清王朝の崩壊から始まり、中華民国下での内戦や国民党独裁体制、そして第二次世界大戦後から現在に至る中国共産党の一党支配体制に至るまで、民主制の要件である政治的自由が十分に保障されたことはない。

4 ⦿ ラテンアメリカ諸国の民主化

それでは、ラテンアメリカ諸国の体制スコアはどのようなものか。図1-4では北米からメキシコ、中米からグアテマラ、南米からアルゼンチンのデータが示されている。このグラフからは次の特徴を見出すことができる。

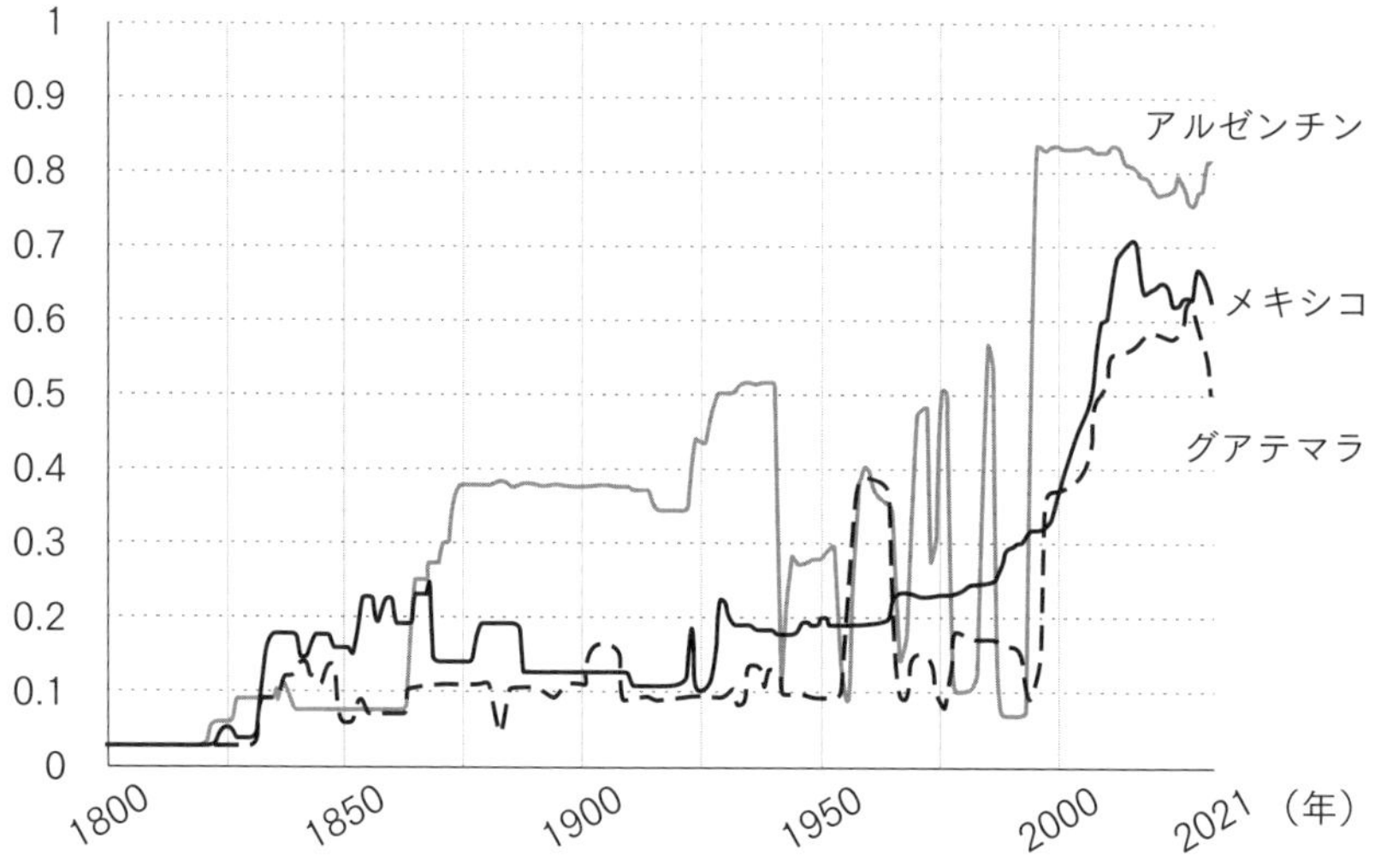

図 1-4　ラテンアメリカ 3 か国の体制スコア〈1800～2021 年〉

第一に、一九世紀においてラテンアメリカ三か国と図1-3の四か国の間に大きな差はない。いずれの国もスコアは低く、民主制ではなかった。短期間ながら、アルゼンチンのほうが米国よりもスコアが高い時期さえあった。

第二に、二〇世紀にスコアの急増や急減が目立つ。アルゼンチンとグアテマラのグラフが示す激しい動きは、民主的な政府もそうでない政府も長続きしない不安定な政治状況があったことを示している。一方、メキシコでは米国のように漸進的な民主化が見られた。

第三に、民主主義が軒並み高い水準に到達したのは一九八〇年を過ぎてからのことである。先に世界の民主化には三つの波があることに触れたが、ラテンアメリカ諸国の民主化は第三の波に位置すると言える。

第四に、一九八〇年代以降に注目すると、一九世紀に比べればスコアは十分に高いが、米国や日本、スペインと比べると水準はやや低い。つまり、政治体制は民主的ではあるものの、問題を抱えていることがうかがえる。また、最近ではスコアが若干低落の傾向を見せている。

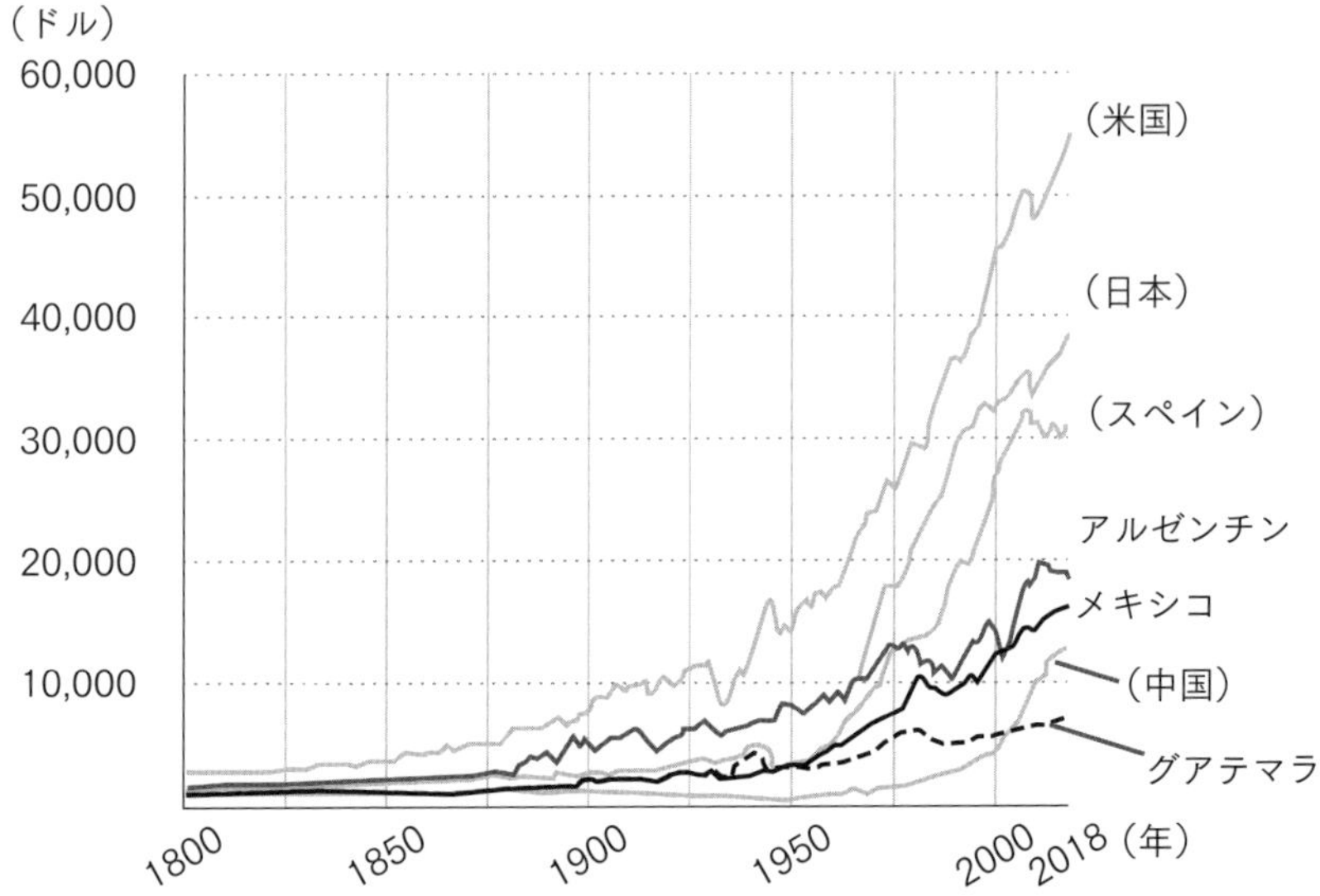

図 1-5　ラテンアメリカ 3 か国の 1 人あたり GDP〈1800～2018 年〉

5 ⦿ 経済水準

経済が発展すると、専制における権力者は政治権力にアクセスできない市民の挑戦を受けることを先に指摘した。図1-1で日本、米国、スペイン、中国の一人あたりGDPを示したが、ラテンアメリカ諸国のGDPはどのように推移したのだろうか。図1-5はこれら四か国とメキシコ、グアテマラ、アルゼンチンの一人あたりGDPを比較したグラフである。

この図からは四つのことを読み取ることができる。第一に、一九三〇年より前に着目すると、各国間の格差は現在に比べると小さい。アルゼンチンが米国並みの高い経済水準を有していることも目を引く。

第二に、一九三〇年以降に先進国が急速な成長を遂げる一方、ラテンアメリカ諸国の成長は鈍い。メキシコのように、第二次世界大戦後に急成長が見られた例もあったが、持続的ではなかった。

第三に、一九八〇年代からしばらく経済水準は横ばいとなっている。一九八〇年代前半は世界的な不況にあり、先進国も一時的にマイナス成長となったが、のちにそれを克服したことに比べると、ラテンアメリカ三か国の停滞は対照的である。この停滞は二一世紀に入ってようやく解消された。

第四に、長期的に見れば、ラテンアメリカ諸国間のばらつきも大きくなった。アルゼンチンが先行した経済成長には二〇世紀後半にメキシコが追随しているが、グアテマラの経済水準はこれら二か国には届いていない。図1-4で示した体制スコアの推移と合わせて考えると、ラテンアメリカ諸国の全体的な政治経済の状況が見えてくる。ラテンアメリカ諸国はそれ以外の国と同様、この二〇〇年にわたり民主化と経済成長を実現してきたが、総じて経済水準は先進国には及ばなかった。経済水準が低いということは、国民が享受できる富が少なく、政府の税収も乏しく、人々を縛る伝統的な社会構造が強いことを示唆する。

3……時代区分

ここまでに説明したラテンアメリカの歴史的特徴を踏まえ、本書はラテンアメリカの政治史を六つの時期に分け、それぞれ（1）先植民地期、（2）植民地期、（3）国家形成期、（4）積極国家期、（5）消極国家期、（6）ポスト消極国家期と名づける（表1-5）。第2章以降はこの六つの時代区分について解説していくが、それに先立ち、各時代の特徴を日本史や世界史、とりわけラテンアメリカと関連の深い西洋史の流れと対比させつつ整理しておく。全体の流れを頭に入れておくと、各章の位置づけも理解しやすい。

なお、各時代区分の始点と終点は必ずしも明確ではない上に、国によっても差がある。ラテンアメリカ諸国の政治の展開には共通点が多いが、各国固有の状況により、始点が遅くなることや、時代の切り替わりが不明

区分 (章)	終点	ラテンアメリカ	日本	世界 (主に欧米)
先植民地期 (2)	1492年	先住民の統治	室町時代まで 天皇と武家の統治	古代・中世 王制
植民地期 (2)	1820年前後	ヨーロッパ王朝の統治	江戸時代後期まで 武家の統治	中央主権化 市民革命
国家形成期 (3、4)	1900年前後	独立 保守主義と自由主義	明治時代後期まで 限定的参政権保障	「第一の波」
積極国家期 (5～9)	1980年前後	ポピュリズム 政府主導の開発戦略 軍事政権	昭和時代後期まで 戦時統制と民主化 高度経済成長	「第二の波」 二度の大戦 冷戦
消極国家期 (10)	2000年前後	民主化 新自由主義	平成時代前半まで 民営化など行政改革	「第三の波」 冷戦の終焉
ポスト 消極国家期 (11、12)	現在	左傾化 一部の国の専制化 資源ブーム	現在まで 安定した民主制 投票率の低落傾向	中国の台頭 民主制の後退

表1-5　ラテンアメリカ政治史の時代区分と各地域の対応

確なこともある。ただ、こうした各国の固有性は全体的傾向を把握してこそ見えてくる。

1 ⦿ 先植民地期（第2章）

ラテンアメリカがかつてヨーロッパの植民地であったことはすでに述べた。植民地化の端緒となったのは、クリストバル・コロン（クリストファー・コロンブス）率いる船団がスペインから大西洋を横断し、カリブの島に到達したことである。これは一四九二年に実現し、その後ヨーロッパから続々と南北アメリカに入植者が到来したことから、その年より前を先植民地期と呼ぶ。

一五世紀末の日本では、武家政権である室町幕府が弱まり、各地の大名が権力を争う戦国時代が始まったが、ヨーロッパではキリスト教世界に属する君主の支配が確立した。スペインとポルトガルが位置するイベリア半島をはじめ、ヨーロッパの一部を長らく支配してきたイスラム王朝は一四九二年に追放された。コロンの事業もまた、キリスト教圏としてのヨーロッパの拡大という長期的な現象の一つとして理解できる。

2 ⦿ 植民地期（第2章）

植民地期はその名の通り、ラテンアメリカがヨーロッパの植民地であった時期を指し、一四九二年から一八世紀前半までの約三〇〇年間にあたる。日本では戦国時代から江戸時代の後期までに相当し、士農工商に代表される身分制度を基調に政治的な秩序が確立され、かつ継続した時代であった。

植民地期のヨーロッパも引き続き、身分制社会が基調であったが、重要な変化も生じた。一六世紀より、各地で権威を持つ有力者や教会を支配し、中央集権化を果たした強力な君主が出現した。一方、科学技術の発展により経済活動が活発となり、米国の独立やフランス革命など、民主化の第一の波に先駆けた市民革命が起き、政権の座を追われる君主が現れはじめた。

ヨーロッパ諸国の植民によって、現在のラテンアメリカ諸国のある地域では植民地行政の拠点となる都市が建設され、そこにヨーロッパの政治や経済、文化にまつわる制度が移植された。そして、三〇〇年を超える統治ののち、植民地住民の本国への帰属意識の変化や、市民革命に伴うヨーロッパ諸国の君主制の動揺などを原因として、ラテンアメリカ諸国はヨーロッパから独立した。

3 ⦿ 国家形成期（第3、4章）

ラテンアメリカ諸国の多くが独立してからの約七〇年間、すなわち一八世紀前半から一九〇〇年頃までは、国家形成期として位置づけられる。日本では江戸時代の末期と明治時代、ヨーロッパでは民主化の第一の波が到来した時期にあたり、ともに国政の仕組みが大きく変化した。日本では、欧米列強の中国進出を契機に江戸幕府の秩序が揺らぎ、新たに誕生した明治政府は憲法制定や経済振興、軍事力強化など国家制度の近代化を急速に進めた。主権者は天皇であり、貴族階級である華族が議員特権を持つ一方、性別や納税の制限こそあるものの、市民に選挙参加が認められるようになった。フランス革命後のヨーロッパでも、度重なる市民の運動や戦争の影響によって総じて君主制は衰退し、国民を主権者とする国民国家が登場した。これに伴い、参政権を得た市民によって選出された政治家による統治が実現した。

ラテンアメリカ諸国の政治もまた不安定な状況にあった。政府は引き続き植民地期のエリート層が担ったが、政治体制に関する考え方の相違や、独立後に政治の中心となることを目指す主要都市間の争いが原因となって、対立する政治集団が武力で政権を奪い合った。度重なる政争が鎮静化に向かったのは、欧米諸国の工業化が本格的に進み、ラテンアメリカとの貿易機会が広がり始める一九世紀後半に入ってからのことである。

4 ⦿ 積極国家期（第5～9章）

一九〇〇年前後から約八〇年間は、ラテンアメリカを含む世界の多くの国で、政府が市民生活に介入する度合いを高めていく時代として理解されている。本書ではこれを積極国家期と名づける。

国民に教育や社会保障を提供するなど、市民の生活向上に積極的な役割を果たす政府を持つ国は、福祉国家と呼ばれる。政府が特定の産業を育成するなどして雇用を拡充することもまた、福祉国家の政策の一つである。二度の世界大戦を経験したこの時期の政府は、国民を結束させ、経済を強くすることを重視した。エリート層ではない一般の市民はこうした政府の積極的な役割を期待するとともに、自らの意向に沿って政府が動くよう、政治への参加を求めた。この時期の後半は、民主化の第二の波が到来した時期と重なっている。

日本では二〇世紀に入ると、急速な工業化と市民の政治的権利の拡大が見られる一方、一九三〇年代からは軍が政権運営を支配し、経済と思想の両面で市民に対する統制を厳しくした。戦後に現行の日本国憲法が制定されると、普通選挙権など政治的権利とともに、労働者の権利など社会権も相当程度に保障されるようになった。また、政府は引き続き産業育成のために多様な政策を講じ、結果として飛躍的な経済成長を実現した。こうした政治参加の拡大とその反動、そして経済に対する政府の介入の強化は欧米諸国でもこの時期に広く見られた。

ラテンアメリカの文脈では、一九世紀後半に始まる対欧米貿易の活発化に伴って経済が成長すると、市民の政治的・経済的権利の保障を求める運動であるポピュリズムが発生した。これに対し、保守的な政治勢力はポピュリズムを社会主義につながる運動とみなし、これを脅威と捉えた。この結果、ポピュリズムの躍進を阻むべく、軍事政権など専制の登場が相次いだ。一方、ポピュリズムをめぐる政治的対立の傍らで、先進国の工業製品の輸入に依存しないよう、政府が自国の工業化に積極的な政策を展開するようになった。

5 ⊙ 消極国家期（第10章）

一九八〇年前後から二〇〇〇年前後にかけて、ラテンアメリカ諸国は従来の積極国家化の傾向からの転換を余儀なくされる。これを消極国家期と本書では呼ぶ。これもまた、当時の世界の流れと軌を一にしたものである。

この時期、日本や欧米諸国は民主制を持続させる一方、経済面で大きな変化を経験した。一九七〇年代に経済成長が鈍化すると、自由かつ効率的な経済活動を実現すべく、政府が課してきた規制の緩和や減税、それに伴う社会保障など行政サービスの縮小が目指された。これらは新自由主義政策と呼ばれる。

ラテンアメリカでは、政府主導の開発戦略が外国からの融資を受けて推進された一方、経済成長は総じて低調に終わったことから、一九八〇年代に対外債務を過大に抱える国が続出した。この結果、債務の返済を繰り延べする代わりに、政府の財政を緊縮させる新自由主義政策が採用された。

注意しなければいけないのは、この新自由主義政策の導入が民主化の第三の波に重なっていることである。ラテンアメリカでは、一九七〇年代の経済の停滞などに伴い各国の専制が崩壊し、民主制が続々と成立した。つまり、多くの国は経済政策の転換と民主制の成立という二重の移行を経験した。これは、市民の政治的権利が保障されるようになる一方、政府が市民に行政サービスを積極的に提供することが難しくなる状況が現れたことを意味する。

6 ⦿ ポスト消極国家期（第11、12章）

ラテンアメリカでは、新自由主義は経済の安定のためにやむなく採用されたが、それに対する反動は一九九〇年代末より発生した。この反動は現在まで続いており、その全体的な傾向はいまだ明確ではない。

この時期は中国などアジア諸国の経済成長に加え、ヒトやモノ、カネ、そして情報がより速く移動するグローバル化が顕著であった。世界的には貧困率の減少が見られたが、先進国では格差が拡大し、移民に対する反発が強まるなど、社会の分断や不寛容が顕在化した。各国の民主政治もまた同じ時期にその質を落とす現象が見られた。

ラテンアメリカの場合、新自由主義に対する不満が一九九〇年代末の不況を機に高まり、新自由主義を懐疑する左派政党が各国の選挙で勝利した。同時に、ラテンアメリカの主要な輸出産品である天然資源や農産品の価格が高かったことから、順調な経済成長が見られ、政府は貧困削減策などを積極的に実施する税収を得た。しかし、政権によっては自らに対する批判を封じるべく政治的自由を制限した結果、専制に陥った例も見られた。

（コラム）中南米

日本語にはラテンアメリカに類似した「中南米」という概念がある。中南米という言葉は明治時代からすでに新聞に登場しており、南北アメリカのうち米国とカナダを除く場所を広く指す概念として用いられる。現在でも、外務省ではこれら二か国を北米局が、それ以外の国と地域を中南米局が担当している。

第1節で示したラテンアメリカの定義を踏まえると、ラテンアメリカを中南米と呼ぶことには二つの問題がある。第一に、中南米にはジャマイカやスリナムなどロマンス語系を支配的な言語としない国や地域が含まれる。第二に、メキシコは地理区分の上では北米に入るにもかかわらず、中南米という「北」を含まないカテゴリーで呼ばれることになってしまう。

こうした混乱は戦前から指摘されているが、中南米はラテンアメリカを概ね指し示す語として日本で定着しているのが現状である。本書では正確を期すため、中南米ではなくラテンアメリカという呼称を用いる。

第2章

独立前のラテンアメリカ

この章では先植民地期と植民地期におけるラテンアメリカを扱う。古代から一九世紀初頭までという時期の長さと、ラテンアメリカの地理的な広がりを考えれば、それぞれの場所と時代で多様な政治が展開されてきたことは想像に難くない。しかし、その多様さの中には共通点を見出すことができ、それは今日のラテンアメリカ政治の重要な背景となっている。

先植民地期はクリストバル・コロン（クリストファー・コロンブス）のアメリカ到来の年である一四九二年を終点としている。当時の世界に民主制の国家はいまだ見られず、専制が一般的であった。ラテンアメリカを植民地としたヨーロッパに目を向ければ、アフリカやアジアにまで版図を広げたローマ帝国が四世紀末に東西に分裂して以来、各地に大小様々な国家が成立した。そこでは、各地の有力者である諸侯やカトリック教会の指導者などの一部の者だけが政治に関わることができた。日本では、ローマ帝国分裂時は古墳時代に、一四九二年は室町時代の中期にあたるが、その間に政権を握ったのは天皇や貴族、そして武家であった。

コロンの到来に始まるラテンアメリカの植民地期は、日本では室町時代から江戸時代後期にあたり、武家が政権を支配していた。一方ヨーロッパでは、君主制の成熟と崩壊が見られた。イギリスのテューダー朝やフランスのブルボン朝など、官僚と常備軍を備え、広範な地域を支配下に置く絶対王政が登場し、組織化された国家が姿を現した。これらの国は戦争に強く、防衛された領土の中で経済活動も比較的安定して運営された。同じ時期には科学技術も著しく進展し、生産と輸送の能力が格段に向上し、市民の経済活動も活発になった。

厳密に言えば、専制国家が完全に権力者の私物になるとは限らない。ローマ帝国からイギリスの絶対王政まで、貴族や平民の代表が王に意思表明をする場として議会が設けられたように、国家を公共のものと考える共和制の発想に従い、政治の制度が構築されてきた。しかし、君主の優位に変化はなく、これに対する不満が大きな動きを起こした。君主が課す重税に対する反発などを原因として、一七七六年にはイギリス王国から米国が独立し、一七八九年には市民が王を追放するフランス革命が起き、政治体制の民主化の口火を切った。

1……先植民地期

ラテンアメリカの文化について日本で最も知られている場所はペルーのマチュピチュであろう。マチュピチュは先植民地期、つまりラテンの要素が南北アメリカに入る前の時代に作られた遺跡である。この時の政治はどのようなものであったか。

1⦿古代文明とその周辺

アメリカ大陸に人類が居住を始めたのは約一万四〇〇〇年前と言われている。当時、アラスカとシベリアの間にあるベーリング海峡は陸地であり、人類はここを通ってユーラシア大陸からアメリカ大陸に渡ったとする説が有力である。彼らの子孫はのちにメキシコ中央部のアステカ、メキシコ南部から中米諸国に広がるマヤ、そして南米のアンデス高地一帯を支配したインカなど、著名な文化を作りあげた。

こうした数々の文化は二つのことを意識して区別される必要がある。第一に、大半の文化はメキシコから中米北部一帯を指すメソアメリカ文明か、南米大陸の西側にあるアンデス文明に属する。第二に、文明ごとに栄えた時代も大きく異なる。アンデス文明を構成し、マチュピチュを擁するインカ文化は、一五世紀から一六世紀初頭に登場した新しい文化である。これに対し、メソアメリカ文明を構成するマヤ文化は紀元前二〇世紀頃

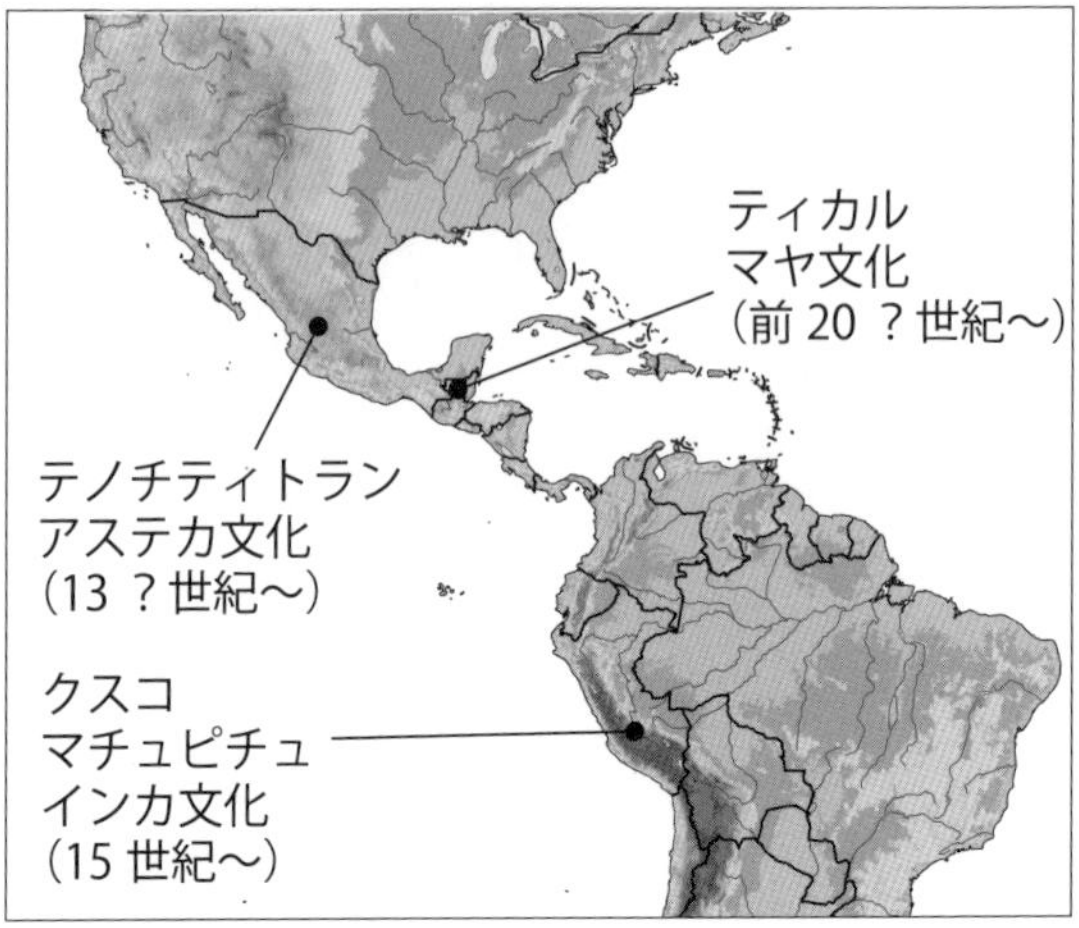

図2-1　主な古代文化とその時代

から存在し、長い歴史の間にティカルなど多数の都市センターを有した（図2-1）。

　また、古代文明はその規模の大きさから人々の注目を集めるが、これらの文明に集った人々が南北アメリカにいた人類のすべてではない。古代文明の外側には、それよりも規模の小さい集団が多数存在していた。農耕を営んで定住する集団もあれば、狩猟採集を営んで住居を移動させる集団もいた。

　文明と呼ばれるような大規模な社会を人間が作る理由やそのプロセスについては研究の途上にあるが、生産能力と人口密度の増加、それに伴う集団間の脅威の高まりが関係していると言われる。家族を核とした小規模な集団が食料などを生産する力を高めれば、多くの人間を養えるようになる。集団に住む人数が増えれば、必然的に集団は複数に分かれ、異なる土地に住むようになる。そして、集団数が増えると、集団間での対立も増え、略奪などの被害が生じるため、集団はこうした脅威から身を守ることを迫られる。

　脅威から身を守る方法として、自分の集団が属する社会を大きくすることがある。人間関係の基本は血でつながった家族であるが、他の集団と婚姻関係を結ぶことで家族の範囲を広げることができる。また、同じ土地の神を祀る行為を広げることで、共通の祖先を持つという認識を有する人を増やすこともできる。さらには、周辺にいる集団を支配することで脅威を取り除くことや、逆に強大な集団に直面した場合には、あえて支配下に入って保護を受けることも生存のための選択肢の一つとなる。

以上を踏まえると、集団がまばらに存在し、脅威が少ない環境ならば、家族を基本とした集団によって構成される小規模な社会が持続する。これに対し、数多くの集団が密集し、脅威が多い環境では、家族以外の多様な集団を含み込んだ複雑で大規模な社会が登場すると考えられる。

2 ⊙ 複雑度の高い社会

アステカやインカといった代表的な古代文化は複雑かつ大規模な社会を有した。人々は農民や商人、軍人など多様な職業に就いたが、政治経済から宗教まで社会全体を支配する集団は固定されていた。定住型農業や漁労など多様な生産活動を抱え、その生産物を流通する仕組みを内部に持っていた。

複雑度の高い社会では、支配的な集団が周辺にある集団を自らの傘下に組み込んだ。その際、武力を背景に貢納や労役の負担を迫り、それが受容されれば被支配者が従来の生活を維持することを認める間接統治が導入された。この結果、支配を受けた集団が旧来から持っていた言語など生活習慣は温存され、社会全体として多言語で多文化な性格を持つ傾向が見られた。

一三世紀頃から一六世紀まで存在したとされるアステカでは、現在のメキシコシティに位置するテノチティトランなど三つの都市が同盟を組み、広く社会を統治した。各都市は複数の被支配集団を持ち、貢納や労役を得ていた。軍の迅速な移動のために道路網が整備され、これが貢納品の輸送や、各地の生産物を取引する市場を成立させる基盤になった。

アステカとほぼ同時代に南米に存在したインカでは、王を輩出する単一の王族が行政の頂点を占め、地方行政の上層もまた王族出身者が担っていた。末端の村落は納税や労役負担のみならず、王により強制移住を命じられることもあった。村落の代表者は王権との接点となり、場合によっては王族出身者に代わり、より上位の行政を担当することもあった。首都クスコは現在のペルーの南部高地帯にある。支配する村落から提供される労役を利用して、南北五〇〇〇キロメートルにも及ぶ長大な基幹道路と東西に広がる支線を作り、アンデス高地帯から太平洋岸にまでまたがる生産物の流通網を確立した。

3 ⊙ 複雑度の低い社会

複雑度の低い社会はアステカやインカとは異なる原理で動く。その最大の特徴は貢納や労役といった支配に基づく関係ではなく、利他的な家族関係を軸に人間関係が編成されることである。当然の結果として、言語など同じ生活習慣が成員の間で共有され、文化は同質的であった。

現在のベネズエラ＝ブラジル国境一体の熱帯雨林に居住するヤノマミは、先植民地期の生活様式を現代まで維持してきたことで知られる。拡大家族が集合して住み、首長がその代表を務める。生活をともにする成員の規模は最大でも数百人程度である。狩猟と採集が生活の基本であり、変化する自然環境に応じて居住する場所を移動させる。各村落は相互に接触し、婚姻などの形で交流を持つ。関係が悪化し、時に暴力を伴う敵対関係に発展することもあるが、特定の集団が長期的に支配する、ないしは支配される立場に置かれることはない。

熱帯雨林のように人口密度が低く、集団間の対立が発生しにくいと予想できる場所以外にも、狩猟採集民は存在する。現在のウルグアイにあたる地域はインカの広大な支配域に含まれていない温帯草原地帯である。そこに居住していたチャルアの生計は、男性による鳥獣の狩猟と女性による植物採集によって支えられていた。周辺の集団との接触を持ちつつも、相互に独立を保ち、首長を頂点とする拡大家族による生活が軸となっていたとされる。

（コラム）複雑度を理解する

社会の複雑化は主に人類学者によって理論化が図られた。その代表的研究者であるエルマン・サービスは世界各地の非欧米社会を比較し、社会はバンド、部族、首長制、国家という四つの段階をたどるというモデルを提案した。バンドは小規模な血縁集団である狩猟民、部族はバンドより大きく、かつ定住を始めた血縁集団の社会、首長制は特定の家族が支配的な性格を持ち始める一方、文化的にはいまだ同質性の高い定住社会、そして国家は特定の家族が社会にある財の再分配を担い、多文化的な性格を持ち得る大規模な定住社会である。

こうした段階を示すことは社会に優劣をつけていると理解されがちだが、これはサービスらの本意ではない。複雑化は脅威に対応した結果であり、脅威の小さい社会では特定の集団に権力を集中させる必要がなく、成員が相互に協力して秩序維持に成功してきたと言える。さらには、狩猟採集経済では労働時間が短い上に収穫も十分豊かであったことなど、初期の段階であっても生活の質が高かったことが研究から明らかになっている。

2……植民地行政

一四九二年にコロンがカリブ海のイスパニョーラ島に上陸して以来、ヨーロッパ諸国が南北アメリカを植民地化した。これが約三〇〇年続く植民地期の始まりである。先植民地期とは異なる文化がアメリカに移植されたことで、政治の仕組みもまた大きな変化を被ることとなった。

1⦿植民の背景

コロンの航海が実現した当時は、スペインやポルトガルをはじめとするヨーロッパ諸国がアフリカやアジアに向けて遠距離航海を敢行した大航海時代の初期にあたる。大航海時代に先立ち、ヨーロッパはアジアと活発な貿易を行っていた。とりわけ、地中海東部を通じた交易は盛況であり、ジェノバやベネツィアなど現在のイタリアにある都市国家がヨーロッパ側の拠点となった。アジアから届く香辛料や貴金属など高価な商材はヨーロッパで非常に注目された。

地中海圏の西側にあるスペインとポルトガルはこの対アジア貿易を主導する立場にはなかったため、新たな貿易機会を大西洋に求めた。この動きを後押ししたのは、船舶や羅針盤の改良など航海技術の革新に加え、両国が位置するイベリア半島での政治的変化であった。キリスト教圏にあるヨーロッパは北アフリカや中東でイスラム教圏と接しているが、八世紀初頭に半島の大半はイスラム王朝に支配された。半島北西部に追い込まれたキリスト教王朝は失地の回復を図るが、同時に王朝間の対立や同一王朝の中での権力闘争も絶えなかった。

大航海時代が始まる一五世紀はキリスト諸王朝による安定した統治が確立した時代であった。まず、半島西部を支配するポルトガル王国が一四一一年、中部にあるカスティーリャ王国と休戦協定を結び、アフリカに船舶を派遣するようになった。カスティーリャ王国では一四七四年に女王となったイサベルと、彼女の夫であり、半島東部を治めるアラゴン王国の王が共同統治者となった。イサベルはアラゴンの支援を得て自国内の政敵を抑え、ポルトガルに次いで大西洋への船舶派遣を本格化させた。このカスティーリャとアラゴンの連合が現在のスペイン王国の起源である。そして、コロンがイスパニョーラ島に達した一四九二年に、スペインは半島南部に残るイスラム王朝を追放した。

経済的動機に加え、宗教的動機もまたスペインとポルトガルの対外的拡大を支えた。イスラム王朝の追放を進めていた当時、イベリアに住む人々はキリスト教を信仰することへの意識を強くしていたとされる。アメリカを植民地化するにあたっても、両国はキリスト教の布教を重視していた。

2 ⊙ スペイン植民地行政の成立

スペイン王室は当初、南北アメリカを植民地化する際、軍を派遣するのではなく、探検者個人に事業を委託した。イベリア半島でイスラム王朝と対峙していた時代、王室は非キリスト教圏への入植者に対し、現地住民に貢納と労役を課す権利を与えていた。アメリカの探検者に対してもまた、先住民をキリスト教に改宗させる義務を課した上で、同様の権利を認めた。このように、征服者に現地住民の管理を委託する仕組みをエンコミ

図2-2　スペイン領アメリカ植民地〈1650年頃〉

エンダと呼ぶ。征服した地域の経済を我が物にでき、莫大な利益を手にするという一獲千金を狙って、探検者は自ら兵や武器を調達し、アメリカに乗り出した。

探検隊の規模は最大でも数千人程度にすぎなかった。しかし、アステカやインカなど高度に複雑化した大規模な社会を征服することに成功した。馬と銃を持ち込み、機動力と攻撃力で優位に立ったことに加え、間接統治下にあった先住民集団が探検者に協力したことが勝因とされる。

エンコミエンダと並行して、王室は植民地の行政機構を整備した（図2-2）。金銀など鉱物の産出が見込まれる高地にあり、かつ労働力として動員できる先住民人口が多いアステカとインカの支配域に拠点が設けられ、それぞれにスペイン王の分身である副王が置かれ、統治の責任を負った。アステカの帝都テノチティトランはメキシコ（スペイン語読みでメヒコ）と名を変え、現在の米国西部から中米コスタリカまでを管轄するヌエバエスパーニャ副王領の首都となった。インカ支配域では、アンデス高地帯に近い海岸部に新しい都市リマが建設され、最大でパナマから南米大陸南部までを管轄するペルー副王領の首都となった。

副王領の行政組織はスペイン本国のそれを模したものであった。スペインの行政組織は長と補佐組織を組み合わせることを基本とする。例えば、植民地行政の頂点に立つ国王には、その補佐組織としてインディアス枢機会議が置かれた。副王領は、副王や総督など高位の官僚が統治する上位のレベルと、コレヒドールなど地方行政官が統治する下位のレベルに分かれ、上位レベルではアウディエンシアと呼ばれる行政組織が、下位レベルではカビルドなどと呼ばれる住民代表組織が行政官に対応して設けられた。

行政機構の整備により、スペイン本国から派遣する官僚によって統治ができる見通しが立つと、エンコミエンダ制は撤回された。私欲に任せた苛烈な先住民に対する収奪が問題視されたことも手伝い、一六世紀中盤よりエンコミエンダで認められた権利は順次廃止された。

3 ⦿ スペイン植民地における統治

数ある植民地行政ポストのうち、副王や総督などの要職は王によって任命された。その大半はスペイン本国の出身者であった。これに対し、地元住民が行政担当者を選ぶ機会があったのは、行政階層の末端にある下位のレベルであった。ただし、その状況は複雑であった。

アメリカに移住したスペイン人は、中央の広場に教会と役所を配した都市を作った。彼らは先住民と異なり、貢納や労役の義務を負わなかった。行政の担当者は住民による選挙から総督らの任命、さらには現職者による官職の売却まで様々な方法で決まった。官職自体は無給ないし薄給であったが、公職者は税収の一部を自らの収入に回しており、その価値を見込んで官職が取引された。

先住民が居住する市も存在した。先植民地期にすでにあった村落がそのまま市となった場合に加え、植民地当局が人工的に村落を作り、それを市とすることもあった。これは、エンコミエンダでの搾取に加え、ヨーロッパから天然痘など感染症が持ち込まれ、先住民の人口が激減したことによる。ある研究の推計では、コロン到来時点でメキシコ以南にいた四〇〇〇万人弱の先住民人口は、一七世紀中盤時点で一〇〇〇万人を下回った。さらに、スペインの支配から脱するために逃亡する先住民もいたことから、植民地当局は先住民を管理すべく、指定した場所に先住民を強制的に集住させた。こうした先住民の市に在住する者には貢納と労役が課された。

スペインが導入した行政制度は先植民地期の権力関係を大きく変えた。まず、先住民の上にスペイン人が統治する人種に即した上下関係が成立した。また、先住民は先植民地期での身分を問わず、一様に税負担者となり、先植民地期の身分階層は事実上消滅した。スペイン人の支配のもと、同じ市で生活を送る先住民は土地の管理など村落に関することを合議で決めるなど、水平的な人間関係を発達させた。

ただし、人種に基づく階層にはほころびもあった。入植した白人男性は先住民女性との間に子を持った。混血である彼らはメスティソと呼ばれる。メスティソの出現により、外見で人種を判断することは困難になると、先住民もまた自らをメスティソと名乗り、スペイン語や服装などの生活様式を身につけ、スペイン人の都市に住む者が現れた。

最後に、植民地期には農園や鉱山の労働力として黒人奴隷も導入された。一部の奴隷は逃亡して、植民地当局に支配されない自立したコミュニティを作ることもあったが、白人優位の階層関係を覆すことはなかった。

4 ⊙ ポルトガル植民地行政

ポルトガルは、自国の探検家が一五〇〇年に南米大陸に到達したのを皮切りに、植民地化を進めた。植民地行政の基本的構造はスペイン植民地と似ており、国王を頂点とする本国政府が植民地行政の長を任命した。総督や副王など、その名称は時代や場所によって変化した。地方で組織された市の行政は主に白人が占め、選挙や官職の売買で担当者が決まった。

植民のパターンもまたスペイン植民地と同様、経済的動機が強く働いた。植民地期前半の主力産品は、サトウキビを加工した砂糖やラム酒、糖蜜であり、栽培に適した気候を持つ北部が経済活動の中心であった。一七世紀に入ると、植民地獲得を目論むオランダとの戦火や砂糖価格の下落、疫病の流行などの理由で北部の経済は衰退した。同時に、南部で金の採掘が注目されるようになり、主要都市であるサンパウロを中心に人口が急速に増加した。一八世紀半ばには同じく南部にあるリオデジャネイロが首都となった。

ポルトガル植民地もスペイン植民地と同様、人種的階層が明確に存在した。しかし、複雑度の高い先住民社会はポルトガル領植民地にはなかったため、スペイン植民地のように分厚い先住民社会が植民地行政を支える性格は薄かった。入植者を前に先住民は抵抗か逃亡かのいずれかを選択することが多く、入植者は先住民を捕らえ、労働力として利用した。また、主に奴隷として連れてこられた黒人も肉体労働に従事した。奴隷が逃亡して、農村部にコミュニティを作ることもあったが、その多くは短期間のうちに当局に制圧された。

白人と先住民および黒人との間に生まれた混血層は一部地方都市で行政職に就いていたことが確認されている。白人の人口が少なく、行政を担う人材が不足していたことが影響したとされるが、一八世紀に入ると本国政府から混血の雇用を禁止する通達が出された。その理由は、劣等な人種に合理的な判断はできないというもので、人種に対する差別的な見方がうかがわれるものだった。

5 ⦿ フランス植民地行政

フランスはポルトガルやスペインより遅れてアメリカ大陸に植民地を持った。植民地はカナダのケベックや米国のニューオーリンズなど北アメリカの東部に広大な植民地を有する一方、カリブ海の一部の島にも植民地を得た。その中で現在独立国家となっているのはハイチのみであり、マルティニーク島などその他の領土はフランスの海外県として現在も本国に属している。

ハイチのあるイスパニョーラ島はかつてスペインの植民地であったが、一七世紀の後半にフランスが同島の西側を占拠した。このフランス支配域はサンドマングと呼ばれた。サンドマングはブラジル北東部と同様、高温多湿な気候からサトウキビ生産に適しており、その生産を最大化させるため、黒人奴隷が大量に導入された。ハイチが独立する一八世紀末時点では、白人人口が約三万人であったのに対し、奴隷が約四七万人にも膨らんだ。なお、先住民は入植者の搾取や疫病により人口を大幅に減らしてしまった。

サンドマングの行政を掌握していたのは白人であった。植民地行政の責任者である総督はフランス本国政府によって任命された。地方行政では選挙が行われていたが、財産の有無を問わず白人が選挙権・被選挙権を持っていた。奴隷はもちろんのこと、奴隷の身分から解放されて自由となった者（自由黒人）は理性を欠く存在とみなされ、政治参加の権利を与えられなかった。

フランス王ルイ一四世は一六八五年に黒人法を発表し、奴隷にまつわる義務（カトリックへ改宗することなど）や規定（奴隷解放の条件など）を明文化した。黒人法は独立時まで維持され、その運用は現実に即して柔軟に行われたとされるが、基本的には奴隷の報復を抑え込み、効率的に奴隷を利用することを目的としたものであり、奴隷に人権を保障するものではなかった。

奴隷が自ら意思決定できる場を作る唯一の方法は逃亡のみであった。逃亡奴隷は到達困難な山岳地帯にコミュニティを作り、同じく植民地当局の支配から逃れた先住民とともに生活をした。植民地当局の取り締まりを潜り抜け、残存した奴隷コミュニティはのちに、ハイチ独立の運動を支える勢力となる。

3……独立への道

植民地期は三〇〇年以上も続く長い時代である。この間、ヨーロッパとラテンアメリカの政治的・社会的状況は変化し、それがラテンアメリカ諸国の独立をもたらした。植民地支配が終わりを迎えた主な原因は複数ある。

1⊙自由主義と保守主義

まず、ヨーロッパの伝統的な社会秩序を支持する思想である保守主義と、保守主義に対して疑問を示す新しい思想である自由主義の対立が生じた（表2-1）。保守主義は身分を社会の基本的な構成単位とみなす。貴族は貴族の家から、平民は平民の家から生まれる、つまり親の役割を子が担うことで社会の秩序が成立すると考える。政治もまた、それを担うべき王が集権的に行うものであり、それ以外の者に意思決定を委ねる分権化には否定的である。王による市民活動への統制は広くなされるものとし、経済活動や宗教も対象となる。スペイ

	保守主義	自由主義
秩序の基本単位	身分	個人
政治の意思決定者	王	（能力のある）個人
理想的な政府	集権的	分権的
経済活動	統制	放任
宗教	国教としてのカトリック	個人の自由、政教分離

表 2-1　ラテンアメリカ独立時における保守主義と自由主義

ンやポルトガル、フランスについて言えば、カトリックが主な宗教であったことから、カトリック教会の存在を社会秩序の担い手として公的に重視する。

これに対し、自由主義は秩序の単位として個人を重視する。個人は原則として平等であり、身分による差別はない。社会の秩序も身分の再生産ではなく、個人の意思が積み上がった結果として現れるものとする。政治については、市民が平等に関われる民主制が理想とされ、中央政府が一元的にすべてを決定するのではなく、個人に近い水準で意思決定がなされる地方分権が望ましいとされる。地方行政が独立した国家（州）となり、中央政府は州を緩やかにつなげるという連邦制は自由主義の理想に適っている。経済や宗教においても個人の自由は尊重されるべきであり、政府がキリスト教など特定の宗教を公的に特別視しない、いわゆる政教分離が期待される。

自由主義は今日ある民主制の根本にある思想である。ただし、植民地期の時点では、現在ほど個人の平等は尊重されなかった。例えば、男性であることや字が読めること、十分な財産を持っていることなど、一定の条件を満たした者だけが、政治について的確に判断できるとされ、政治に参加する権利を持った。

2 ⊙ 白人層の亀裂

自由主義の登場と並んで独立を促したのは白人層の内部対立であった。白人は本国出身者と植民地出身者に分けられるが、時代が下るにつれ、後者の人口が増加した。

一方、植民地行政の頂点は本国の国王であり、王が派遣する本国出身者が植民地行政の上位を支配する構造は維持されたため、植民地出身者は不満を持った。また、本国が植民地の経済活動や物流を統制し、植民地の貿易相手を本国に限定していたことも、植民地住民には不満であった。実際、この規制を無視し、イギリスやフランスと密貿易を行うことは常態であった。

スペイン領では、一七〇一年にフランス・ブルボン王朝の出身者がスペイン王になって以来、ブルボン改革と呼ばれる一連の改革が実施された。官職の売買を禁じ、本国出身者が植民地行政の下位のポストにも任ぜられるなど、行政の中央集権化が図られた。経済面では、貿易規制の緩和など自由化が図られるとともに、植民地内の商取引に対する課税を強化した。これは経済を活性化させつつ、本国による植民地管理を徹底するものであり、植民地住民には不人気であった。同様の改革はポルトガル領植民地でも行われた。

さらに、植民地社会の白人層はヨーロッパ本国と同じ言語を用いていたため、自由主義をはじめとするヨーロッパの言論や思想にも、出版物を通じて本国とほぼ同時に触れることができた。かくして、同じ植民地行政の区画に住み、言語を共有する集団が、共通の経験や政治思想を持つことで一体感を獲得し、国家として独立する動きを生み出した。ラテンアメリカ諸国の独立はナショナリズムの誕生の典型的事例として知られる。

3 ⊙ ハイチ革命

ラテンアメリカ諸国で最初に独立を果たした国はハイチである。当時のハイチは世界の砂糖の四〇パーセントを生産するなど、フランス貿易にとってきわめて重要な拠点であった。一七八九年にフランス革命によって君主制が廃され、個人の平等を基調とするフランス人権宣言が発せられると、自由黒人のリーダーが自治の拡大と参政権を要求した。一七九一年に植民地政府がこれを認めると、それに反対する白人層がフランスからの独立を唱え、自由黒人と対立した。さらに、逃亡奴隷コミュニティを基盤とする大規模な黒人奴隷の反乱が発生すると、フランス本国は奴隷制度の廃止を認めるなどして、彼らに本国への帰属を促した。

こうしたフランスの足場固めに横やりを入れたのはイギリスとスペインであった。君主を廃する運動がフランスから自国に波及することをおそれたヨーロッパ各国の君主は、フランス革命政権の打倒を図った。イギリス海軍はサンドマングの主要港を占領し、イスパニョーラ島の東部を支配するスペインもイギリスを支援した。サンドマング白人層を結果的に支援するこの動きに対し、奴隷反乱のリーダーであり自由黒人であるフランソワ・トゥサン＝ルベルチュールは闘争を続け、イギリス軍を破り、東部スペイン領をも占領した。トゥサンはフランス領にサンドマングをとどめたまま、一八〇一年に自治憲法を制定し、自ら終身の総督に就任した。そして、黒人法を維持しつつサトウキビ生産を再建し、フランスのみならずイギリスとも自由に貿易することを目指した。

フランスでは革命後に政治が混乱したが、ハイチで自治憲法が制定された時点では、三名の統領が政権を掌握していた。その中心にあった軍人ナポレオン・ボナパルトはサンドマングの自治を認めなかった。のちにフランス軍はトゥサンを捕らえ、サンドマングは再び本国の支配下に置かれた。ところがその後、フランス政府が奴隷制を復活させるとの情報がサンドマングに伝わり、一八〇二年後半に再度反乱が発生した。ジャン＝ジャック・デサリーヌ率いる反乱軍はフランス軍を撃破し、一八〇四年一月にサンドマングはハイチを名乗って独立を果たした。

4 ⦿ スペイン植民地の独立

フランス革命はスペイン植民地の独立の引き金にもなった。革命をおそれたスペイン・ブルボン王朝は自国内の自由主義者を弾圧し、君主制の維持を図った。しかし、強大な軍事力を誇るフランスとの戦争を回避すべく、一七九五年にフランスと講和し、さらには軍事同盟を結んで協力関係に転じた。

ハイチ独立直後の一八〇四年五月、ナポレオンは自らを皇帝と名乗り、フランスに君主制を復活させた。自国の勢力拡大を図るナポレオンはイギリスに打撃を与えるべく、同盟国にイギリスとの貿易を禁じる決定を下したが、ポルトガルがこれに従わなかった。ナポレオンはポルトガルに軍を派遣し、スペイン王もこれに協力した。この時、フランス軍がスペイン領内に駐留することに反対した貴族が反乱を起こすと、フランス軍がこれを制圧した。これ以後、ナポレオンの兄ジョゼフ・ボナパルトがスペインを統治した。

フランスの支配に抵抗する者は各地でフンタと呼ばれる自治政府を創設した。そして、植民地行政の頂点である王が失脚したのを機に、アメリカの各地で独立を目指す勢力もまたフンタを立ち上げた。メキシコやペルー、キューバなど植民地行政の中心地は従来の行政の体制を維持したが、ベネズエラやアルゼンチン、チリなどでは副王や総督が追放された。

一八一二年、スペインの港湾都市カディスで、フランス支配に抵抗する各地の代表者が集まり、憲法を制定した。スペイン王を認め、カトリックを国教と定めつつも、主権は国民にあるものとし、議員の選挙権を成年男性に認めた自由主義的な内容が含まれていた。ところが、一八二四年にジョゼフがスペインから追放され、スペイン王が復位すると、王はカディス憲法を認めず、軍を植民地に派遣し、ブエノスアイレスを除くすべての臨時政府を平定してしまった。

この状況を覆したのが、南米の解放者（リベルタドール）として歴史に名を残すシモン・ボリバルである。ベネズエラの独立運動に失敗したのち、ジャマイカに逃れたボリバルは、ハイチ政府の支援を受けつつ独立解放軍をベネズエラに再上陸させて、植民地軍を撃破しながら太平洋岸を南に進んだ。一方、アルゼンチンではホセ・デ＝サン＝マルティンが同様に解放軍を組織し、チリの攻略に成功して、太平洋岸を北上した。ボリバルはサン＝マルティンと協議の上、自らペルーの解放に向かい、一八二五年に植民地軍の制圧を完了した。

北中米の植民地行政の拠点であるメキシコでは南米とは異なる事態が生じた。先述の通り、復活したスペイン王はカディス憲法を否定したが、一八二〇年にスペインで自由主義者が反乱を起こすと、王は一転して憲法を受容した。本国への忠誠が強い保守的なメキシコ都市部は、これを否定的に評価した。この時、植民地軍の将軍アグスティン・デ＝イトゥルビデがメキシコで新たに君主制を樹立する構想を掲げ、一定の支持を集めた。一八二一年、イトゥルビデは自ら皇帝を名乗ってメキシコの独立を宣言し、さらに軍を中米に派遣し、占領した。

この時点で、現在あるラテンアメリカ諸国のうちスペイン領にとどまったのはキューバであった。スペイン本国が軍を増派したことに加え、サトウキビ生産者を中心とする現地有力者がハイチの独立後の混乱（第3章）を見て、独立に否定的な姿勢を見せたことがその理由とされる。

5 ⦿ ポルトガル植民地の独立

ポルトガル植民地の独立はフランスやスペインの植民地とは異なる経緯をたどった。ナポレオンの意向に従わず、イギリスとの貿易を継続したポルトガルはフランス軍の侵略を受けたが、ポルトガル王室はイギリス海軍の支援を受けて本国から脱出した。王室はブラジルに向かい、リオデジャネイロに滞在した。

イギリスと協力してポルトガルがフランス軍を追放した後、国王ジョアン六世は植民地であるブラジルに対し、ポルトガル本国と同等の地位を認め、ポルトガルを連合王国とする決定を下した。これ以後、ジョアン六世はブラジルに滞在しつつポルトガル本国を、息子のペドロは摂政としてブラジルを統治した。

一八二〇年、隣国スペインで発生した自由主義者の反乱に触発され、ポルトガルでも反乱が起きた。憲法を制定するための議会が立ち上がり、立法府を民選とする一方、王は執政を掌握するという立憲君主制の導入が検討された。同時に、ブラジルの地位を植民地に戻す方針も決まり、議会はジョアン六世の帰国を求めた。本国出身か植民地出身かを問わず、ブラジルの行政関係者はこれに反発し、ジョアン六世が帰国した後の一八二二年九月、ペドロがブラジル王ペドロ一世を名乗り、ブラジルの独立を宣言した。

広大な領土を持つブラジルにあって、ペドロ一世の支持者は首都リオデジャネイロを中心とする南部に集中していた。北部には本国に忠実なポルトガル軍が駐留し、独立に反対していた。ペドロ一世は南部の陸海軍をブラジル軍に転換し、陸上と海上の双方から北部の都市を包囲して、ポルトガル本国からの応援を断った。一八二四年までに全ポルトガル軍は本国へ退却し、翌年にポルトガルはブラジルと講和条約を結び、その独立を認めた。

6 ⦿ 独立の特徴

ラテンアメリカ諸国の独立は一般的な植民地の独立とは性格が異なる。植民地の独立と言えば、本国対植民地という構図を基本とし、支配される植民地の人々が支配する本国の人々を追放する形で実現する。ラテンアメリカ諸国の場合も一見同様に見えるが、次のような大きな違いがある。

まず、ラテンアメリカの独立運動を率いたのは植民地社会のエリートである現地生まれの白人であり、先住民や黒人は運動に関わることはあっても、それを主導したわけではなかった。独立を目指した白人層は自らの優位を放棄することを当然望まず、独立後も植民地期の階層的社会関係は温存された。これは国内植民地主義と称され、その解消に向けた本格的な動きは二〇世紀後半まで待たなければならなかった。例外はハイチであり、白人を追放した形で独立を実現した。

もう一つの特徴は、独立後の国家のあり方に関する意思統一がなされていなかったことである。ラテンアメリカに先立って一七七六年に独立した米国では、君主制であるイギリスの支配を拒んだ一三の植民地が協働して、自由主義に基づく政治体制の構築を目指した。これに対し、ラテンアメリカでは独立を支持するか否か、そして自由主義を支持するか否かで、多様な意見が混在していた。自由主義と保守主義がともに一定の支持を集めていた状況は、独立後の政治の混乱を招く原因になった。

〔コラム〕

拘束労働とその影響

ラテンアメリカ諸国の政治経済の発展が植民地期の影響を強く受けているという、ジェームズ・マホーニーらによる一連の研究がある。人間開発指数（ＨＤＩ）がチリやウルグアイなどで高く、アンデス諸国やコスタリカ以外の中米諸国などで低いという現在の社会経済面での序列は（第1章）、植民地期末期の時点でも同様であったとマホーニーらは指摘する。では、独立から二〇〇年以上経過するのに、なぜ序列に変化がないのだろうか。

その理由として注目されるのが労働力の拘束度である。植民地期の社会では人口の大半が農業に従事していた。ただ、労働の形態は多様であり、自分の土地で働く自作農、地主に地代を収めて土地を借りる小作農、地代などの負担が重く、地主に借金をしているなどの理由で土地から離れられない農奴、そして財産の所有を認められない奴隷が存在した。

先住民人口が多い場所では、地主が先住民を農奴として扱うなど、人口少数の白人が先住民を厳しく管理する社会が成立した。各地に存在する有力な地主たちは現状の変更には否定的な態度をとり、中央集権化や経済自由化を進めるブルボン改革も浸透しなかった。この結果、独立後も植民地期の少数の権力者が各地の政治経済を支配し、非民主的な政治と自由な活動を欠いた経済を伴う、中央政府の統治が行き届かない国家が形成された。

これに対し、先住民人口が希薄で、かつブルボン改革が浸透した場所では、労働力の拘束度は低かった。そこでは独立後に比較的平等で自由な社会が実現した。そして、民主的な政治と自由で活発な経済が栄え、中央政府の統治が行き届いた秩序ある国家が形成された。

この説に対しては、独立後に各国が歩んだ歴史の複雑さを無視しているという批判がある。しかし、現在の政治が遠い過去の影響を受けている可能性と、歴史を学ぶ重要性を指摘している点で、マホーニーらの研究は示唆に富んだものと言える。

第3章

独立直後の国家形成

ラテンアメリカの大半の国は一九世紀前半までにヨーロッパ諸国から独立した。各国で独立を主導した者は保守主義者であることも、自由主義者であることもあったが、独立後の国家運営もまたこの二つの思想を軸に展開した。この章では、国家形成期の中心となる独立から一八七〇年頃までを扱う。

ラテンアメリカを植民地としたヨーロッパ諸国でも、保守主義と自由主義のせめぎあいが見られた。フランス革命以来続いた君主制の危機と緊張した国際関係はナポレオン・ボナパルトの失脚によって一度鎮静化し、フランス革命以前の君主制が復帰した。しかし、一八四八年に各国で同時的に自由主義運動が高まるなど、君主の権限は時代を追うごとに後退した。これは、市民に対する政治的権利が欧米諸国で拡大した民主化の「第一の波」に該当する。

かつてラテンアメリカを植民地として支配したフランスやスペイン、ポルトガルでは、この時期に明文化された憲法が導入された。憲法とは、国家の成員の権利や義務、そして政府を構成する組織の権限を定めた、国家の基本となる法である。ラテンアメリカ諸国もまた独立に伴い憲法を導入し、憲法は国家のあり方をめぐる議論の焦点となった。

今日の憲法を語る際には、市民の権利を保障し、政府を制約する側面が強調されるが、当時は市民の権利を制限し、エリートの権利を守る側面が強かった。例えば、第2章で登場したスペインのカディス憲法は、君主の政治的権限を保障した。また、独立から現在まで機能している米国の憲法にも、同様の性格がうかがえる。米国では各州の選挙人が大統領を選ぶ間接選挙制が採用されているが、その背景には、市民の代表者のほうが一般市民よりも理性をもって適切な大統領を選べるという当時のエリートたちの考えがあった。

日本に目を向ければ、一九世紀は江戸時代の後期と明治時代の前半にあたる。江戸時代は外国との接触が制限され、徳川家が率いる幕府のもと、将軍に認められた大名が地方（藩）を統治する幕藩体制が採用されていた。一九世紀半ばにヨーロッパ諸国が中国など日本に近いアジア地域に植民地を持つようになり、外国との接触が増えると、その対応をめぐり幕府や大名の間で対立が生じた。明治維新とは、結束を失った幕藩体制に代わり、天皇を中心とする集権的体制の導入を図るものであった。その後、ヨーロッパ諸国の政治制度を参考にしつつ、天皇を主権者とした憲法が導入された。長年の議論のすえ、大日本帝国憲法が公布されたのは一八八九年のことである。

1……全体的な特徴

国家形成期のラテンアメリカ諸国には二つの特徴がある。第一に、植民地期の行政区分を概ね踏まえて国家が誕生したが、一部の地域では複数の国家に細分化された。第二に、政権交代は総じて頻繁かつ不定期であった。

1⦿植民地体制の細分化

ラテンアメリカ諸国の独立を控えた植民地期末期の行政区分は図3-1の通りである。カリブ海にあるフランス領サンドマング、南米大陸の東部に広がるポルトガル領アメリカ、そしてスペイン領アメリカが見られる。スペイン領アメリカについて言えば、メキシコに拠点を置くヌエバエスパーニャと、リマに拠点を置くペルーに加え、ブルボン改革によりコロンビアのカルタヘナに拠点を置くヌエバグラナダ、そしてアルゼンチン

図3-1　スペイン領アメリカの行政単位〈1750年頃〉

のブエノスアイレスに拠点を置くラプラタに副王が置かれた。また、カリブ海地域にあるキューバのハバナとドミニカ共和国のサントドミンゴのように、副王はいないが、その補佐機関が単独で統治する領域があった。

独立運動が落ち着きを見せた一八五〇年の地図は図3-2の通りである。ポルトガル領アメリカはブラジルとして、フランス領サンドマングはハイチとして独立しており、独立の前後で領土に大きな差は見られない。これに対し、スペイン領アメリカでは植民地期の行政区分よりも小さい国家が多数誕生した。

スペイン領アメリカにおける地方行政は、主に白人が居住する都市を中心に編成されており、都市はスペイン本国に行政上従属していた（第2章）。米国を構成する州のように、本国からの独立に向けて相互に協調する機会は乏しかった。この結果、各地に点在する主要都市は独立後の国家における行政の中心となることを目指して互いに争った。

都市間の対立は、独立時点の思想上の対立軸である保守主義と自由主義の対立に重ねられることがあった。中央集権化や政府による地元産業の保護など保守主義と親和的な要求を持つ都市は、地方分権や自由貿易の推進など自由主義と親和的な要求を持つ都市と争った。しかし、思想的な対立とは関係なく、敵対する都市と差異化を図る目的で、自らを保守主義あるいは自由主義の拠点と称することもあった。つまり、ある政治勢力が保守主義者あるいは自由主義者であると名乗っていても、名乗った思想を必ずしも支持しているとは限らない点に注意が必要である。以下では、思想としての保守主義や自由主義と区別する目的で、自らを保守主義と名乗る勢力を保守派、自由主義と名乗る勢力を自由派と呼ぶ。

保守派と自由派が互いに排他的でないことは、両方の派を短期間で渡り歩いている者が少なくないことから理解することができる。メキシコのアントニオ・ロペス＝デ＝サンタ＝アナやペルーのラモン・カスティーリャのように、異なる派を支持基盤として複数回大統領になる者もいた。

図 3-2　旧スペイン領アメリカの独立国家〈1850 年〉

2 ⦿ アンデス北部と中米

国家の細分化が見られた場所は二つある。一つは南米大陸の西縁を南北に走るアンデス山脈地帯の北部であり、もう一つは中米である。

アンデス北部三か国の独立はシモン・ボリバル率いる独立軍の遠征に関わる。ボリバルは現在のベネズエラからコロンビアに渡り、最終的には現在のボリビアにまで遠征した（第2章）。最初に独立を宣言したのはコロンビアであり、現在のベネズエラやエクアドルにある主要都市はコロンビアに属していた。

ボリバルが植民地軍の討伐を終えた時点で、コロンビアはすでに分裂した状況にあった。ボリバルは首都ボゴタを中心とする中央集権体制を模索していたが、北東部の都市であるカラカス、そして南部の都市であるキトやグアヤキルはボゴタの支配に入ることに難色を示した。ボゴタを支持して政治権力を集中しようとする動きは乏しく、一八三〇年にキトを中心としてエクアドルが、そしてカラカスを中心としてベネズエラがコロンビアから独立した。

もう一つの事例である中米は、細分化がより激しく進んだ例である。図3-2を見ての通り、ラテンアメリカ諸国の領土は総じて大きいが、中米には面積の狭い国がひしめいている。これもまた都市間の抗争の結果である。

中米は帝政メキシコの占領によってスペインより独立した（第2章）。その後、皇帝アグスティン・デ＝イトゥルビデが一八二三年にその地位を追われると、中米諸国はメキシコからの独立を宣言し、翌年には連邦国家を組織した。首都は保守派が強いグアテマラ市に置かれ、自由派の大統領が就任したが、その大統領が自らの地位を強化すべく、保守派の支持を得て中央集権化を図ると、それに反対する自由派が反乱を起こした。自由派は一八二九年にグアテマラ市を占領し、現在のエルサルバドルに首都を移した。翌年には、現在のホンジュラスに拠点を置く自由主義者のフランシスコ・モラサンが大統領に就任するも、今度は保守派が離反し、一八四一年までに現在の五か国に分裂した。

3 ⦿ 頻繁な政権交代

ラテンアメリカ諸国は独立にあたり、米国やヨーロッパ諸国にならって憲法を定めた。ブラジルでは君主が、ハイチでは独立運動のリーダーが皇帝を名乗って、自らの専制的な権限を正当化する憲法を定めた。一方、旧スペイン領で最初に制定された憲法は君主制ではなく、米国を模して大統領制を採用した。憲法では大統領や議員が一定の任期を持ち、定期的に選挙で選ばれることとなっていたが、実態は大きく異なるものとなった。

図3-3は北米メキシコ、中米エルサルバドル、そして南米ペルーを例に、一八二〇年から七〇年にかけての政権の思想的性格と交代の頻度を示している。また、これらの国と比較する目的で米国のデータも併記されている。この図からは、ラテンアメリカ三か国では総じて短期かつ不定期に大統領が交代していることがわかる。メキシコでは約四九年間に二四名、エルサルバドルでは約三〇年間に一三名、ペルーでは約四三年間に二一名の大統領が登場した。これに対して米国では、病死や暗殺によって任期を全うできなかった大統領を除き、定期的に政権が交代した。米国では独立時から現在に至るまで大統領の任期は四年、再選は一回まで可であり、五〇年間で一四名の大統領が現れた。

ラテンアメリカ諸国と米国でこうした差が見られる原因は、独立運動の性格に遡る。ラテンアメリカでは、独立を推進した白人エリート層の間で保守主義と自由主義がともに一定の支持を集めていた。選挙を行い、結

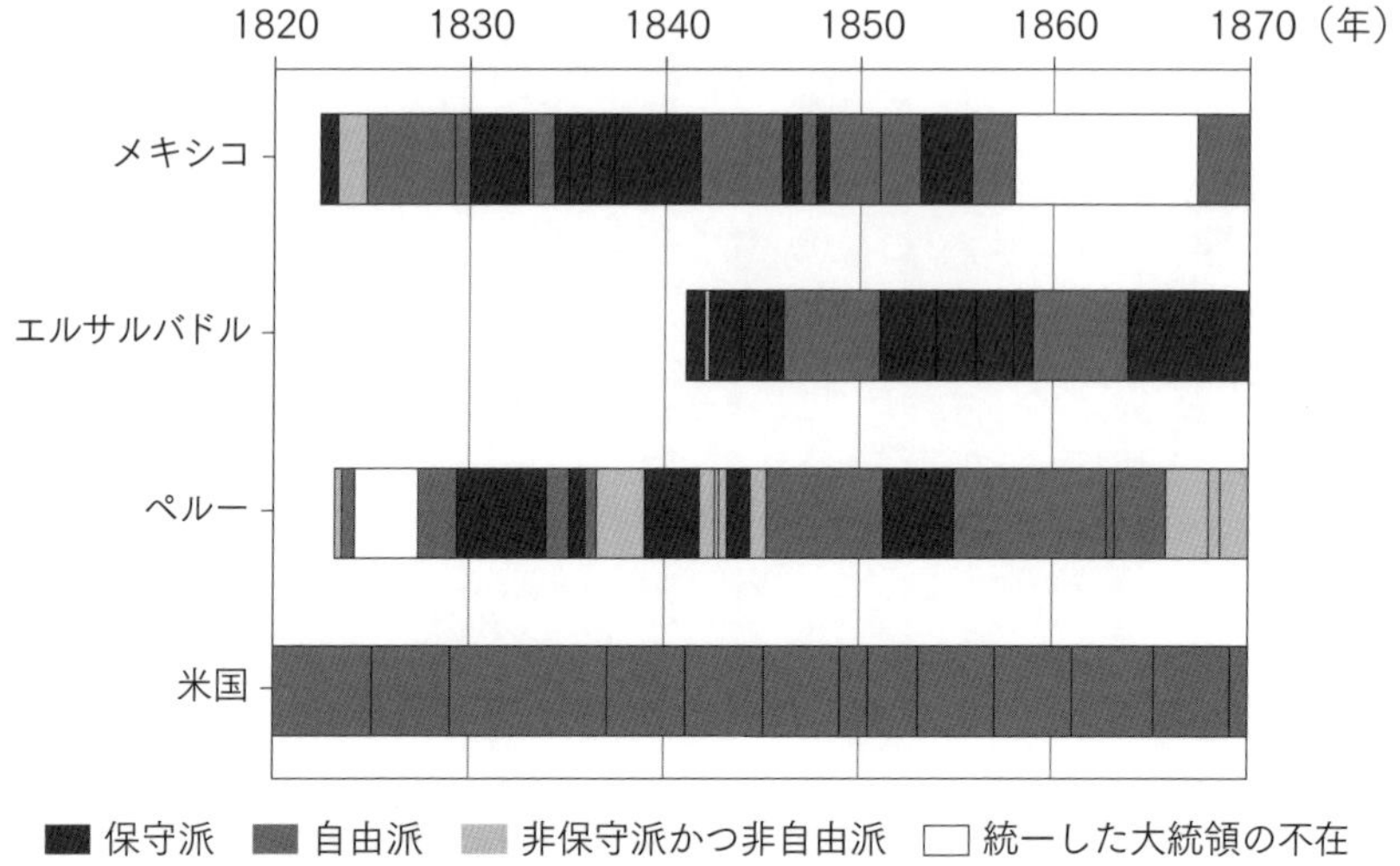

図 3-3　ラテンアメリカ 3 か国と米国、大統領の任期と政権の性格〈1820～1870 年〉

（注）大統領不在時や、内戦勝利から大統領就任までの移行期間など、職務代行の性格を持つ大統領は、実質的に政権を持つ大統領の任期に含める。米国の大統領はすべて自由派とみなす。

果を尊重する政権というルールは共有されておらず、選挙が自らに不利であるなら、政治家が個人的に率いる武装集団を用いて政権を奪取することが一般的であった。これに対し、米国の独立においては、のちに州となる植民地の代表者が協調し、イギリス本国の君主制による支配に抵抗した。米国において自由主義は共有された思想であり、選挙による政権交代の仕組みに疑いは持たれなかった。

どの国でも保守派と自由派が対立しているというラテンアメリカの状況は、国境をまたいで両派が争う状況も生み出した。中米エルサルバドルは一八五一年にホンジュラスと連合してグアテマラに宣戦したが、これはグアテマラの保守派政権に迫害された自由派の人々を、当時自由派であったエルサルバドル政府が受け入れたことで、両国の関係が悪化したことに起因する。また、南米ペルーでは、政権を追われた保守派の元大統領が隣国ボリビアの支援を取りつけ、一八三六年に武力で政権を取り返した。これにより、ペルーとボリビアが連合国家の樹立を宣言すると、国境を接するアルゼンチンとチリが危機感を覚え、翌年に宣戦を布告した。ボリビアとの連合に反対するペルーの政治家はこの二か国の支援を受け、一八三九年に政権を奪還し、連合国家の解散を宣言した。

このように、ラテンアメリカ域内での戦争は政権交代の原因となったが、これとは対照的に、域外の国との戦争は乏しかった。ヨーロッパの旧本国が領土の回復を目論んで軍を派遣することはあったが、それは散発的であった。ただし、米国やヨーロッパに近い北中米カリブ諸国は南米諸国よりも域外国との戦争が多い傾向にあり、それに伴う政権交代も複数ある。例えば、メキシコは副王領から引き継いだ領土であるカリフォルニアやテキサスなどをめぐり、隣国である米国と一八四六年に戦争した。米軍は二年後にメキシコの首都を占領し、これが政権交代の原因となった。

2……保守派政権と自由派政権

保守派と自由派の政権はどのような政策を行ったのか。以下では、両者の対立が明確に表れたメキシコの状況を説明する。そして、メキシコ以外の保守派政権の例としてブラジル、自由派政権の例としてペルーを扱う。

1⦿メキシコの保守派

メキシコを独立に導いた保守派の軍人イトゥルビデは自ら皇帝となるにあたり、メキシコを立憲君主制とすることを宣言した。この宣言では、本国出身者と植民地出身者の平等、人種差別の廃止、そしてカトリックの国教化にも言及した。こうした内容を制度化すべく、イトゥルビデは憲法制定のための議会、すなわち制憲議会を準備した。

保守主義にとってカトリック教会の存在はきわめて重要であった。植民地期に布教されたカトリックは（第2章）、住民の日常生活を精神面から規定する秩序の根本であった。教会は住民の出生から死亡までに関わる儀礼を司り、住民を台帳で管理したほか、住民間の紛争の解決や児童への教育の提供も行うなど、政府同然の役割を担っていた。さらには、信者からの寄進などにより、教会は莫大な資産を保有していた。保守派は、教会の持つこうした優越的な地位に変更を加えることは、社会が混乱する原因になると懸念していた。

制憲議会の議員を選挙するにあたり、イトゥルビデは保守派が優位になるようルールを定めた。これに不満を持った自由派は一八二一年に反乱を起こし、イトゥルビデを追放した。その後、地方政府の代表をより公平に集める形で制憲議会議員が選出された。彼らが一八二四年に制定した憲法は王位を廃し、米国と同様に三権分立と連邦制を導入する一方、大統領は市民ではなく、州の代表である上院議員が選ぶ間接選挙制を採用し、キリスト教を引き続き国教とした。連邦制をはじめ、自由派が唱える新しい制度の導入に保守派が強硬に反対した結果、自由派は保守派に妥協し、憲法は自由主義的性格と保守主義的性格が混在したものとなった。

一八二四年憲法のもと、保守派は制度を自らの理想に近づけるよう試みた。一八二九年から保守派の大統領が相次いで誕生すると、自由主義的な制度や政策が次々と廃止された。一八三五年に制定された「改革七法」と呼ばれる一連の法律はその典型である。例えば、一八二四年憲法は議員の選挙権については各州の規定に従うとしたが、改革七法ではスペイン語がわかり、一定水準の所得を持つ家事労働者ではない男性であると明記した。また、中央集権化を図るべく、連邦制の廃止も決定した。

改革七法は順調に導入されたわけではなかった。とりわけ、連邦制の廃止は州の税収を中央政府に振り向けることを意味したため、州政府が強く反発した。保守派率いる政府は集権化を断行したが、米国との戦争により一八四八年に首都が占領されたのを機に、集権化は断念された。

これ以後、保守派が政権を取る機会は乏しかったが、一八六四年に君主制の復活を図る大胆な試みが行われた。後述するように、一八五〇年代に自由派政権が教会の財産を制限する法律を成立させると、保守派は大きく反発し、のちにレフォルマ戦争と呼ばれる内戦へと発展した。政府は戦費調達のために外国の銀行から借り入れを行い、のちに返済が滞ると、イギリス、フランス、そしてスペインの軍艦が関税を差し押さえるべく、メキシコの主要港であるベラクルスを占領した。保守派はこれを機にフランス軍に首都占領を呼びかけ、一八六三年に占領が実現すると、フランスと協力関係にあるオーストリアの皇帝フランツ＝ヨーゼフ一世の弟マキシミリアンをメキシコ国王として招いた。

マキシミリアンは保守派の予想に反し、選挙権の条件から財産規定を外すことや、教会の所有地を政府が取り上げるなど自由主義的な政策を進めようとした。自由派を含め市民に広く支持基盤を得ようとしたことがその理由とされるが、自由派は当然ながら君主の存在を認めなかった。フランスが隣国プロイセンと軍事的な緊張関係に直面したことから、メキシコから軍を引き上げると、自由派は反乱を起こしてマキシミリアンを捕らえ、一八六七年に処刑した。

2 ⦿ メキシコの自由派

イトゥルビデによる独立から改革七法の制定、そしてマキシミリアン帝政の終焉までの流れは、保守派の主張がメキシコ政治の制度の中に定着しなかったことを意味する。言い換えれば、メキシコの政治制度は自由主義を基調としたものとなった。以下ではレフォルマ戦争の原因であり、メキシコ自由主義の大きな成果とされる一八五七年憲法を例に見てみよう。

この憲法は、一八二四年憲法の基本的内容である連邦制や人民主権を引き継ぎつつも、顕著な違いも見られた。まず、既婚なら一八歳以上、未婚なら二一歳以上の者を市民とし、市民は選挙権など諸々の権利を持つとした。また、個人本位の自由主義的思想の裏返しとして、国家以外の組織が持つ権利を強く制限した。例えば、カトリックを国教とする条項は廃止された。また第二七条では、教会団体や市民団体が不動産すなわち土地を所有し、管理することを禁じた。

第二七条の言う市民団体で主に想定されていたのは先住民の村落であった。植民地期において先住民は主たる納税者であるため、植民地当局は先住民が生活する空間を完全に奪い取ることはしなかった。村落においては成員全体が土地の用途を決定することが多かったが（第2章）、自由派にとってこの慣行は団体による土地の所有や管理と同然とみなされた。

自由派は団体の所有する土地を活発に売買することで、所有者となった個人が責任を持って土地を活用し、経済の活性化につなげることを期待していた。自由派政権は対象となる土地を競売にかけ、土地の所有権を移転した。教会の土地は遊閑地であることが多かったが、先住民村落の場合、所有権の移転は生活の場を失うことと同じであった。土地を競り落としたのは外国の投資家を含む財力のある者であり、先住民が自らの土地を買い戻すことはまれであった。自立した生活の基盤である土地を失った先住民は、小作農や農奴など、他者に従属する地位で生活していくことを余儀なくされた。

3 ⊙ ブラジル

メキシコにおける保守派と自由派のせめぎあいは、保守派が保守主義を徹底できない一方、自由派が、制度に残る保守主義的な要素を廃止していく過程として理解できる。他のラテンアメリカ諸国においても、傾向は同様である。その例としてブラジルを見てみよう。ブラジルはペドロ一世率いる王国として独立したが（第2章）、君主制は一八八九年まで続いており、保守主義が長らく国政の基本となった珍しい事例である。

ブラジルもまた独立直後の一八二四年に憲法を制定した。この憲法の起源は、ナポレオンの退位後に復活したフランス・ブルボン王朝の一八一四年憲章にある。立憲君主制が採用され、中央集権的性格が強く、地方政府の代表者は市民の投票ではなく、君主が任命することとなっていた上に、予算を含む地方議会の決定は中央の立法府の承認を要した。議員の選挙権と被選挙権はともに一定の年齢と所得水準に達した男性にのみ与えられた。また、植民地期より経済を支えてきた奴隷については廃止が明記されなかった。

執政・立法・司法の三権に対しても君主は優越した地位にあった。第一に、執政は民選の大統領ではなく君主が担った。第二に、立法府は二院制であり、任期四年の下院議員は各地方の有権者が選んだ選挙人によって指名される間接選挙が導入された一方、上院議員は終身職であり、最終的な任命権は君主が持っていた。第三に、執政・立法・司法の間で対立が生じた場合、それを解決する調整権と呼ばれる権利が君主に与えられた。その具体的な内容は、下院の解散権や裁判官の罷免など君主の立場を強化するものであった。

ただし、憲法には自由主義的な要素も散見された。例えば、カトリックを国教に定める一方、信教の自由は保障された。また、個人が所有する財産を保障することにも言及されていた。

一八二六年、ペドロ一世は父の逝去に伴いポルトガル政治に深く関わるようになり、一八三一年にブラジル生まれである当時五歳の息子に王位を譲った。憲法の規定に従い、幼少のペドロ二世に代わって執政を担う摂政が置かれたが、摂政の権限は君主よりも限られており、政治は議会を中心に展開した。地方政府はこれを機に中央集権に反発する動きを示したため、保守派が率いる議会は中央政府に反抗する動きを武力で抑え込みつつ、地方政府に権限を与えることで国家の結束を図った。特に重要とされるのは一八三四年に議会が行った憲法修正であり、地方議会に予算編成や徴税を含む広い権限を認めたことで、地方政府の不満が解消された。

ペドロ二世が成年に達した一九世紀後半の政治は非常に安定していた。一八五〇年にはアルゼンチンと、一八六四年にはパラグアイと領土をめぐる激しい戦争に突入したが、いずれにも勝利を収めた。ペドロ二世は保守派と自由派の双方を尊重し、両派の政治家もまた王の統治を否定しなかった。さらに、当時の保守派政権は、自由党議員を閣僚ポストに任命することで自党の影響力を高めるなど、自由党に対して協力的に振る舞うこともあった。保守派はまた、自由派の求める政治的権利の拡大にも応じ、議員の間接選挙を廃止した。

このように安定した政治運営を実現したブラジルの君主制は、奴隷制の廃止を原因として終わりを迎えた。ブラジル独立を支援し、重要な貿易相手であったイギリスは、人道的な理由から一八〇七年に奴隷貿易を禁止した。賃金を払って雇う労働者に比べて奴隷は安価であるため、奴隷への依存を減らすことは奴隷を使って栽培してきた農産品の価格が上がることを意味する。そこで、イギリスは自国の農産品が価格競争で負けないよう、世界各国に同様の禁止を求めた。ブラジルもまた、一八五〇年に奴隷貿易の禁止を定めたが、奴隷制度自体の廃止には踏み切れずにいた。成長を見せるコーヒー農園などで奴隷の需要が高かった上に、廃止すれば奴隷主への補償に応じる必要が生じるためである。

奴隷制廃止は主に自由派の政治家が唱えていたが、軍もこれに賛成した。パラグアイとの戦争では奴隷が兵として動員されたが、奴隷の士気は低く、すべての国民が権利を持ってこそ国家は結束できることを軍人は唱えた。一八八八年、すでに高齢であったペドロ二世の承認のもと、保守穏健派が主導する議会が奴隷廃止法を成立させた。奴隷を所有する地主を代表する強硬な保守派は強く反発したため、王は補償の準備を進めるも、補償に反対する自由派が軍人の一部を招いて反乱を起こし、翌年に政権を掌握した。ペドロ二世は復位を望むことなく、パリに亡命し、二年後に病死した。

4 ⦿ ペルー

メキシコ以外の国における自由主義の例として、メキシコと同じく副王領が置かれていたペルーを見てみよう。ペルーの独立を達成したボリバルは一時的にペルーの大統領を務めたが、分裂の危機を抱えるコロンビアに戻った。これ以後、ペルーでは他の国と同様、保守派と自由派に分かれた政争が続いた。

最初の本格的な憲法は自由派が優位な制憲議会のもとで一八二八年に制定された。王制を廃し、三権分立を導入したが、連邦制の導入は見送られた。隣国であるエクアドルとコロンビアとの国境は未画定であり、地方の自律性を抑え、国家として一体的に動くことが国家基盤を固める上で必要とされた。

個人に広く権利を保障することに対しても数々の制約が設けられた。カトリックが国教とされ、他の宗教を信仰することは禁止された。大統領や二院制である立法府の議員は間接選挙制であった上に、大統領や議員、選挙人になるには一定の財産を持つことや、スペイン語の読み書きができることなどが条件となっていた。ただし、先住民については読み書きの要件が免除された。

一八二八年憲法はその後頻繁に変更されたが、より自由主義色の強い憲法が一八五六年に制定された。主な変更点は間接選挙の廃止と教会の土地所有禁止であった。教会の権利制限は保守派の反発を招いたが、この変更が撤回されることはなかった。

メキシコでは、団体による土地所有の制限が先住民村落の解体につながったが、ペルーではどうだったか。植民地期に政府は先住民から人頭税を徴収し、代わりに生活の場である共同体の土地を保障した。ペルーでは独立後も政府が人頭税を徴収し、共同体の位置を把握するとともに、スペイン語を書けない者との契約を管理する法律を定めることで、白人らによって土地がだまし取られることを防いだ。

自由主義からすれば、先住民に対する特別な負担や配慮は不要である。しかし、独立当初は税収が乏しく、ペルーの人口の半数以上を占める先住民の人頭税は政府にとって貴重な財源であった。先住民もまた、引き続き土地の保障を政府に求めるべく、納税に応じた。

一八四〇年代よりヨーロッパとの貿易が活発になり（第4章）、関税等の税収が増えると、一八五二年に先住民人頭税が廃止された。さらに、土地台帳から先住民共同体の記載が消え、契約保護の規定も廃止された。メキシコのように政府が積極的に土地を競売することはなかったが、先住民は植民地期から続いた土地の保障を失った。

その後、成人男性全体に人頭税が課せられ、先住民もまた納税者として選挙権を持った。しかし、被選挙権については資産や納税の条件が厳しく設定された。先住民が議員となり、自らの利益にそって法律を変えるべく選挙に立候補することは、制度上きわめて困難であった。

〔コラム〕

アルゼンチンのねじれ現象

一八五〇年にブラジルと戦火を交えた当時、アルゼンチンの大統領はフアン＝マヌエル・デ＝ロサスであった。彼はアルゼンチンの国家元首として二期二〇年間も在任していた同国を代表する政治家である。とりわけ二期目は一八三五年から五二年までの一八年にも及んでおり、図3-3で見たように大統領が目まぐるしく変化するラテンアメリカ諸国にあっては異例の長期政権であった。

ロサスは保守派の政治家であるが、連邦党に所属していた。そして、連邦党のライバルとなる自由派の政党は統一党を名乗っていた。一般に保守派は中央集権を志向するのに、なぜ地方分権を想起させる連邦党を名乗るのか。

このねじれ現象は経済活動の特徴に起因する。アルゼンチンの首都であり、植民地期後半には副王も設置されたブエノスアイレスは、ラプラタ川河口に位置する港湾都市である。ブエノスアイレスは自由貿易を推進するため、自らが首都となって国家を統一的に運営することを目指した。これに対し、内陸部の地方都市は中央集権の名のもとにブエノスアイレスの支配を受けることを嫌った上に、自由貿易によって輸入品が流入し、地元産業が打撃を受けることをおそれた。この結果、中央集権志向の統一党が自由貿易を支持し、地方分権志向の連邦党が自由貿易に反対するという、ねじれた組み合わせが登場した。

3……国家形成期の課題

ラテンアメリカの国家形成期には、他の地域でも同様に国家形成が課題となっていた。米国はラテンアメリカ諸国と同様、独立して間もない段階にあった。かつてラテンアメリカを植民地としていたヨーロッパ諸国では、ラテンアメリカと同様、保守主義と自由主義のせめぎあいが見られ、明治維新前後の日本もまた国家のあり方を模索していた。そして、日米欧の国々がのちに強力な国家を作り出していくのとは対照的に、ラテンアメリカでは様々な課題に直面することになった。

1⦿折衷的政治

保守派と自由派が政権を取り合い、頻繁に法が書き換えられたことはすでに述べたが、両派の憲法やその運用には共通した特徴を見出すことができる。まず、憲法に体現された政治制度の中身は、保守主義あるいは自由主義のいずれかに偏ったものではなかった。

保守主義について言えば、それが君主制を理想としていても、植民地期のような王と補佐組織を基本とする統治形態は採用されなかった。また、保守派が君主を立てたとしても、政治的決定を君主が独占することはなかった。言い換えれば、それは自由主義的な要素を含んだ保守主義的な体制であり、カディス憲法のように、君主の権限を保障しつつも、市民に一定の政治参加の権利を認めるものであった。

自由主義もまた不完全なものであった。保守主義との決定的な違いは個人の信仰の自由を認めることであったが、カトリックを国教とする、さらにはカトリック以外の信仰を禁じるという強い制限を憲法に盛り込むことが見られた。また、個人の平等を謳っているが、参政権が年齢のみならず性別や識字、財産などによって制限されていたように、政治に関する適切な判断ができると想定する人間像があり、それを満たさない者には権利は与えなかった。

折衷的であることは、言い換えれば市民を政治的に包摂できていないことを意味する。対パラグアイ戦争で奴隷兵の士気の低さを嘆いたブラジル軍人の事例にある通り、市民は政府によって権利を保障されてこそ、政府を自らのものとして意識し、政府に関わろうとする。しかし、自由主義改革によって一方的に土地を奪われてしまったメキシコ人の先住民に見られるように、当時のラテンアメリカ国家は、いまだ市民に開かれた政府を持つことができずにいた。

ただし、折衷的特徴はラテンアメリカ特有のものではない。自由主義運動が活発化したヨーロッパ諸国では君主制が根強く、民主制を導入した米国でも当時はまだすべての人に参政権が付与されていなかった。つまり、植民地期の絶対王政から、民主制国家が増えた現在に至る流れの中で見れば、当時のラテンアメリカは欧米諸国と同様、その中間点に位置していたと言えよう。

2 ⦿ 政治的対立

ラテンアメリカに広く見られた不定期かつ頻繁な政権交代は、選挙を通じてのみならず、野党が武力を用いて政権を奪取する形で実現した。一方の派が政権を支配すれば、その支配を固定化しようとし、そのことが他方の派を政権の打倒に駆り立てた。選挙を定期的に行い、民意を託された政治家が政府を運営し、政権交代の際には政府の業務をそのまま新政権に引き継ぐのが民主的な国家の運営であるが、対立する政治勢力で国家を共有することは、当時のラテンアメリカの文脈では非常に困難であった。

このことは憲法が頻繁に書き換えられたことにも反映されている。憲法には、中央集権化の度合いからカトリック教会の権利まで、保守派と自由派の間で合意が困難な内容を多数含んでいた。憲法はいわば国民全体が共有する権利や義務をまとめたものというよりは、政権を掌握した派の政治的主張を法として固定化し、正当化するための手段であった。

この時期のラテンアメリカ諸国で軍の整備が不十分であったこともまた、国民全体が国家を共有できていなかったことを反映している。軍とは、政府が誰に支配されているかを問わず、国家を外的脅威から守ることを目的とする。しかし、保守派と自由派が鋭く対立する状況では、政治的に中立な武力を持つことはきわめて困難である。軍を整備することは、政権を掌握する派の支配を安定化させることを意味するからである。

無論、保守派と自由派が対立せず、互いに協力することがまったくなかったわけではない。一九世紀後半のブラジルのように、隣国との戦争に勝利し、君主のもとで安定した政治運営を行ったことはその例である。しかし、このように共通の外敵を持つことで国民が結束するというメカニズムは必ずしも機能しなかった。中米で見られたような国境を越えた保守派と自由派の対立があり、メキシコに至っては、外国による軍事介入を利用して、保守派が自由派政権を打倒することさえ見られたのである。

3 ⦿ 経済的苦境

ラテンアメリカ諸国における国家形成期の経済は成長に乏しかった（第1章）。これは、独立戦争によって社会が荒廃した上に、国家形成期においても政争が絶えず、安定した経済活動を行うことができなかったからである。経済が成長を迎えるには、次章で説明するように、ヨーロッパの工業化の影響を待たなければならなかった。

経済が低調であることは国家を立ち上げる上で大きな痛手であった。学校の建設から交通網の整備、警察や軍隊の整備まで、政府が国民に公共サービスを提供するには税収が必要であり、税の主な源泉は市民の経済活動にある。市民に富がなければ、税収は乏しく、サービスを十分に提供できない。

税収不足が政府の発達を妨げたのと同時に、政府が発達していないから税収が上がらないという逆の関係もあった。当時の政府は市民の経済活動を捕捉し、税を徴収する仕組みを作ることができなかった。ペルーが先住民人頭税に依存していたのは、市民の活動を管理できる行政を持てなかったことの裏返しでもある。

このような状況では、各国の政府は安易に調達できる資金に依存するしかなかった。メキシコの事例で登場した関税はその代表的な収入源である。関税の徴収は港など物流の拠点に役人を配置するだけでよく、手間がかからない。もう一つの例は対外債務である。税収の乏しい各国の政府は自らの運営のために欧米の銀行から借金をすることが多かった。

一般に、対外債務は税に比べ、強い国家を作り出す効果が弱いとされる。ヨーロッパ植民地の独立で見られたように、納税者は統治者の税の使い道を問い、不満があれば異議申し立てを行う（第1章）。つまり、税は市民と政府を結びつけ、政府を規律づける動機が発生する。ところが、国外からの借り入れにはそうした機会を作り出す効果がない。さらには、マキシミリアンの到来に先立つメキシコで見られたように、債務を返済できないことで外国から軍を派遣されるという安全保障上の脅威も作り出してしまった。

〔コラム〕

ハイチの対外債務

植民地の支配層である白人を追放して独立したハイチは、国内植民地主義を持たない平等な国家として発展することが期待された（第2章）。しかし、政権をめぐるリーダーたちの争いは激しく、イスパニョーラ島の東部に領土を持つスペイン、そしてかつての本国であるフランスもハイチの内政に強い影響を与えた。独立初期に登場した憲法はいずれも執政の代表者の任期を終身とし、カトリック以外の宗教を禁ずるなど、市民に保障された自由は乏しかった。

独立直後のハイチを苦しめたのはフランスに対する莫大な対外債務であった。一八二五年、フランスは海軍をハイチ沿岸部へ派遣し、独立に伴って生じたフランス人の所有資産（奴隷を含む）の損害賠償金として一・五億フランをハイチに要求し、支払わなければ独立を認めないと通告した。ハイチ政府は支払いに応じたが、歳入の数倍にもなる支払いを毎年行うことを迫られた結果、フランスの銀行からの借り入れに頼ることとなった。

フランス政府への賠償金の支払いが一八八八年に終わった後も、利子分を含めた銀行への債務の返済は続いた。この債務はのちに米国の銀行が引き受け、完済に至ったのは一九四七年、つまり賠償金発生から一二二年後であった。国家を充実させるために必要な資金はことごとく国外に流出してしまい、これが現在のハイチをラテンアメリカで最も開発の水準が低い国にした遠因とされている。

第4章

ポピュリズムの時代へ

国家形成期のラテンアメリカ諸国では、保守主義と自由主義の対立が政治の基本であった。この章では、国家形成期の特徴が失われ始める一九〇〇年前後の状況を扱う。そして、この変化によって、次の積極国家期において中心的な政治運動となる、ポピュリズムが登場する条件が整うようになったことを示す。

こうしたラテンアメリカ政治の変化の背景には、一九世紀後半の世界史における重要な出来事である工業の急速な発展がある。原料を加工して製品を作り出す工業という営みの中でも、この時期には自動車や機械など金属加工を伴う生産や、プラスチック製品や薬品など化学的な技術を要する生産といった重化学工業が成長を始めた。また、従来からある食品や衣料品などを扱う軽工業を含め、大量生産が行われるようになった。

高度な工業化を経験した欧米諸国では、農村から都市に人口が移動した。工業化と都市化が進むと、企業における労働条件の改善や下水道をはじめとする住環境の整備など、過去に重視されてこなかった問題が政治の争点となった。労働の問題に至っては、個人が財産を所有し、利益を最大化しようとすることが問題の根源にあるとの主張が現れ、解決方法として社会による財産の所有と管理を求める社会主義思想が影響力を持った。ロシアで一九一〇年に革命が起こり、君主制を廃して社会主義国であるソビエト連邦が誕生したことは、近代政治史における一大事件として知られる。

工業化はまた、軍事力を増強させる可能性を広げた。この時期のヨーロッパ諸国は軍拡を進めつつ、自らに有利な国際関係を作るべく、活発な外交を展開した。国家間の対立は時にエスカレートし、一九一四年と一九三八年の二度にわたり世界大戦を引き起こした。同時に、原料を調達し、製品を販売する市場の確保をめぐる競争も激しく、イギリスやフランスなど一部の国はアジアやアフリカに広く植民地を持つようになった。ヨーロッパ諸国を中心とする戦争が世界大戦になったのも、ヨーロッパ諸国の活動が世界的規模で広がり、ヨーロッパ域外の国も無関係でいることができなかったことによる。

日本もまた工業化と国際的な紛争の当事者であった。殖産興業を謳う明治政府は欧米の工業技術を積極的に導入した。繊維や製鉄、造船など、欧米諸国と競争できる産業が登場したのもこの時期である。また、日清戦争や日露戦争などの戦争を経験し、樺太や韓国、台湾などに領土を広げた。

1……欧米の工業化の影響

では、欧米諸国の工業化はラテンアメリカをどのように変化させたのか。この節では、工業化に伴って生じた欧米諸国との貿易がラテンアメリカ諸国の経済と政治の両面に影響し、不安定を基調としたこれまでの状況を一変させたことを説明する。

1⦿原料輸出と経済成長

欧米諸国の工業化はラテンアメリカに様々な貿易の機会を与えた。鉄鉱石や銅などの鉱物資源や天然ゴムは工業製品の原料として輸出が期待された。また、工業の発達に伴い都市化が進んだことで、欧米諸国では農業の担い手が減り、ラテンアメリカ産の食料の需要が高まるのみならず、農地の収量を向上させる肥料を輸出する機会も開けた。

こうした需要を捉えて、経済を大きく発展させた代表例がアルゼンチンである。国土に広がるパンパと呼ばれる広大な温帯平原は、小麦をはじめとする農産品の生産や、ウシやヒツジなどの牧畜に適していた。仕切り

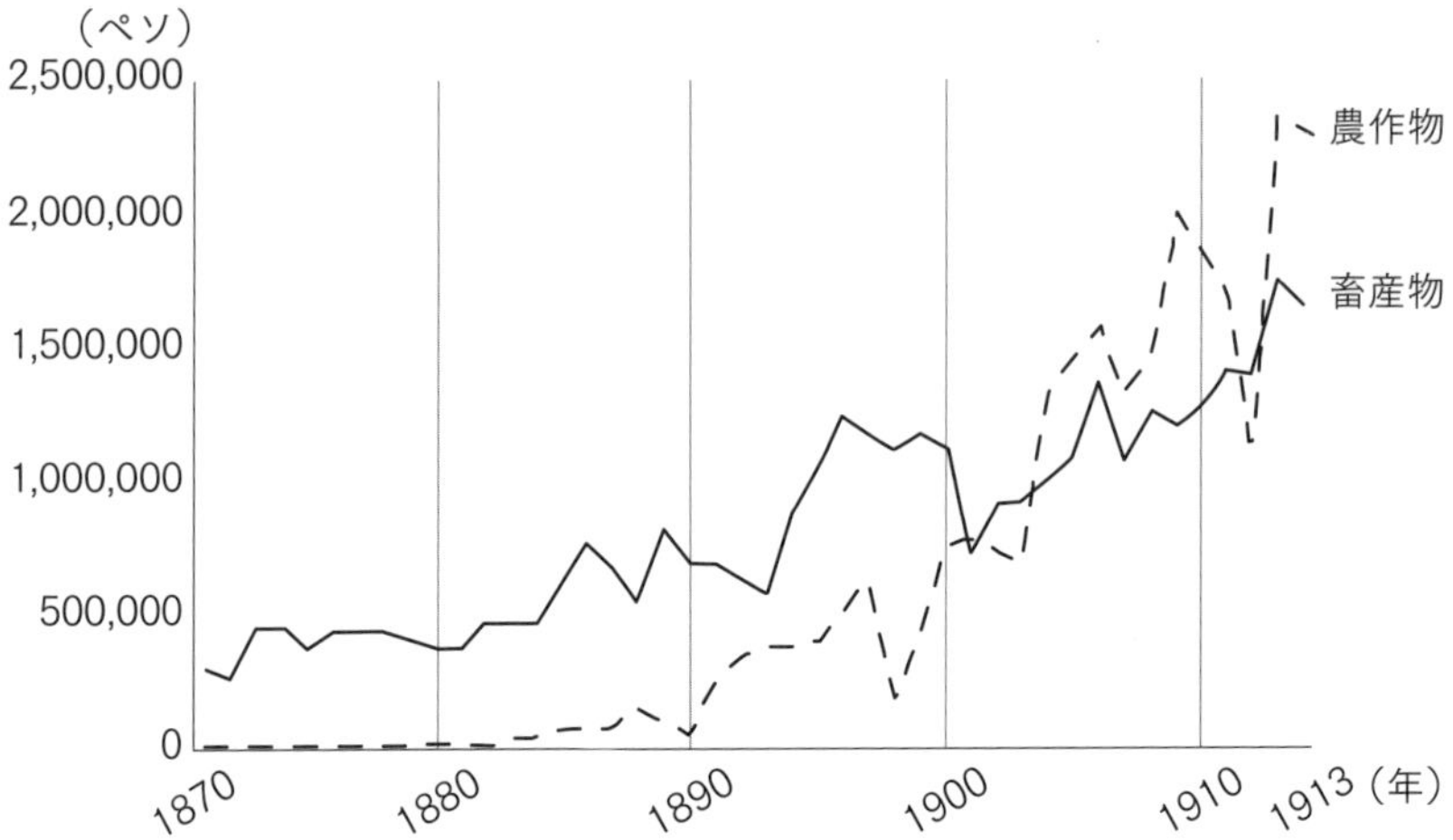

図4-1　アルゼンチンの畜産物と農作物の輸出額〈1870～1913年〉

のない土地で牧畜を行うと、家畜の逃亡や盗難が問題となるが、欧米で生産が始まった有刺鉄線が導入され、土地を囲うことで問題は解決された。また、かつて食肉は腐敗防止のために塩漬けにされ、缶詰で輸送されていたが、一八六〇年代末にやはり欧米で開発された冷凍船が導入され、新鮮な食肉の輸送が可能になった。

図4-1はアルゼンチンにおける畜産物と農作物の輸出額を示したものである。一八七〇年から第一次世界大戦が始まる直前の一九一三年までに輸出額は大幅に増加しており、畜産物は五倍、農作物に至ってはほぼ〇から畜産物を上回る水準にまで達した。著しく拡大する貿易によってアルゼンチンは急速な経済成長を遂げ、一九〇〇年前後当時の一人あたり国内総生産(GDP)は、米国とほぼ同等に達していた(第1章)。一九二〇年時点の一人あたりGDPは世界第一〇位に相当し、ドイツや北欧諸国を上回るほどであった。

輸出の発展は多様なビジネスを生み出す。生産物の輸送手段である鉄道は主にイギリスの投資によって急速に拡大した(図4-2)。これに伴い、荷物の運搬や鉄道の運営に従事する者を雇う機会が出現した。輸出入の拠点となる港湾でも同様に、荷物運搬と港湾管理、船舶の整備に従事する者が現れた。さらには、生産者に代わって消費者である欧米の需要を取りまとめる貿易企業が登場するなど、都市部に人が集まるようになった。都市人口が増えると、食料品や日用雑貨の小売りなど住民の日常的なニーズに対応する経済活動も広がった。

このようにして、アルゼンチンは首都ブエノスアイレスを中心に急速な都市化を経験した。図4-3はブエノスアイレスの人口の推移である。スペインから独立した時点で一〇万人程度であった人口は、一八七五年には二〇万人を超え、一九一〇年には一二〇万人、一九三〇年代には二〇〇万人に達する世界有数の大都市に成長した。一八八〇年代から一九二〇年代にかけては、イタリアから二〇〇万人もの移民がアルゼンチンに到来し、その多くがブエノスアイレスに居住した。一九〇〇年時点でアルゼンチンの都市人口比率は三〇パーセント程度と推計され、欧米諸国よりも若干低く、一〇パーセント程度であった日本よりもはるかに高い水準にあっ

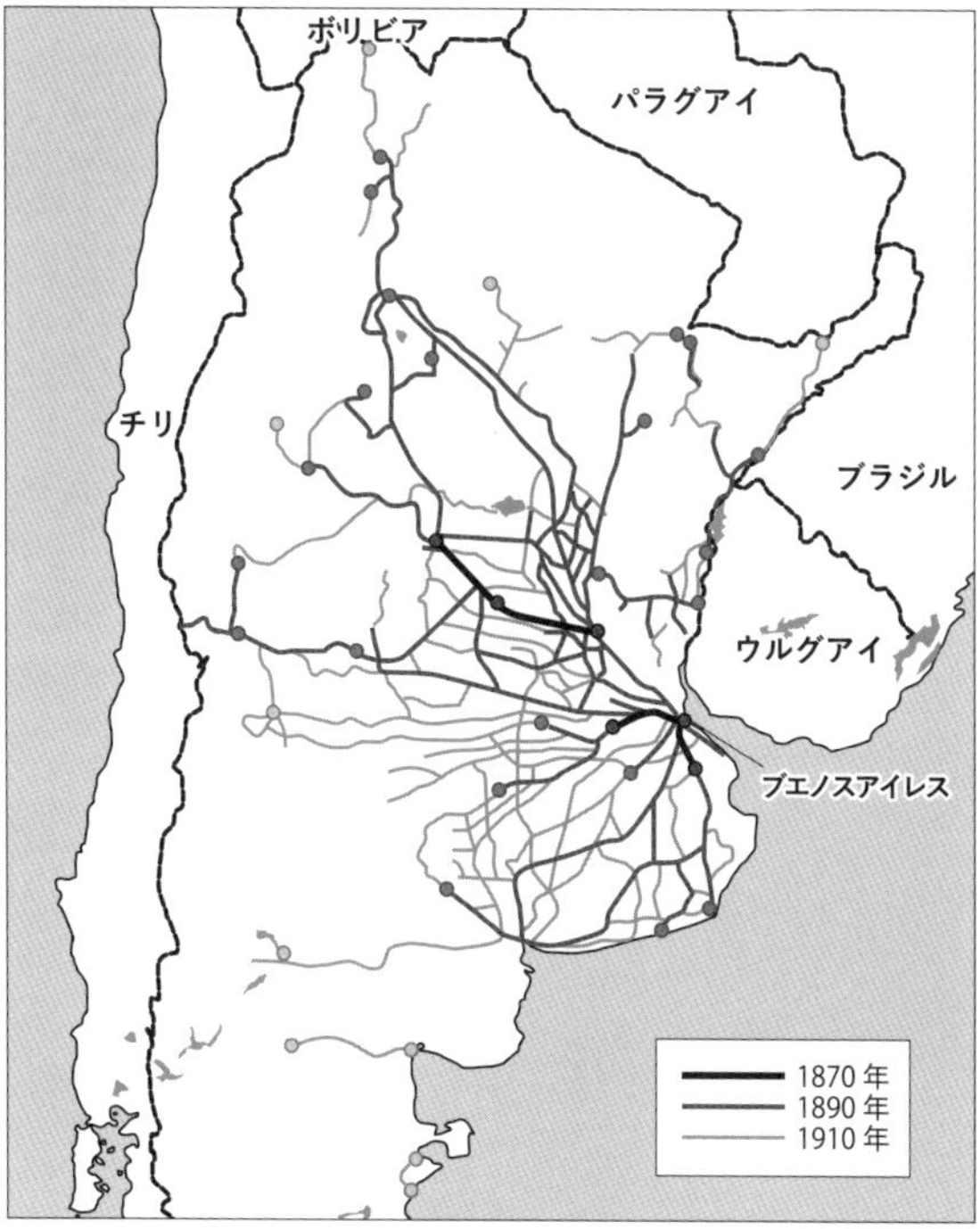

図4-2　アルゼンチンの鉄道網〈1870、1890、1910年〉

た。

メキシコもまた一九世紀後半に経済成長を実現した。教会所有地と先住民共有地を個人の所有地に転換する政策が積極的に行われたことを背景に（第3章）、農業生産の成長が見られた。米国に近い北部では、米国輸出向けの畜産や綿花栽培が盛んになり、金属資源についても米国とイギリスの企業が入り、銅や銀の輸出が進んだ。鉄道網の成長も著しく、一八七六年時点で一〇〇〇キロメートルに満たなかった国内の鉄道総距離は、一九一〇年には約一万九〇〇〇キロメートルにまで伸びた。首都メキシコシティの人口は一八五〇年時点で約二〇万人であったが、一九一〇年には約七五万人、一九四〇年には一八〇万人へと増加した。

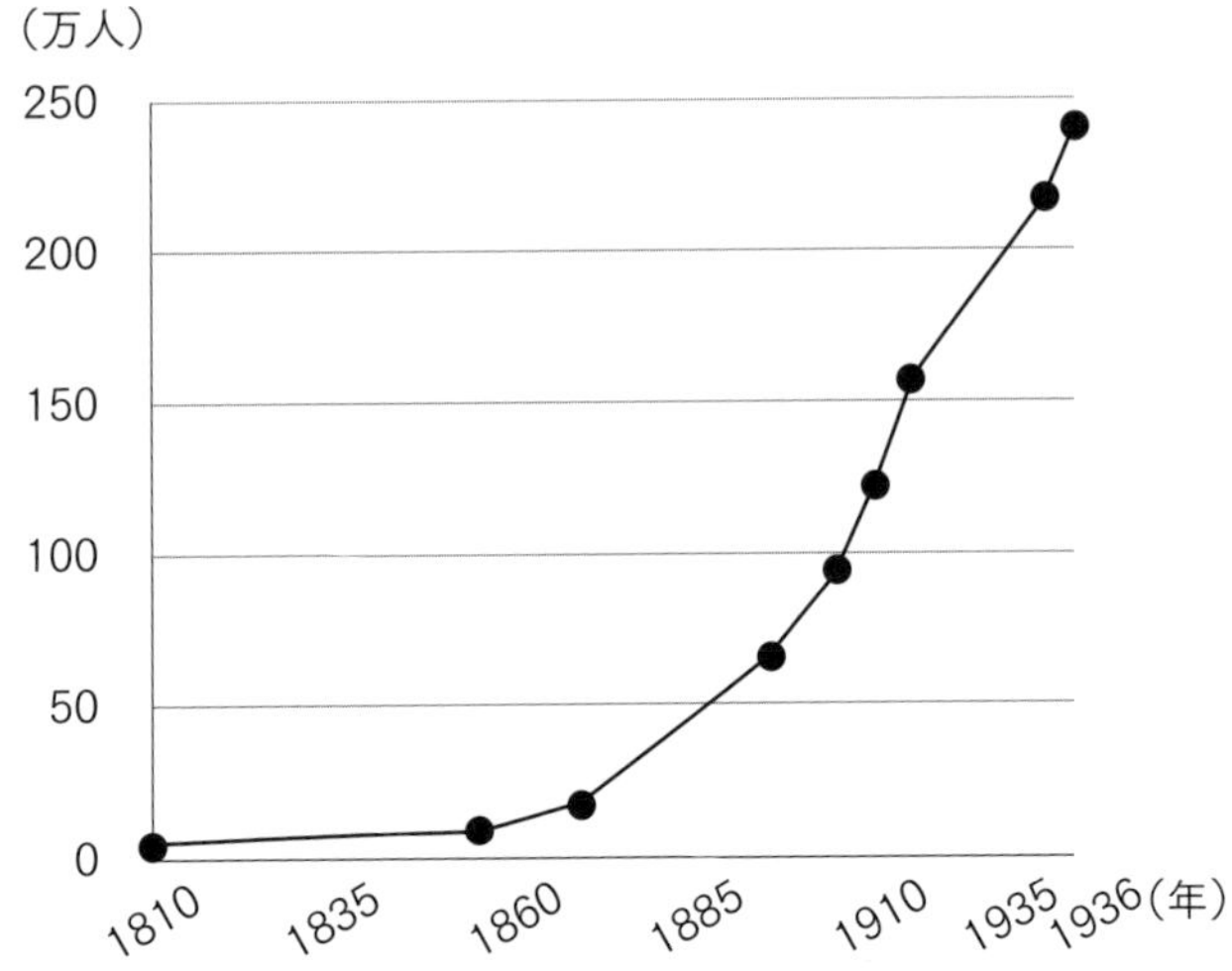

図 4-3　ブエノスアイレスの人口〈1810～1936 年〉

商品によっては、一時的に輸出が高まったのちに急速に低下する、いわゆる輸出ブームが起きるにとどまり、持続的に社会の変化を引き起こせないものもあった。ペルーでは、海鳥をはじめとする動物の糞の堆積物であるグアノが肥料として注目を集め、一九世紀後半に活発に輸出された。しかし、二〇世紀初頭より人工肥料が大量生産されるようになると、グアノの輸出は急落した。ペルーはまた、ブラジルやボリビアなどとともに天然ゴムの輸出ブームも経験した。ゴムノキの樹液を集めて作られる天然ゴムは、靴底から機械部品まで工業製品の原料となる。一九世紀後半に熱帯低地帯に植生するゴムノキからの樹液採取が活発に行われたが、二〇世紀初頭に東南アジアやアフリカでゴムノキの栽培が始まり、国際価格が低落した結果、ブームは終わりを迎えた。

各国が何を輸出できるか、その輸出にどの程度の影響力があるかは、輸出できる原料の保有状況、つまり各国の地理的な条件に左右される。有力な貿易品を持たない国であれば、都市化に代表される社会の変化も小さなものであった。例えば、中米諸国やコロンビアはコーヒーやタバコを主に輸出していたが、いずれも規模が小さく、都市化は緩やかであった。一九世紀末時点でのこれらの国々の都市人口比率は一〇パーセントに満たなかったと推計されている。

2 ⊙ 政治の一時的安定

経済成長とほぼ同じ時期に、政治が一時的な安定を迎える現象もいくつかの国で見られた。すなわち、保守派と自由派による政権の奪い合いが鎮静化に向かった。経済成長が政治の安定をもたらしたのか、あるいはその逆であったのかは議論があるものの、相互に高め合う効果があったものと考えられる。

経済成長の著しいアルゼンチンの場合、自由貿易を掲げて港湾部の首都ブエノスアイレス中心の中央集権体制を追求する統一派と、保護貿易と地方分権を唱える内陸部を拠点とする連邦派が争ったが（第3章）、一八六二年に統一派のバルトロメ・ミトレ政権が誕生してからは政情が安定した。ミトレ政権の成立に先立ち、連邦派の主導する政府は一八五三年に憲法を定め、米国と同様の連邦制を導入した。統一派は当初、憲法を承認しなかったが、ミトレは憲法を受け入れ、選挙によって政権の獲得を図るよう統一派の方針を転換させた。その後、貿易の機会が広がることで、農業・牧畜業を担う内陸部と商取引を担う港湾部は利害を共有することとなり、一八七四年に両者は合同で国民自治党（PAN）を創設した。輸出振興を掲げるPANは広く支持を集め、一八七四年から一九一六年までのべ一一名もの大統領を輩出した。

第3章で登場したメキシコ、ペルー、そしてブラジルでも同様の傾向が見られた。まずメキシコでは、マキシミリアン帝政の終了後、自由党のポルフィリオ・ディアスが保守派を武力で圧倒し、長期政権を担った。傀《かい》儡《らい》政権、すなわちディアスが大統領ではないものの、実質的にはディアスが支配している政府も含めれば、ディアスの統治は一八七六年から一九一〇年まで続いた。

ペルーでは、グアノに加え、爆薬の原料となる硝石が採掘される海岸部の領土をめぐり、隣国チリと戦争したことが政治の転換点となった。敗戦後、戦功を挙げた軍人であるアンドレス・カセレスが政権を担ったが、これに反対する政治家が団結して反乱を起こした。一八九五年にカセレスが追放されると、欧米との貿易の機会を生かした国家の再建を目指す企業層の政治家が市民党に結集し、輸出作物を栽培する地主層らの支持も集めて、安定的に政権を維持した。

ブラジルでは一八八九年に君主制が廃止され、その二年後に新憲法が制定された。君主制が尊重してきた地方政府の自立を反映し、新憲法は連邦制を採用した。一方、植民地期以来の有力産業である北部のサトウキビ生産は、ペドロ二世の奴隷解放に伴って労働力を失い、衰退した。代わりに主力輸出品として成長したのがコーヒー栽培であり、解放された奴隷を含む労働力を集めた。その産地のうち、人口の多いサンパウロ州とミナスジェライス州が選挙において有力となった。地主層はそれぞれの州でサンパウロ共和党とミナスジェライス共和党を結成し、両党は国政選挙で選挙協力をすることにより政権を独占し、他の州の候補者を排除することに成功した。一九三〇年まで続くこの体制は、ミナスジェライス州が牛乳の生産地であったことから、ポルトガル語でカフェオレを意味するカフェコンレイチ体制と呼ばれる。

無論、ラテンアメリカのすべての国が安定した政権運営を実現できたわけではない。例えば、コロンビアでは保守派と自由派の対立は引き続き深刻であり、一九〇〇年前後に至っても激しい内戦が発生した。貿易による経済的恩恵を追求し、対立する政治勢力が手を結ぶ機会が乏しかったと言える。

3 ⦿ 軍の専門組織化

政治が安定したこの時期には、ラテンアメリカの国家建設に関する重要な変化が起きた。保守派と自由派が各々に兵力を有し、実力で政権を奪い合う状況においては、特定の派に依存しない軍事力を持つことは困難であった（第3章）。しかし、両派の対立が消えたことで、国軍の創設に道が開けた。

軍は国防を目的とする武装集団である。作戦の立案から武器の使用まで、国外の脅威に対応するためには専門的な知識や技能が要求される。ラテンアメリカ諸国は士官学校を創設し、近代化された常備軍を早くに整備した欧米諸国から軍人を教員に招いた。チリをはじめ軍の専門組織化を早く進めた国が、他のラテンアメリカの国に軍人を派遣し、欧米の軍事知識を広めることもあった。

軍人の派遣は欧米諸国にとっても利益があった。すなわち、ラテンアメリカ諸国と緊密な外交関係を結ぶことで、国際関係における自国の位置を有利にできると期待された。とりわけ一九世紀には、ドイツとフランスが競ってラテンアメリカ諸国に軍人を送った。

軍の創設とは、政府が国民を雇用することを意味する。国によって士官や兵として採用される階層や地域に偏りはあるものの、経済水準が高いとは言えないラテンアメリカにあって、軍への就職は安定した雇用先として貴重であった。とりわけ、各国社会の中下層の人々にとっては、社会的地位を上昇させる就業機会として重視されることになった。

さらに、国軍の創設は政府による統治の徹底も促した。例えば、南米大陸の南端に位置するパタゴニア地方は、スペイン植民地当局、そして独立直後のチリとアルゼンチンの支配を受けていなかった（図3-1、図3-2）。パタゴニアにはマプチェをはじめとする先住民が自立的に社会を営んでいた。一九世紀後半に入ると両国の進出が加速化し、二〇世紀初頭までにパタゴニアは領土に組み入れられた。こうした農村地域における実効的な支配の確立は他のラテンアメリカ諸国でも同時期に広く見られた。

最後に、軍は国防に特化した組織であり、治安維持など国内事項は業務の範囲から外れている。しかし、実際には軍が内政に無関心でいることはできない。まず、軍事予算など政府が決める軍の運用に関する方針が、軍にとって常に満足なものであるとは限らない。また、民主制においては政党が自らの利益の実現を求めて政権を争う。国家の安全保障に関心を持つ軍からすれば、党利本位の政争は、国家全体の利益を考えていないものとして映ることがある。

この結果、政治状況が軍に不利益をもたらす、あるいは国家に危機をもたらすと判断される場合、軍が政権を掌握することが頻繁に発生した。ただし、後段で説明するように、軍の言う国益は軍内で支配的なイデオロギーや軍人の出身階層に影響を受けているため、軍は政治的に中立した存在ではない。さらに言えば、軍が組織として常に一体であるとは限らず、一部の軍人が軍全体で合意する前に政権掌握に動くことも少なくない点、注意が必要である。

2……ポピュリズムとは何か

ラテンアメリカでは、経済の成長によって都市化が進むと、それに呼応した新しい政治運動が生じた。この運動はラテンアメリカ史においてポピュリズムと呼ばれる。

1 ⦿ ラテンアメリカ政治史のポピュリズム

ポピュリズムとは、既存の体制のもとで利益を得ているエリートとそうでない人民に国民を二分した上で、人民を善とし、エリートを腐敗したものとして批判する理念、そしてそれに基づく運動を意味する。ポピュリズムは国や時代を問わず広く確認される現象であり、ラテンアメリカでも同様である。しかし、ラテンアメリカ政治史において、ポピュリズムは国家形成期後半に始まる都市化に端を発する現象を指すことが一般的である。以下では、特にことわりがない限り、ポピュリズムをこの意味で用いる。

ラテンアメリカでは独立前後で社会構造に大きな変化はなく（第2章）、各国で政権を担った保守派と自由派はともに、植民地期以来の有力な家系の出身者であることが多かった。ところが、農村から都市に移住する人口が増えるにつれ、国政はより多くの人に身近なものとなり、国民の大多数がそこから排除されていることが認識されるようになった。

社会の少数者たるエリートが支配する政治体制は、スペイン語やポルトガル語でオリガルキアと呼ばれる。いずれも英語のオリガルキーに対応する単語である。オリガルキーは、「少ない」を意味するオリゴと「支配」

を意味するアーキーを合成した語であり、日本語では寡頭支配体制と訳される。「単一な」を意味するモノとアーキーが合成された語がモナーキーすなわち君主制であることを想起すれば、オリガルキーの意味を理解しやすい。なお、政治学では民主制をポリアーキーという概念で表現することがあるが、これは「複数の」を意味するポリがアーキーに冠されたものである。

政権の支配者たちをオリガルキーと呼ぶことは、自らを政治から排除された大衆として位置づけることにつながる。これはまさに国民を二つのグループに分けて捉える一般的なポピュリズムの理念と同じである。排除された人民には都市で働く労働者や自営業者、農民など多様な経済活動を行っている人が含まれる。人間を生産活動で分類することを階級と呼ぶならば、人民は多様な階級によって構成される。ポピュリズムとは、オリガルキーを批判し、多様な階級に属する人民の利益を追求する理念、およびそれに基づく運動である。

2 ⦿ ポピュリズムの三つの主張

ポピュリズムは、オリガルキーによって無視ないし軽視されてきた価値の実現を求める。その要求は広範にわたるが、主なものは次の三つである。

第一の要求は、政治的権利の拡大である。例えば、選挙権や被選挙権には識字や財産、性別による制約が課されてきた。ポピュリズムは大衆の政治参加を排除するこうした制約の撤廃を要求する。

第二の要求は、国民の福祉実現に向けた政府の役割の積極化である。国家形成期においては自由派が政治的に優位になる傾向にあったが、自由主義は個人の自由を尊重し、政府の役割を小さくすることを支持するものである（第2章）。しかし、植民地期の格差をひきずるラテンアメリカ社会においては、個人の自由の尊重が個人の幸福につながる保障は低い。裕福な家庭に生まれ、十分な教育を受けた者と、低収入の家庭に生まれ、十分な教育を受けられなかった者を比べれば、一人の人間が自力でなし得ることに大きな差が存在するのは明らかである。ポピュリズムは政府に対し、こうした格差の解消を求める。

ポピュリズムが支持する政策は多様である。代表的なものとしては、公教育の拡充、最低賃金の保障や安易な解雇の防止などに代表される労働者の保護、大土地所有者から土地の接収ないし買い取りを行い、土地を持たない農民に分配する農地改革、燃料や食料の安価な供給を目的とする政府の補助金支出などが挙げられる。そして、こうした政策を行うには政府が十分な税収を持つことが必要となるため、高所得者層から多く徴税することも要求される。

第三の要求は、自国文化の再評価である。国民の大半を占める我々こそが独立後の国家を体現するという立場にもとづき、植民地期から根強くあるヨーロッパの伝統に依存した自国文化の理解を批判した。学校教育において国民意識を高める活動が進められたほか、植民地期から差別を受けてきた先住民に対して、国家として関心を向けるべきことが唱えられた。

3 ⊙ 輸入代替工業化（ISI）

以上に挙げた三つの主張のうち、国民の福祉のために政府の積極的な役割を求める第二の主張は、経済成長とりわけ工業化に関する政策のあり方に強く結びつく。国家の自立と尊厳を重視するナショナリズムの観点からすれば、工業製品の供給を外国に依存していることは望ましくない。そこで、工業製品を輸入する経済から、それを自ら製造する経済へと転換する輸入代替工業化の推進が求められた。輸入代替工業化は英語

(import substitution industrialization) の頭文字を取ってＩＳＩと呼ばれる。

ＩＳＩの推進にあたっては大きく二つの政策が採用される。第一の政策は、工業製品の輸入の抑制である。典型的な手法は輸入品に高い関税をかけることである。国内での輸入品の販売価格が高くなれば、市民は輸入品を買い求めなくなる、つまり需要を下げることが期待される。国内に輸入品が多く出回らないよう、一定期間に輸入できる量を政府が制限する輸入割当も有力な手段である。

第二の政策は、工業製品の国内生産の振興である。政府が税金を使って工業製品を製造する企業を創設することや、政府が税金を原資とした銀行を創設し、自国の企業に融資すること（政府金融）で工業生産を促すことがその例である。完全な国産化に急激に移行するのではなく、外国企業の工場を国内に誘致するという折衷的な対応を取る場合もある。

ＩＳＩは経済の自立を促すのみならず、ポピュリズムを強化することにも役立つという政治的な効果もある。ＩＳＩは政府の支出によって国内産業を振興し、雇用を増やす。これはポピュリズムの支持基盤である都市大衆層を厚くする。

4 ⦿ 社会主義・共産主義との関係

ラテンアメリカのポピュリズムを考える際、社会主義や共産主義との関係を理解することは非常に重要である。社会主義と共産主義の区別については、両者がそもそも区別されるのかという点も含めて議論がある。本書は両者の意味を区別せず、原則としては社会主義を用い、文書や発言の引用上必要な場合に限って共産主義を用いる。

社会主義は資本主義との対比によって理解される。資本主義は、個人が財産を持つことを保障しつつ、自由な発意で生産と消費を行うことが社会にとって最適であると考えるが、社会主義はこれに反対する。財産の保有状況に格差がある個人が自己利益を最大化するように振る舞えば、持てる者が持たざる者を従属させる関係が成立すると予想される。そこで、財産の所有や管理を個人ではなく社会が行うことで、公正な人間関係が実現すると社会主義は唱える。

長い歴史を持つ社会主義にまつわる思想の中で、マルクス主義はきわめて強い政治的影響力を持った。これはドイツの思想家カール・マルクスらによって提唱され、工業化の進む一九世紀中盤のヨーロッパで注目を集めた。これによれば、資本主義のもとで雇用主は自らの利益のために労働者を搾取するが、資本主義が発展し、生産力が向上するほど搾取は深刻になるので、労働者は搾取を終わらせるべく、雇用主を打倒する革命を起こす。そして、革命後に労働者が率いる社会主義政府によって財産が管理され、搾取は解消される。

社会主義は革命を目指すべく、労働者の団結を促す。一九世紀後半のヨーロッパで労働組合の結成が相次ぐと、ラテンアメリカでもほぼ同時期に組織化が始まった。これには当時ヨーロッパからラテンアメリカに渡った移民の貢献が大きかった。そして、反オリガルキーの多階級連合であるポピュリズムは労働者を確実に含むため、ポピュリズムは社会主義と接点を持つことになった。

しかし、ポピュリズムは社会主義運動と同じではない。ポピュリズムは多階級連合であるため、そこには労働者ではない人も含まれるからである。各国のポピュリズムにおいて社会主義の実現が目標として提案されることは珍しくなかったが、それが採用されるとも限らなかった。

さらに、ポピュリズムが政党を作ると、社会党や共産党といった社会主義政党と対立することがあった。これは、双方の政党が労働者をはじめ同じ社会階層の人々の支持を争うからである。実際、ポピュリズムが政権を取ると、社会主義政党を禁止することがしばしば見られた。

最後に、ポピュリズムは社会主義運動ではないものの、社会主義運動であると認識されることはあった。ポピュリズムが政治的に力を持つことで、自らの国が社会主義になってしまうという危機感は、ポピュリズムと対立するオリガルキーのみならず、軍や一般市民にも広がることがある。二〇世紀後半には、こうした認識がラテンアメリカの民主化を阻む要因となった（第6章）。

〔コラム〕

組織を作ること

この章では政党や労働組合といった組織が登場する。これらの組織は現在の政治でも中心的な役割を果たしている。それでは、組織を作ることは、なぜ政治において重要なのか。

社会は様々な利害を持つ人によって構成されている。社会を自分一人の力で、自分の利益に沿うように変えることは困難である。自分と同じ利害を持つ人が多数集まれば、社会はその存在を無視できなくなる。また、多くの人がアイディアを持ち寄ることで、自分が実現したい利益は何なのか、その実現に必要な行動は何かを明確に定めることができる。組織は一人ではできないことを実現するための手段である。

組織に参加し、その組織が成功すれば、参加者は利益を受けることができる。政党の場合、選挙に勝ち、政権を獲得することで、党員である政治家は公職を得たり、自らが望む政策を実現したりすることができる。労働組合の場合、組合員である労働者が一斉にストライキを起こすという圧力を企業や政府にかける（場合によっては実行に移す）ことで、賃金の引き上げなどより良い労働条件を引き出すことができる。

一方、組織を維持するには、参加者が個人的な願望を抑えることが求められる。組織の方針に不満がある参加者は、その組織を離れることができるが、組織から得られる利益は享受できなくなる。無論、組織を離れる者が多数に上れば、組織は力を失うので、組織のリーダーは参加者をつなぎとめる理念や利益を提供し続ける必要がある。

このように、組織には個人の利益をかなえる側面と、それを抑制する側面があるため、組織は自らの存続をめぐって常に緊張関係を抱えている。本書もまた、組織の維持をめぐって政党や労働組合、軍などの組織が困難に直面することにたびたび言及している。政治にまつわる組織が具体的にどのような問題に直面しているかを知ることは、政治を興味深く観察するための重要な視点である。

3……ポピュリズムの兆し

ポピュリズムが登場する背景となる経済成長と都市化は一九世紀後半に始まるが、代表的なポピュリズム政権の登場は一九三〇~四〇年代に集中して見られる。つまり、一九〇〇年前後はポピュリズムを生み出す社会経済的変化が起きているものの、まだポピュリズムが政治的な力を持っていない時期に相当する。この過渡的な時期においては、経済成長が著しかった一部の国において、ポピュリズム的な性格を持つ政治の動きが現れた。

1◉アルゼンチン――PAN政権の問題点

急速な輸出の拡大により、世界でも上位の経済水準に達したアルゼンチンでは、主に都市大衆層を代表する政治組織である急進市民連合(UCR)が一八九一年に誕生した。UCRは現在も活動しており、ラテンアメリカで一〇〇年以上の歴史を持つ数少ない政党の一つである。

ミトレ政権の後に成立したPAN政権は長期にわたる政治的安定をもたらしたが、その統治には問題があった。まず、連邦制を採用するアルゼンチンでは、選挙権に関する規定は州憲法で定められ、PAN政権が始まる一八七四年時点で有効であった一八五三年憲法には選挙権に関する明確な規定がなかった。一方、連邦議会の議員や大統領の被選挙権には収入や宗教に関する条件が定められていた。

また、選挙の実際の運用は公正なものとは言い難かった。選挙を行うには、選挙の資格がある市民すなわち有権者の名簿を作成する必要があるが、有権者の登録作業では自党支持者を優先的に扱うことが横行していた。また、開票作業も不透明であり、政府が選挙結果を公然と操作していた。さらに、投票にあたって有権者は票を投じる候補者を口頭で伝えることとなっており、与党を支持しない人間が誰かを特定できた。PANは保守派と自由派が合流したオリガルキー政党として、政権を独占する地位を維持しようとしていたのである。

2 ⦿ アルゼンチン2 UCR政権

一八八六年に大手銀行の破産に伴う不況が起きると、PAN政権に対する不満が街頭での抗議行動という形で表面化した。一八九〇年には反政府運動が首都の大部分を占拠する事件も起きた。これはのちに軍によって弾圧されたが、この運動に参加した勢力のうち、PANに強く抵抗を続ける路線を支持した集団がUCRを結成した。UCRは男性普通選挙権の実現を掲げ、PANと対立した。

PANは当初、UCRの要求を拒否した。参政権を一般大衆に広げれば、UCRの支持票が増える可能性が高いからである。選挙を通じた政権獲得が望めないUCRは国政選挙をボイコットし、一八九三年と一九〇五年に再び大規模な反政府運動を起こし、政権の奪取を試みたが、ともに失敗に終わった。

選挙権拡大の動きは与党PANの内部から生じた。一九一〇年に大統領に就任したロケ・サエンス＝ペーニャは、人口の大半が政治から排除されていることを問題視した。膨大な数の移民が流入する中、彼らをアルゼンチン国家に統合するには、政治参加を通じて彼らが国民としての意識を持つことが不可欠であるとサエンス＝ペーニャは考えた。さらに、政治から排除された市民の不満が社会主義革命など既存の社会秩序を乱す動きに発展することも懸念された。サエンス＝ペーニャはUCRと交渉し、男性普通選挙権と秘密投票の保障を認め、ＵＣＲも選挙への参加を約束した。その後、サエンス＝ペーニャはＰＡＮ首脳部を説得して、一九一二年にＵＣＲとの合意を盛り込んだ法律を制定した。

参政権の拡大は選挙の構図を一変させた。早くも一九一六年の大統領選挙で、ＵＣＲのリーダーであるイポリト・イリゴージェンが有権者の四割を超える支持を得て勝利した。その後、一九二二年と二八年の大統領選挙でもイリゴージェンは勝利し、一九三〇年にクーデターが発生するまで政権を担った。

ＵＣＲの政策の一部はポピュリズムの性格を持っていた。ナショナリズムの意識が強く、外国企業が有力であった石油開発と鉄道事業の分野で国営企業を作り、外国企業による独占を防いだ。また、長時間労働の禁止や公務員に向けた年金制度の導入など、労働者の保護に向けた具体的な政策も導入された。

しかし、ＵＣＲにはポピュリズムとは言えない側面もあった。ＵＣＲは農産品や畜産品の輸出振興を経済成長の基本方針としており、ＩＳＩを経済政策の根幹には据えなかった。また、労働者層が待遇の改善を求めてストライキを行うことが増えると、死者をも出す厳しい弾圧を行うこともいとわなかった。労働者層の圧倒的な支持を集める本格的なポピュリズムの登場は、一九四〇年代まで待たなければならなかった。

3 ⊙ ウルグアイ──オリガルキー間の対立の減少

アルゼンチンとブラジルの間に存在するウルグアイもまた、ポピュリズムの兆しが早くに出現した国である。一九世紀までのウルグアイの政治経済の歩みはアルゼンチンと類似している。植民地期においてはメキシコやペルーのような植民地行政の中心からは外れており、独立後は保守派と自由派が政権を力で奪い合った。国土は温暖な平原に覆われ、農業と牧畜業に適していたことから、一九世紀後半よりアルゼンチンと同様に輸出が活発化し、経済が急速に成長した。一九世紀末時点では、ウルグアイの都市人口比率はアルゼンチンと同等ないしそれ以上であったと推計されている。

アルゼンチンでは港湾部と内陸部で政治的な対立軸が形成されたが、国土の小さいウルグアイはこうした地理的な多様性に乏しかった。保守派と自由派の経済的な基盤に差はなく、両者の協調は他国に比べて容易なはずであった。しかし、実際には双方が拮抗して政権を争い、国民全体に資する政府を作ることができなかった。さらに、アルゼンチンとブラジル、さらにはフランスやイギリスといった域外の国が自らの利益を根拠に各派を支援したことで、紛争は長期化した。一八三九年から五一年まで続く長期の内戦は「大戦争」の名で知られ、ウルグアイの国土を荒廃させた。

大戦争はのちに、両派が協調に向かう出発点となった。一方が他方を圧倒しない勝者不在の状態で、自由派の政党であるコロラド党と保守派の政党であるブランコ党は紛争を止め、両派が県知事のポストを分け合うことで合意した。中央政府では引き続き混乱が続いたが、一八七一年に混乱の収束を求める地主層の支持を受け、軍人であるロレンソ・ラトーレがクーデターで政権を取ると、両派協調の機会が到来した。ラトーレは対立の背景となっている土地の争奪を解決するため、土地の区画確定と政府への登録を進めた。アルゼンチンで見られたように土地の区画確定には有刺鉄線が有効であるが、ラトーレは有刺鉄線の関税を廃止した。これにより、財産が保障された地主は自らの経済活動に安心して投資できるようになった。政府の存在が国民に広く利益を与えることをラトーレは示したと言える。

ラトーレが大統領を辞任した後、ブランコ党とコロラド党は政府を制度として維持することに合意した。かつて常態であった暴力的に政権を奪取する試みは減り、各党の派閥の一部が敵対する派閥を選挙で支持するなど、両党の境界線も不明確になった。折しも、ヨーロッパに農産品と畜産品を輸出する機会が広がっており、ウルグアイはアルゼンチンと同様の経済的繁栄を享受した。政府は税収を増やし、行政サービスに必要な公務員の雇用を進めた。

4 ⊙ ウルグアイⅡ　バッジェの改革

ラトーレ政権後の政治的安定とは、言い換えればオリガルキー政治の継続であった。実際、選挙権には引き続き識字等の制約が課され、秘密投票は保障されていなかった。興味深いのは、ウルグアイではポピュリズム的な動きがオリガルキーの中から出てきたことである。その筆頭となる政治家がコロラド党のホセ・バッジェである。バッジェは一九〇三年に大統領に就任して以来、一九二〇年代末に政界を引退するまで、同国の政治の中心的人物であった。

ヨーロッパの政治思想を積極的に学んだバッジェは、強い国家を作り出すために、政府と市民の関係を緊密にし、国民の福祉を実現することを持論としていた。バッジェは大統領在任中にそのための政策を速やかに導入した。まず、主要銀行を国有化し、政府金融による工業化を推進した。また、労働者の保護に関する法整備を進めると同時に、失業保険制度も導入した。さらに、ラトーレ政権以来、教育の整備が初等教育に偏っていたことから、中等教育の整備を進め、国民の教育水準を高めた。そして、バッジェ以外の者が執政の長である間も、バッジェの一連の改革を取り消すことはなく、両派とも自らの基盤となる地主層から税を積極的に徴収して、政府の活動に必要な資金を確保した。

一九一八年には憲法が改正され、秘密投票と男性普通選挙権が保障された。この時点で、保守派と自由派に対抗する有力な政治勢力は存在せず、新たに選挙権を得た有権者は引き続き、保守派か自由派を支持した。政治的排除に不満を持った市民がオリガルキーと対抗する政党であるＵＣＲを作ったアルゼンチンとは対照的に、オリガルキーが先んじて自ら支持基盤を一般大衆に広げることで、国政における支配的地位を維持しようとしたのである。

かくして、国家形成期の前半にあたる一九世紀前半に結成されたブランコ党とコロラド党は、都市化による社会変化を乗り越え、ウルグアイの主要政党の地位を維持した。その後も、ウルグアイは安定した二大政党制と機動的な政府に支えられて成長を遂げ、ラテンアメリカでも上位の生活水準を持つ国となった（第1章）。現在もなお両党は活動しており、国会に議席を有している。

〔コラム〕

行政委員会制度

ウルグアイの一九一八年憲法では特徴ある政治制度が誕生した。国民は大統領を選挙で選ぶが、大統領は外交、国防、そして警察の政策分野にしか権限を持たない。労働や教育、公共事業など他の分野は行政委員会という別の執政組織が担う。行政委員会は九名で構成され、大統領選挙とは別の投票によって最も得票を得た政党から六名、第二位の政党から三名が選出された。

この制度を構想したのはバッジェである。大統領制は執政を一人で担うという意味で君主制と同じ特徴を持っており、政治権力が個人化するおそれがあるとバッジェは考えた。そこで、議会が選んだ七名の大臣が大統領を一年ごとに輪番で務めるというスイスの連邦参事会制度にヒントを得て、執政の代表者を複数設ける仕組みを作った。

執政の分担はしばらく有効に機能したが、一九二九年の世界恐慌の影響で経済が不況に陥ると、状況が変わった。当時の大統領は行政委員会に当初より反対しており、経済問題を解決できない行政委員会を強く批判し、一九三三年に自らクーデターを起こして憲法を停止してしまった。行政委員会はその後一九五二年に一度復活するも、一九六六年に再び廃止された。

民主制と言えば、米国のように有権者が執政の長を直接選ぶ大統領制と、日本のように有権者が立法府の議員を選び、議員が執政の長である首相を選ぶ議院内閣制が頭に浮かぶ。ウルグアイの経験は民主制の政治制度を自由に構想できる可能性を示している。執政の権限を分有することが、大統領制や議院内閣制と比べ、どのような利点や欠点があるかを考えてみるのも面白いだろう。

第5章

ポピュリズムの政治

国家形成期では、個人の自由を尊重する名目で、政府が市民の生活を規制しない自由主義が優位になった。その一方、都市化が進んだことで、オリガルキー政治を刷新し、広く市民の生活を改善する政策を期待するポピュリズムが登場した。積極国家期の始まりにあたるこの章では、二〇世紀前半に発達した代表的なポピュリズムについて解説する。そして、ポピュリズムは共通の理念を持ちつつも、実際に示した動きは各国の政治的文脈に応じて大きな差があることから、解説にあたってはその多様性に着目する。

市民に等しく豊かな暮らし向きを保障することを目指す国家は、福祉国家と呼ばれる。福祉国家の実現はラテンアメリカ以外でも重要な課題であった。その大きな転換点の一つとなったのが一九二九年の世界恐慌である。米国の株式市場の価格暴落に伴い、世界に不況が波及し、市民が困窮する中、各国政府はその対応に乗り出した。ダム建設をはじめとする公共事業を起こすことで雇用を増やす、作物を政府が買い上げることで農家の家計を支えるなど広範な政策を展開した米国のニューディール政策はその例として知られる。

政府による市民生活への介入は、この時期に勃発した二度の世界大戦にも関わる。戦争に勝つためには市民の動員が不可欠である。徴兵を行い、兵に食料や武器を与え、市民にこうした物資の生産に従事するよう命じるといった戦時の対応に加え、国家に対する市民の忠誠を養い、軍事力の基盤となる経済や科学技術の水準を高めるといった戦時でない時の対応も政府の課題となった。

第二次世界大戦後、欧米諸国は医療費の公費負担や年金制度の導入など、福祉政策を拡充させた。受益者をどの程度広く設定するか、そして支援をどの程度手厚くするかは国によって大きな違いはあったが、一九世紀に比べれば政府の果たすべき役割は確実に大きくなった。日本もまた、高額な医療費負担の軽減を全国民に対して行う国民皆保険制度が一九六〇年代に実現するなど、同じ時期に福祉国家化の道を歩んだ。

二〇世紀前半は民主化の「第一の波」の終わりと「第二の波」の始まりにも該当する。工業化に伴う社会変化によって政治的権利の拡大が進む傍ら、世界恐慌と二度の大戦は各国の政治の安定を揺るがした。第二の波に関わる日本やドイツに目を向ければ、普通選挙運動の成功やワイマール憲法の制定など一九二〇年代までに参政権の拡大が見られたが、世界恐慌後に日本では軍、ドイツではアドルフ・ヒトラー率いるナチ党による専制が登場した。第二次世界大戦の敗北により専制は終わり、米国など戦勝国の占領下で政治制度が改革され、日本と西ドイツは民主制となった。

1……強いポピュリズム

ラテンアメリカのポピュリズムの中には、政権の掌握に成功し、オリガルキーより優位な立場で政策を実現した事例がある。メキシコとアルゼンチンがこれに該当する。両国の違いは政権獲得の手段にあり、メキシコでは革命が発生し、アルゼンチンでは選挙でポピュリズムの政党が勝利した。

1 ⦿ メキシコ

ポピュリズム政権成立の背景

保守派と自由派の争いに終止符を打った自由党の軍人ポルフィリオ・ディアスは、事実上の傀儡《かいらい》政権を含め一八七六年から一九一一年にわたる長期政権を実現した。安定した政治のもと、米国をはじめとする外国資本が呼び込まれ、経済が成長した。しかし、その背後で政権を覆す勢力も登場するようになった。

まず、都市化が進み、ポピュリズムの基盤となる都市大衆層が厚みを増した。社会主義思想の影響を受け、労働運動の萌芽も見られるようになった。また、先住民共同体の解体が進んだ結果、土地を失った者が農村部に多数発生した（第4章）。彼らは労働運動のように明確な組織を持たなかったものの、政府への抗議に参加する可能性のある巨大な集団となった。

政治の安定化に不可欠である軍の統制においても、ディアスは万全ではなかった。保守派による反撃を防ぐべく、ディアスは国軍の整備を図ったが、将校の待遇が恵まれていた一方、兵士の処遇は十分でなかった。この結果、将校と兵士でディアスへの忠誠の度合いに差が生じた。

ディアスの統治を脅かすこうした亀裂は短期的な要因によって顕在化した。二〇世紀に入ってから干ばつなどに起因する不況に見舞われたことに加え、ディアス自身が次の大統領選挙で再選を目指すことが問題とされた。ディアスは一九〇〇年に七〇歳を迎え、自由党では後継者に関する議論が進んでいたが、ディアスは政権を譲ることを拒み、一九一〇年の大統領選挙にも出馬を表明した。

ディアス再選に反対する運動はメキシコ北部の地方政治家であるフランシスコ・マデロを中心に集結した。マデロは再選を批判する言論で人気を博し、自らも選挙に出馬したが、投票直前に当局に逮捕された。選挙は予定通り実施され、ディアスの得票率が九九パーセントに達したとの発表が出た後、マデロは脱獄し、市民に武装蜂起を呼びかけた。これがメキシコ革命と呼ばれる事件の始まりである。

マデロに呼応する動きが各地で現れ、鎮圧に失敗したディアスは一九一一年に国外に亡命した。その後は反ディアス勢力の間で政治の主導権争いが続いた。一九一四年に政府を掌握したベヌスティアノ・カランサ以後、大統領職は比較的安定して継承され、一九二九年には政府を支持する政治家たちが国民革命党（ＰＮＲ）

を結成し、組織的な政治の運営を始めた。ＰＮＲは一九三八年にメキシコ革命党（ＰＲＭ）、一九四六年に制度的革命党（ＰＲＩ）と党名を変更し、二〇〇〇年まで与党の座に君臨した。ＰＲＩは現在もメキシコの主要政党の一つである。

導入された政策

第4章で示したポピュリズムの三つの主張である、政治的権利の拡大、政府の役割強化、自国文化の再評価に沿って、革命開始後に導入された新しい政策を整理してみよう。政策に法的な根拠を与えたのはカランサ政権下で一九一七年に成立した憲法である。ディアス政権時に有効であった一八五七年憲法は、革命の原動力となった労働者や土地を失った農村住民の権利を保障しておらず、一九一七年憲法はこの点を克服した内容を持っている。

政治的権利に関する重要な変化は、一九一七年憲法にて識字や納税による選挙権の制約が撤廃され、男性の普通選挙権が保障されたことである。この時、女性に対する権利保障は見送られたが、のちに州政府が女性参政権を認めるようになり、一九五五年に性別による制限を廃止する憲法改正がなされた。

選挙権の改正は投票数の大きな変化をもたらした。ディアス政権期最後の選挙である一九一〇年大統領選挙の投票数はわずか二万票弱であった。これに対し、男性普通選挙権による最後の大統領選挙（一九五二年）では三六五万票、女性参政権保障後の一九五八年大統領選挙では実に七四八万票にも増加した。

政府の役割強化を象徴する法規定は一九一七年憲法第二七条である。これによれば、領土内にある土地と水は国家に属し、国家は公的利益に従って私有財産を扱い、私有財産を接収する権利があると定められた。これを根拠にした政策として、地主や外国資本所有地から土地を買い上げ、小作農に分配する農地改革が挙げられる。メキシコを代表するポピュリズム政治家であり、一九三四年から四〇年まで大統領を務めたラサロ・カルデナスは農地改革を急速に進めたことに加え、一九三七年に鉄道、三八年に石油の国有化を行った。社会的に立場の弱い人への支援も進められた。憲法第一二三条では八時間労働、最低賃金の設定、労働組合の結社の自由など勤労者の権利の保障が謳われた。また、社会保険と年金に関する組織が、一九二六年には政府職員向けに、一九四三年には民間企業や自営業者向けに結成された。

輸入代替工業化（ＩＳＩ）の推進もディアス政権からの重要な政策転換となった。カルデナスは関税率を引き上げ、後に続くＰＲＩ政権では、輸入に政府の事前許可制を導入する、国内製造業に必要な原料や機械の輸入に対しては関税を減免するなど、工業振興策が続々と採用された。

文化政策の例としては、反カトリックと教育の充実化が挙げられる。憲法第三条では公教育に関する長大な条文が設けられ、無償で提供されること、いかなる宗教的教義にも従わないこと、教育内容は自国の発展のために資すべきことなどが規定された。農村部を中心に不足していた初等教育機関をはじめ、学校制度の整備が積極的に進められた。また、農村部住民が革命に参加したことで、先住民に対する関心も高まり、政府が先住民に積極的に働きかけ、メキシコ国民の中に先住民を統合することが推進された。その端緒として、カルデナス政権は先住民の調査や政策提言に関する組織を設立した。

政権の長期的持続

革命後の混乱を収めたＰＲＩが長期にわたり政権を維持できたことには理由がある。まず、政権を追われたオリガルキーは反撃の力を失った。ディアス政権を支えた自由党と正規軍は革命軍の前に完全に敗北した。

革命勢力にとって大きな課題は、革命に集い、政権を狙う多様な勢力をまとめることであった。これに解決の道筋をつけたのが、革命軍の軍人であり、一九二四年から二八年まで大統領を務めたプルタルコ・エリアス＝カリェスである。カリェスは任期終了後にＰＮＲを創設し、革命を支持する政治家や社会組織のリーダーを集結させた。その狙いは、カリェスが引き続き政治に影響力を持つことに加え、政権を支える者たちに協議の場を設け、一部のリーダーが武力に訴えて政治を動かすのを防ぐべく、相互に行動を調整することにあった。

カルデナスもまたＰＮＲ党員として大統領に就任したが、在任中に党の改革に着手した。党名をＰＲＭと改め、党内に労働者・農民・「人民」（主に教員と公務員）・軍の四部門を設けた。そして、党が各部門を代表する組織を定めることで、政党に対する支持と政策の利益供与を交換する仕組みを作った。例えば、農民は政府公認の農民組合に参加することで、農地改革による土地分配を受けるなどの利益を得た。さらに、カリェスの個人的影響力を排するために、カリェス派政治家を政府の要職から外し、さらにはカリェスの身柄をも拘束して米国に追放した。その後、ＰＲＭは一九四六年にＰＲＩと党名を変えた。

ただし、ＰＲＩはＰＲＭとはやや性格の異なる政党となった。カルデナスより後に登場した大統領は工業化を積極的に推進し、最低賃金を低めに設定するなど、企業活動を圧迫しない対応を優先した。不満を持つ労働組合が抗議行動を起こせば、それを厳しく取り締まることも辞さなかった。

支持基盤を崩しかねないこうした対応にもかかわらず、ＰＲＩが政権を維持できた理由は主に三つある。第一に、長期的な経済成長の恩恵にあずかることができた。第二次世界大戦時には米国の高い物資需要にメキシコは応え、輸出を大きく伸ばした。さらに、戦後にＩＳＩが本格化すると、工業部門が成長した。堅調な経済成長は一九七〇年代まで続いた。

第二に、政治家に広く利権を分配することで党の求心力を維持できた。一九一七年憲法は選挙で選出される全公職者の再選を禁止した。このため、政治家は任期が終わり次第、別の公職を探す必要が生じ、ポストを管理する党の調整に頼ることとなった。PRIを支持する労働組合など市民組織のリーダーたちも政治家への転身を期待し、賃金抑制などの不利な政策を容認した。

第三に、PRIは野党の脅威を抑える様々な手段を行使した。選挙は定期的に実施されるも、政府与党が有権者の登録や選挙結果を必要に応じて操作し、PRIの実権を維持した。また、共産党の活動を事実上禁止するなど、政党活動にも制約を加え、PRIの優位を確保した。さらに、政府は新聞やテレビなどに圧力をかけ、政府を批判する言説が有権者に届かないようにした。政府に制裁されることをおそれる市民もまた、政府批判を自主的に慎むようになった。

2 ⊙ アルゼンチン

ポピュリズム政権成立の背景

急速な経済成長と都市化を実現したアルゼンチンでは、メキシコ革命が始まった翌年に、ポピュリズム的な政策を一部導入した急進市民連合（UCR）政権が発足した（第4章）。しかし、UCR政権は一九三〇年のクーデターによって崩壊した。前年に発生した世界恐慌により、欧米諸国がアルゼンチンの農産品の輸入を急激に減少させた。アルゼンチンは不況に見舞われ、失業率が急激に上昇すると、軍が国難を解決するとの口実で政権を掌握した。

軍事政権はＵＣＲに否定的であった。軍はのちに選挙を実施したが、ＵＣＲは選挙参加の禁止や政府による選挙結果の操作などにより、与党への復帰を阻まれた。大統領選挙ではオリガルキーの政治家が勝利した。

保守系の文民政権は支持基盤である地主層の利益を守る政策を推進した。道路網の整備によって国内流通基盤の強化を図る一方、縮小した農産品の輸出を確保する目的で、一九三三年にイギリスと貿易協定を結んだ。これは、イギリスがアルゼンチン産牛肉を一定量輸入する代わりに、アルゼンチンは石炭などイギリスからの輸入品に関税をかけないなど多様な優遇措置を取ることを約束するものであった。牛肉輸出量に見合わない大きな利益をイギリスに供与したことは問題となり、政権の人気を損ねる原因となった。軍は一九四三年に再びクーデターを起こし、政権を掌握した。

ＵＣＲ政権が倒れて以来、政府は労働者に冷淡で、ストライキなど権利の行使を厳しく抑えた。そこで、主力の労働組合は政府と敵対するのではなく、協力によって労働者に有利な政策を引き出す方針を取るようになった。一九四三年に成立した軍事政権の労働大臣であるフアン＝ドミンゴ・ペロンは、こうした労働組合の協調的な態度を利用した。ペロンは、労使交渉が決裂した場合に政府が仲裁する仕組みを作り、労働者側に有利な決定を下し、市民からの人気を博した。労働組合もまたペロンを支持するようになった。

これを快く思わない保守系の軍人が一九四五年一〇月にクーデターを起こし、ペロンを逮捕すると、ペロン支持者が首都で釈放を求める大規模な抗議行動を起こした。釈放されたペロンは軍を辞し、労働組織が結成した政党から一九四六年の大統領選挙に出馬した。結果は、ＵＣＲの候補者らを抑え、五三・七パーセントもの得票を集めるという圧勝であった。大統領就任後には自らの政党である正義党を結成し、一九五二年の大統領選挙でもペロンは六三・五パーセントもの得票で勝利した。ペロンは一九五五年にクーデターで政権を追われるまで、政権の座にあった。

導入された政策

ペロン政権もまた、メキシコ革命政権と同様、憲法を改正した。労働者の権利保障などポピュリズムに典型的な要求を州憲法で保障する動きは一九二〇年代から見られたが、共和国憲法でそれを実現したのは一九四九年のことである。

政治的権利の拡大については、アルゼンチンでは一九世紀半ばに男性普通選挙権が、UCR政権期の一九一一年に秘密投票が保障されたため、残された課題は女性参政権であった。ペロン政権は一九四七年に女性参政権を保障する法律を制定した。また、一九四九年憲法でも法のもとにおける男女の平等が謳われた。

政府の役割強化は経済政策に色濃く反映された。ISIを推進するため、外国資本を含む民間の経済活動に対する統制を強化した。まず、アルゼンチンの経済成長を支えたイギリス資本の鉄道事業を一九四八年に国有化した。その後、製鉄や機械、電力、電信など幅広い分野で国営企業が設立された。また、ペロン政権発足の直前に設立された貿易振興機構に対し、小麦や牛肉など主要輸出品を生産者から買い上げ、輸出を行う役割を与えた。機構は買い上げ価格を操作し、生産者がかつて得ていた利益の一部を政府収入に回した。

社会権の保障についても、ペロン政権は数多くの成果を残した。一九四九年憲法で労働者の権利保障を明言し、貿易振興機構の利益を原資の一部にして年金制度や社会保険制度を拡充し、労働者の半数以上を対象にするまでに成長させた。また、労働者に団体交渉権を認め、雇用契約を結ぶ上で立場が弱かった労働者個人が企業に対する交渉力を高めた。

農産品の輸出はアルゼンチン経済の要であったため、ペロンは農産品の生産に影響を与える農地改革は行わなかった。その代わり、小作人を保護する政策をいくつか導入した。地主に収める地代を低く抑えることや、地代未払いの際の立ち退きに時間の猶予を与えることなどが定められた。

文化政策については、増加を続ける人口に対応する初等および中等教育の整備を進めた。ペロン政権発足より前に初等教育は一定程度の普及を実現していたが、中等教育の学生数はペロン政権期に倍増した。また、公立大学の学費無償化を実現したことで大学進学率も伸びた。

教育の内容に関しても政府が積極的な役割を果たした。メキシコと同様、カトリック教会の影響を廃する改革を行った。一方、教育はペロン政権の支持のために政治的に活用される傾向が強く、政府に批判的な教員を追放するなど、思想を統制する側面もあった。

〔コラム〕コーポラティズム

メキシコのPRM／PRIは政権運営にあたり、労働者や農民など特定の集団を代表する組織を作った。一般に、ある集団の利益を代表する組織が集まり、政府と交渉して意思決定を行う仕組みをコーポラティズムと呼ぶ。コーポラティズムは政府と市民社会を結びつける方法として世界に広く見られる。コーポラティズムには二つの種類がある。一つは国家コーポラティズムと呼ばれるもので、第二次世界大戦の枢軸国（イタリア、ドイツ、日本）で見られたように、政府が労働組合など市民組織を編成し、社会を「上から」統制する性格を持つ。もう一つは、市民が主導して作った組織が政府との政策決定の交渉を担うもので、社会コーポラティズムと呼ばれる。スウェーデンなどヨーロッパの一部の国では、労働者や企業の頂上団体が市民の側、つまり「下から」作られた。二〇世紀半ばの各国政府はそれら団体の代表性を認め、賃金水準などを協議した。

メキシコのPRIが作り出した統治の仕組みは典型的な国家コーポラティズムである。アルゼンチンのペロン政権の場合、主要な労働組合はペロンの大統領就任に先立って存在していたが、ペロン政権は労働組合の人事に介入するなど、やはり統制の性格が強いコーポラティズムを持っていたことが知られている。コーポラティズムの実態は、誰がその仕組みを設計し、どのような人が参加／排除されているかを見ることが不可欠である。

2……妥協的なポピュリズム

メキシコやアルゼンチンとは異なり、オリガルキーに対して妥協的なポピュリズムを持つ国もあった。ペルーではポピュリズムが政権を取ることが阻まれ、保守的な政治勢力との連合を余儀なくされた。また、ブラジルではポピュリズムが政権を取ったが、必ずしも改革に積極的ではなかった。

1 ⦿ ペルー

ポピュリズムの登場

ペルーを代表するポピュリズムの組織はアメリカ人民革命連合（ＡＰＲＡ）である。創設者であるビクトル・アヤ＝デ＝ラ＝トーレは学生運動のリーダーとして、労働者の権利保障を支援する活動などに携わっていた。のちにアヤは政府批判の言論を理由に逮捕され、国外に追放された。アヤは一九二三年にメキシコに身を寄せ、その翌年にＡＰＲＡ結成を宣言した。

ＡＰＲＡはその名の通り、ペルーのみならず南北アメリカ全体に広く関心を寄せ、大きく三つの組織目標を掲げた。第一に、政治的・経済的に台頭著しい米国に対し、海外投資から軍事介入まで多様な方法でラテンアメリカ諸国を従属させる振る舞いをしてきたという批判を踏まえ、ラテンアメリカの自立を唱えた。第二に、国ごとではなく地域全体で自立すべく、ラテンアメリカの政治的統一を訴えた。第三に、自立実現の方法として、ラテンアメリカ内外の抑圧された階級との連帯が必要であると唱えた。ＡＰＲＡ結成後、アヤはヨーロッパに渡り、大学で学びつつＡＰＲＡの支部を各国に作る活動に携わった。

アヤが組織作りを進める一方、政治的安定を享受する形でペルーの経済は成長を遂げた。アヤを国外に追放したアウグスト・レギア政権は一九一九年から一一年間も続き、農業や鉱業の振興を推進した。道路網や灌漑設備を充実させ、未開地の農業開発を目的として日本人を含む外国移民の受け入れを歓迎した。

労働者層の厚みが増したことに伴い、レギア政権は失業手当の導入など労働者の権利を一部保障する対応も示した。同時に、ロシア革命やメキシコ革命に触発され、労働者のさらなる地位向上を求める運動も発展した。一九二八年にはペルー社会党が創設され、同党のもとで全国的な労働組織の結成も進んだ。

一九二九年に世界恐慌が起こると、ペルー経済は深刻な不況に陥った。レギア政権の長期化や、それに伴う汚職の横行はかねてから問題とされていたが、不況によりこうした批判が勢いを得た。レギアに批判的であった軍人であるルイス・サンチェス＝セロが一九三〇年にクーデターを起こし、政権を掌握すると、その翌月にはＡＰＲＡのペルー支部とその政党組織であるペルーアプラ党が結成され、アヤはペルーに帰国した。

ペルーアプラ党

サンチェス＝セロは大統領選挙の実施を宣言し、自らも立候補すると、アヤもまたアプラ党から出馬した。一九三一年に実施された選挙でサンチェス＝セロは五〇・八パーセントの得票を得て勝利し、三五・三パーセントの得票に終わったアヤは敗北した。選挙初参加ながら、アプラ党はペルーの有力政党の仲間入りを果たしたと言えるが、アプラ党の活動はのちに厳しい制約に直面した。

アプラ党はこの選挙結果が不正であると唱えると、サンチェス＝セロは大統領就任後にアヤを逮捕し、共産主義政党であるとの理由でアプラ党の活動を禁止した。アヤの解放を求める抗議は各地で発生し、アヤの出身地である地方都市トルヒーリョでは軍とアプラ党支持者の衝突により双方に多数の死者を出した。さらに、サンチェス＝セロが一九三三年にアプラ党員によって暗殺された。

表5-1は一九三三年から六八年までの各政権におけるアプラ党の状況をまとめたものである。この表からは二つのことがわかる。第一に、有権者の支持が厚いアプラ党の政権獲得をおそれた軍が繰り返し政治に介入した。サンチェス＝セロ暗殺後に政権を担ったオスカル・ベナビデス軍事政権は、民政移管選挙を実施しながら、投票後にこれを無効とした。その後も軍は一九四八年、六二年、六八年と三度もクーデターを起こした。

年	大統領（所属）	アプラ党に関する動き
1933 〜39	O. ベナビデス （軍）	34年　政府、アプラ党の活動を禁止 36年大統領選挙　アプラ党支持の候補者優勢 政府、投票後に選挙無効を宣言 大統領の任期を3年延長 39年大統領選挙　大統領が支持する候補者勝利
39〜46	M. プラド （保守連合）	アプラ党活動禁止、同党員は言論活動に終始 45年大統領選挙　アプラ党支持の保守候補勝利
46〜48	J. ブスタマンテ （全国民主戦線）	政府、アプラ党の活動を容認 政府、アプラと反アプラの双方から距離を置く 軍、アプラ党に寛容な政府を批判しクーデター
48〜50	M. オドリア （軍）	政府、治安法を制定（アプラ党と共産党の禁止） アプラ党の主要リーダーは亡命 50年大統領選挙　大統領自身が出馬して当選
50〜56	M. オドリア（2） （救国党）	政府、治安法を維持 56年大統領選挙　アプラ党、当選後の禁党解除を条件に、候補者の支持を表明 アプラ党支持を得た元大統領プラド当選
56〜62	M. プラド（2） （プラド民主運動）	政府、治安法を停止 大統領、公職にアプラ党員多数登用 62年大統領選挙　アヤ優勢、軍がクーデター
62〜63	大統領2名 （軍）	政府、アプラ党を禁止せず 63年大統領選挙　アプラ党アヤ、次点にて敗北 同年議会選挙　アプラ党が両院で第一党
63〜68	F. ベラウンデ （人民行動党）	アプラ党、オドリアの政党と組んで議会を支配 69年大統領選挙　アヤ優勢、軍がクーデター

表5-1　ペルーアプラ党の状況〈1933〜1968年〉
（注）短期の暫定政権を除く。大統領名に付した（2）は2期目を示す。

第二に、アプラ党は保守政党と協力することで、政治に影響力を与えようとした。アプラ党は一九四五年と六二年の大統領選挙でオリガルキー系の候補者を支持した。いずれの候補者も当選を果たし、大統領就任後にアプラ党の禁止を解いた。さらに、一九六三年からは退役した軍人が率いる保守政党と手を組んで議会の多数派を構成し、与党の政治運営に抵抗した。

政界復帰のため政敵である保守政治家と協力することには、アプラ党内でも強い批判があった。APRAのイデオロギーに忠実であるべきと唱える者は党を離れ、その一部はゲリラとなって武力による政権打倒を目指した。

導入された政策

アプラ党は政権を取れなかったが、ポピュリズム的な政策の実現を促した。選挙戦を有利に進めたい保守系政党は、まとまった有権者の支持を得られるアプラ党に歩み寄った。また、アプラ党の支持基盤を切り崩すために、保守的な政治家がポピュリズム的な政策を積極化させることもあった。

政治的権利については、まさにアプラ党の禁止に見られたように、結社の自由の制限があった。しかし、アプラ党の支持を受けて選挙に勝利した政権はこの制限を廃した（ベナビデス政権、第二次マヌエル・プラド政権）。また、ペルーではAPRA結成以前に識字能力のある成人男性に参政権が与えられていたが（第3章）、マヌエル・オドリア第二次政権が一九五五年に女性参政権を認めた。

反アプラを唱える軍人であったオドリアは、アプラ党を禁止しないホセ・ブスタマンテ政権を一九四八年のクーデターで覆した。大統領就任直後にオドリアはアプラ党の活動を禁止し、一九五〇年には自らの政権に正統性を持たせるために大統領選挙を行い、自ら出馬して勝利を収めた。その後オドリアは自らの支持基盤を大衆に求め、その一環として女性への参政権拡大を推進した。

政府の役割強化は総じて不徹底であった。労働者の保護に関しては、ベナビデス政権時に法律が整備されたが、実際の運用では労働者が不利に扱われた。第二次世界大戦以降、天然資源の輸出と外国企業の投資を受け、ペルー経済は堅調に成長し、それに伴い労働者の争議も増加した。政府はストライキを違法とみなし、企業の都合による解雇や賃金抑制を支持することが多かった。

注目すべき現象として、地主の許可なく都市部の空き地に家を建てる不法占拠者への対応がある。不法占拠の背景には、都市に雇用を求めて農村から移住した者が、住居を確保できる資金を持たなかったことがある。オドリアはこの占拠者の生活支援を進めることで、都市貧困層の支持をアプラ党から奪い、自身が組織した政党に振り向ける狙いがあったものと言われている。

農地改革も推進されなかった。一九五〇年代より、ペルー南部を中心に土地を持たない貧困な農民が地主の持つ土地を占拠する運動が増えたため、プラド第二次政権は将来の農地改革に向けた調査を開始したが、土地の分配は行わなかった。最後に、ＩＳＩの推進も消極的で、メキシコやアルゼンチンで見られた政府による生産や貿易の強い管理はなく、外資の導入を歓迎した。

文化政策については、初等教育の拡充など他のラテンアメリカ諸国で推進された教育インフラの整備が各政権で進められたが、十分な水準とは言えなかった。また、この時期には先住民に対する関心を求める文芸活動の高まりが見られたが、先住民の生活や文化を政府として積極的に公認することはなかった。

2 ⦿ ブラジル

ポピュリズムの登場

ブラジルのポピュリズムは、オリガルキー間の定期的な政権交代に基づくカフェコンレイチ体制（第４章）のほころびに伴って登場した。まず、二〇世紀初頭より都市化が進み、ヨーロッパからの大量の移民がそれに拍車をかけた。労働運動も組織され、サンパウロなどで大規模なストライキも発生した。

また、主に軍の教育機関で育成された若手将校たちが、選挙の不正や買票などオリガルキー政治家の不透明な慣行を批判するようになった。彼らの運動はテネンティズモと呼ばれ、その一部は社会主義思想に影響を受けていた。一九二〇年代には政府への反乱を複数回起こし、社会の注目を集めた。

一九二九年に世界恐慌が発生すると、サンパウロ共和党に属する当時の大統領は、翌年の大統領選挙にてミナスジェライスに政権を譲ることを拒んだ。コーヒー豆の輸出の激減に伴い、政府がコーヒー豆を買い取ることで生産者を保護する政策を確実に実現することが狙いであった。

これに反対するミナスジェライスの政治家やテネンティズモの軍人たちが集結し、南部にあるリオグランデドスル州の知事であるジェトゥリオ・バルガスを大統領の候補者に擁立した。バルガスは地主層の出身で、過去にサンパウロ共和党の政権で蔵相を務めたこともある政治家だが、選挙戦では労働者の権利保障、政府による工業化推進、透明な政治運営を掲げ、与党を批判した。選挙後にバルガスの敗北が発表されると、抗議が各地で発生し、軍が大統領を追放した。バルガスは軍と協議の上、臨時大統領に就いた。

大統領となったバルガスは憲法を改正したのち、一九三四年に大統領選挙を行い、自ら立候補して勝利を収めた。ところが、その後、左派と右派の双方でバルガスの地位を脅かす動きが見られた。左派では、ブラジル共産党がテネンティズモの軍人と協力してクーデターを試みた。右派では、反社会主義とナショナリズムを掲げるインテグラリズモと称する保守的な政治運動が人気を集めた。これに対してバルガスは、一九三七年に軍と手を結び、憲法の停止を宣言した。バルガスはすべての政党に解散を命じ、インテグラリズモの活動も禁じ、ここに新国家体制と呼ばれるバルガスの独裁体制が実現した。

新国家体制の成立から二年後、第二次世界大戦が始まると、物資需要の高まりでブラジル経済は好況を迎えた。バルガスは米国を支持して大戦に参加したが、大戦が終盤を迎えると、バルガスの長期支配に対する批判が市民や軍の間で高まった。終戦直後の一九四五年一〇月、クーデターが発生し、バルガスは政権を去った。

ブラジルではその後、一九四五年から五年おきに大統領選挙が行われ、いずれもバルガスを支持する政党の候補者が勝利した。一つは企業層や中間層の支持を基盤とした社会民主党（ＰＳＤ）、もう一つは労働者層を支持基盤とするブラジル労働党（ＰＴＢ）であった。一九六四年に軍がクーデターを起こすまで、ごく短期間の中断を除き、両党のいずれかが大統領職を占めた。バルガス自身も一九五〇年の選挙でＰＴＢの候補者として勝利し、大統領に返り咲いたが、軍人の暗殺事件に伴う政権批判に直面し、一九五四年に自殺した。

導入された政策

政治的権利については、政治的自由を著しく制限した新国家体制に見られるように、民主制とは言えない期間が長く続いた。その一方、重要な変化もいくつか見られた。バルガス政権期に女性参政権が保障され、一九四六年憲法で識字以外に関する参政権の制限が撤廃されたことはその例である。

政府の役割強化は多方面で明確に見られた。まず、一九三四年憲法にて、政府が国家経済に責任を持つことが明記された。これを機に製鉄や石油・天然ガス、飛行機、電力などの分野で政府系企業が誕生した。一九四五年以降も政府主導の経済戦略は継続され、とりわけバルガス政権下の一九五二年には政府金融を担う社会経済開発銀行（ブンデス）、翌年にはブラジル石油公社（ペトロブラス）といったブラジル経済の中心を担う企業が誕生した。また、欧米や日本からの投資で自動車や製鉄などの生産施設が多数建設された。

労働者の権利を守る制度も整えられた。バルガスは大統領就任直後に労働省を設け、一九三四年憲法に八時間労働など労働者の権利を多数明記した。さらに、労使紛争に特化した裁判所を設け、年金制度の整備も行った。ただし、当時のバルガスは同時に工業化も重視しており、企業の負担を減らすべく賃金の水準を低めに抑え、ストライキが激化すれば、それを厳しく取り締まった。新国家体制が末期に差しかかり、選挙による政権交代が現実味を帯びるようになってから、バルガスは労働者の支持獲得を本格化させた。一九五〇年に始まる政権時には最低賃金を倍増させ、労働者から人気のあるＰＴＢの政治家を労働大臣に登用し、労使問題で労働者に有利な決定を行う姿勢を示した。

文化政策については労働省と同時期に教育省も創設され、連邦政府が教育制度の構築を主導した。新国家体制では、都市化の原動力となったヨーロッパからの移民をブラジル文化に統合する目的で、初等・中等教育での外国語教育を禁止するなど、ナショナリズム色の強い教育内容が採用されたこともある。

（コラム）汚職

ポピュリズムが人気を獲得した背景にオリガルキーの政権による汚職がある。汚職は社会的に見て悪であるとされるが、そのような印象的な理解にとどめず、具体的に問題点を把握することが重要である。汚職とは、公職にある者が自らの利益のために行う不正や違法行為である。大統領から一般の公務員まで、公職者には法の定めに従い職務を遂行する義務がある。しかし、政府は税を集めて多額の資金を管理する上に、犯罪の取り締まりをはじめ数多くの権限を持つため、そのことを利用して利益を得ようとする行為が生じる。税金を着服すること、公職者の親族が経営する企業から税を取らないこと、公共事業を特定の業者に発注して謝金（キックバック）を得ることなど、汚職に該当する行為は多種多様である。

選挙権や言論の自由が制限されている場合、政権に関わる者が汚職に手を染める可能性は高い。政府や与党に対する異議申し立ては発生しにくく、自らが処罰されるおそれが小さいからである。オリガルキーがポピュリズムや軍から批判を受けた理由の一つもこれに関わる。オリガルキーは長期的に政権を担い、国家を私物化しているが、国家は市民のものである以上、私物化は許されない。権力者の汚職の追及は市民が民主化を求める大きな力となる。

無論、民主化によって汚職がなくなるわけではない。日本のように安定した民主制を持つ国を含め、汚職事件は絶えず発生しているが、これは利権を得る誘惑が公職者には常につきまとうことを意味する。選挙や行政に関する情報公開などを通じ、彼らの動きを監視し、規律づけることは民主制が公正に機能するために重要である。

3……ポピュリズムの課題

ポピュリズムは国家建設期に政治から排除されていた人々に政治参加の機会を開いた。しかし、同時に多くの課題を抱えてもいた。ここまでに扱った四か国の事例を踏まえ、その具体的な問題点を確認する。

1 ⦿ 政治的自由の制限

すべてのポピュリズムが政治参加の機会を十分に広げたわけではない。まず、ポピュリズムであっても選挙権を最大限に保障することに消極的であった。ブラジルでは参政権に識字の制限が残り、その撤廃は一九八五年まで待たなければならなかった。また、この時期に保障されるようになった女性参政権についても、ペルーアプラ党は結党直後において女性参政権には慎重な姿勢を取っていたことが知られている。ペルーで女性参政権を保障したのは、アプラ党の支持基盤を崩そうとしたオドリア政権の時であった。

また、ポピュリズム政権が民主制とは言えない期間も長かった。ブラジルでバルガスが新国家体制を設け、政党を解体することで独裁体制を敷いたことはその例である。メキシコPRI政権もまた、市民に広く自由を保障する一九一七年憲法を持ちながら専制的な政治を行った。ソ連におけるソビエト共産党とは異なり、PRI政権は野党の活動を禁止しないものの、政権を獲得する可能性を与えなかったことで知られる。PRIは選挙管理を支配し、自らに不都合な政党や政治家の選挙参加を認めない一方、有権者名簿や開票結果を必要に応じて操作し、全体として野党がPRIより優位に立つことはなかった。

PRIが野党の参加を完全に排除しなかったのは、それが二つの意味でPRIの利益になったからである。第一に、野党が参加することで、選挙には競争性があり、それに勝利したPRIは市民から選ばれて統治していることを国内外に示すことができた。そして第二に、選挙における野党の得票状況は人気が低下している地域や政治家を特定する有力な情報源となり、統治を改善し、有能な政治家を選抜することに役立った。

ブラジルやメキシコのような露骨な専制にならなかったアルゼンチンのペロン政権でさえも、反政府的な市民の活動に圧力をかけた。新聞の発行は言論の自由を表現する主な手段であるが、ペロン政権は保守系の新聞

国	与党・大統領	時期	スコア平均（最小〜最大）
メキシコ	PNR、PRM	1929〜45年	0.190（0.179〜0.202）
メキシコ	PRI	1946〜58年	0.210（0.194〜0.235）
アルゼンチン	ペロン	1946〜55年	0.355（0.281〜0.407）
ブラジル	バルガス	1930〜45年	0.088（0.065〜0.189）
ブラジル	PSD、PTB	1946〜63年	0.393（0.337〜0.415）

表5-2　主なポピュリズム政権の体制スコア
（注）アルゼンチンとブラジルの政権の終点に合わせ、メキシコPRI政権はアドルフォ・ルイス＝コルティネス政権までのスコアを算出。

のみならず、正義党と支持基盤を争う社会主義者の集う新聞にも規制の手を伸ばした。一部は廃刊を余儀なくされ、あるいは新聞の運営が政府組織や正義党を支持する労働組合の手に渡り、政府支持を訴える記事を日々発表するようになった。

以上のような問題点は、第1章で示した体制スコア（V-Demの選挙民主主義指標）からもうかがうことができる。ポピュリズム政権のスコアは低調であり（表5-2）、第1章で設定した民主制と専制の境界値である〇・四に達した期間はわずかにすぎない。ポピュリズム政権は一般大衆を代表する政治家による政権ではあるが、総じて民主制ではないのである。

2 ⦿ 社会改革の不徹底

ポピュリズムはどの国でも一様に大きな改革を実現できたわけではない。メキシコやアルゼンチンのように、国家形成期の政治で既得権益を得ていた者に大きな打撃を与えた例もあれば、ペルーのように保守政党との協力によって政治の世界に生き残りつつ、間接的にしか政策を変えられなかった例もある。

改革的姿勢の強さを見る上での基準の一つとして農地改革がある。植民地期と国家形成期に土地が一部の者に集中していく現象が見られたが、これは生産活動に十分活用されない土地を多く生み出すおそれがある。しかし、植民地期と国家形成期の政治は、土地をはじめとする財産を有する者が政権を運営したため、当然ながら、自身の財産を損なう農地改革を行うことはなかった。

ポピュリズムの登場は農地改革の機会を開き、メキシコではカルデナス政権期に農地改革が急速に進んだ。しかし、メキシコ以外の三か国において農地改革は実行されなかった。例えば、アルゼンチンの場合、農産品や畜産品の輸出が経済の柱となっていたことから、地主層から土地を奪うことは経済に打撃を与えるおそれがあった。ペロンは、土地が経済活動のために十分利用されていないことが問題であって、それは土地所有が集中していることと直接関係はないという見方を示し、農地改革に手をつけなかった。

労働者の権利保障についても、その度合いには濃淡があった。ペロンやカルデナスといった象徴的な政治家は大きな改革を実現したが、それ以外の政権では必ずしも労働者の利益の実現に積極的ではなかった。それどころか、工業化の推進のために、労働者の権利を制限することは珍しくなかった。

3⦿ISIの構造的欠陥

農地改革の推進や労働者の権利保障が限定的であったことはＩＳＩの推進と密接に関連している。農産品や原料の輸出に依存した経済を克服することがＩＳＩ推進の狙いであるが、これには大きく二つの問題が立ちはだかる。そして、そのいずれもがポピュリズムの理念と対立する様相を持つ。

第一に、ラテンアメリカ諸国は教育水準が低いため、製造業に必要な設備を自国で製造できる技術を持たない。このため、ＩＳＩを推進するなら、機械を輸入するか、外国企業が投資をして国内に工場を作るしかない。そして、機械を輸入する場合、その資金は農産品の生産など従来の経済活動がもたらす利益をもとにするしかない。

このため、ポピュリズムが自らの主張に従って、オリガルキーの経済的基盤である農業や鉱業に規制を加えることは困難になる。規制をすれば、生産の意欲が削がれてしまうからである。アルゼンチンの貿易振興機構はその例として知られる。機構は利益を上げるために生産者からの買い取り価格を抑制する傾向があったが、その結果として生産者は自らの生産物を輸出に回すことを避け、生産を控えてしまった。

農地改革もまた同様の効果を持つ。どの土地が改革の対象となるかは政府の判断によって決まる。土地が遊んでいると政府に判断されないよう、作物や家畜を育てるなど、資金を投じて生産を行ったとしても、政府がそのことを評価せず、農地改革の対象としてしまえば、投資が回収できないおそれがある。

第二に、コスト削減に関して、ラテンアメリカ諸国のＩＳＩ推進政策には決定的な弱点がある。重化学工業製品の生産には多額の投資が必要であり、その投資は商品を大量に生産することで回収できる。例えば、自動車工場を建設するために土地や機械を購入したなら、生産台数を増やすほど一台あたりの生産費用は小さくなる。これは規模の経済と呼ばれる。

ところが、ラテンアメリカ諸国は製品を国外に輸出することよりも、国内の需要を満たすことに関心を向けていた。各国の人口規模は総じて大きくなく、製品を買う経済力のある世帯も少ない。この結果、製品を大量に生産する機会に乏しく、結果として輸入品よりも割高な製品しか生産できないという問題が生じた。

このように、経済の自立を目論んで推進されたＩＳＩは、乗り越え難い限界を持っていた。そしてこのことが、一九七〇年代以降のラテンアメリカ全体を揺るがす問題を生み出すことになる。

第6章

軍による政治支配

一九世紀末よりラテンアメリカ諸国で国軍の整備が始まる一方（第4章）、軍は対外的な脅威に対処するという主たる目的から逸脱し、政権を担うことが少なからずあった。第5章で扱った代表的なポピュリズムの解説でも、軍が革命で解体されたメキシコを除くすべての国で軍事政権が確認された。この章では、二〇世紀初頭から一九六〇年頃までを対象に、ラテンアメリカ全体における軍による政治支配の全体像とその重要な事例について解説する。

軍による政治支配の基本的な形態は、軍が自国の政府を支配する軍事政権である。今日の民主制では、文民（軍人でない者）が軍を統制すること、いわゆる文民統制が確立され、軍は文民が支配する政府の指示に従うこととなっている。しかし、軍は武力を持つため、武器を操らない文民を脅迫して自らの利益を実現することが考えられる。ラテンアメリカを含め、世界各国で軍事政権が成立してきたことは、文民統制が常に働くとは限らないことを示している。

現在安定した民主制を持つ国の中にも、さほど遠くない過去に軍事政権を経験したものは少なくない。西欧諸国ではスペインで一九三六年から七五年まで軍人であるフランシスコ・フランコが総統として支配し（第1章）、ギリシヤでも一九六七年から七四年まで軍が政権を掌握した。現在の東アジアで民主制を持つ韓国や日本もまた一〇〇年以内に軍事政権を経験している。韓国では、第二次世界大戦後に日本の占領が終わった後、民主制が導入されたが、政党政治に対する不満を背景に軍がクーデターを起こし、一九六一年から八〇年代まで政権を掌握した。

軍による政治支配には外国の軍が関わる場合もある。日本は、第二次世界大戦に敗れた後、一九四五年から五二年にかけて米軍を中心とする連合国軍に占領された。この間、農地改革など、占領以前の社会経済構造を変える政策が導入された。そして、日本国憲法が一九四七年に施行され、五二年に日本の主権が回復したことで、日本は民主制に復帰した。

第二次世界大戦が終わると、戦勝国である米国とソ連が覇権を争う冷戦の時代が始まった。米国は資本主義、ソ連は社会主義を経済運営の原則として掲げ、両国とも協力関係を持つ国を世界各地に求めた。そして、冷戦は軍事政権と外国の介入という二つの形態を伴って、ラテンアメリカにおける軍の政治支配を促すことになった。

1……二〇世紀の軍事政権の全体像

一九世紀後半から軍の整備が各国で進んだが、二〇世紀には軍が本来の目的ではない内政の意思決定に深く関わるようになった。この節では、いわゆる軍事政権とは何かという定義から始め、各国の状況を概観したのち、軍が政府を掌握する主な動機を確認する。

1⦿多様な形態

軍事政権の形態は多様である。一般的には、現役の軍人がクーデターを起こして政権を奪取し、大統領など執政の長の地位に就く。これは憲法上の規定に従わずに政権を獲得しているため、法によって統治が裏づけられていない「事実上の」政権である。ペルーでアプラ党の活動を抑え込むべくクーデターを起こしたマヌエル・オドリア政権はその例である。

執政が個人ではなく複数名で担われる場合もある。この組織はしばしばスペイン語でフンタ、ポルトガル語でジュンタと呼ばれる。フンタは軍人だけで占められることが多いものの、軍を支持する文民が参加する場合もある。カフェコンレイチ体制を打倒し、ジェトゥリオ・バルガスが事実上の大統領となった一九三〇年のブラジルでは、バルガスの就任までにジュンタが短期間成立したが、これは三名の軍人で構成されていた。これに対し、エルサルバドルで一九六〇年に成立したフンタは、軍人三名、文民三名で構成されていた。ドミニカ共和国で一九六三年に成立したフンタに至っては、そのメンバーはすべて軍に指名された文民政治家であった。

文民だけで構成されるフンタが存在することからわかるように、文民政治家が執政府を率いていても、軍がその背後で執政を支配していることがある。パナマでは一九六八年から八九年まで軍事政権が支配していたと一般に評価されているが、その間に就任した大統領一〇名のうち軍人は最初の二名のみで、残りはすべて文民政治家であった。大統領の人選を含め、軍は実質的な政治の意思決定を握っており、軍の意向に沿わない大統領は辞任を余儀なくされた。

さらには、大統領選挙の当選者が文民であっても、実質的には軍が擁立した候補者である場合がある。一般的に、ラテンアメリカの憲法では、軍人が選挙に立候補することを禁止している。この規定に従い、軍が送り出す軍人候補者は退役後に立候補し、選挙活動中に軍は候補者の支援から反対勢力への脅迫まで、様々な形で選挙過程に介入することがある。

このように軍事政権には、現役軍人が執政の長であるわかりやすい例から、文民政権の背後で軍が影響力を行使するわかりにくい例まである。そして、軍の影響力という目に見えない現象を評価することは簡単ではないため、ある政権が軍事政権か否かをめぐって、専門家の間で意見が食い違うことも珍しいことではない。

2 ⊙ 頻度と特徴

軍事政権の頻度を国際的に比較した研究として、バーバラ・ゲッデスらが準備したデータセットがある。ゲッデスらは、第二次世界大戦が終了した一九四五年の前後から二〇一〇年までの世界各国の政治体制を分類し、その際に軍事政権であるか否かを基準の一つとした。このデータセットを参考に、民主制と専制の期間、そして軍事政権の期間を示したものが図6-1であり、北中米カリブと南米に分けて図が示されている。

この図には主に三つの特徴がある。第一に、軍事政権は北中米カリブよりも南米に多い。実際には、この図に示す以上に軍人が大統領となっている期間は存在するが、ゲッデスらは軍が組織的な支持を与えていない政権を軍事政権とはみなしていない。軍の組織的な支持を受けない軍人の統治は、国家形成期に見られた私的な兵力によって力で政権を奪取した者による統治と同様、個人的な支配として理解される。

中米での軍事政権の少なさは、軍事政権の条件となる組織化された軍の存在が欠けていることに由来する。南米では一九世紀後半の政治的安定を機に、軍を含めた国家にまつわる組織の整備を進める国が多く見られた。これに対し、中米では保守派と自由派の争いが長く続き、軍の整備が南米よりも総じて遅れる傾向にあった。

第二に、双方の地域とも一九六〇年代から軍事政権が増えている。この傾向は特に南米に顕著に見られ、一九七〇年代半ばには一〇か国のうち実に八か国が軍事政権であった。中米では、一九六〇年以前の軍事政権はエルサルバドルのみであったが、一九七〇年代には最大で四か国に増えた。これは、次節以降で説明するように、冷戦の影響によるものである。

第三に、民主制が地域全体に広がった時期には差がある。南米では一九八〇年代に専制から民主制への転換

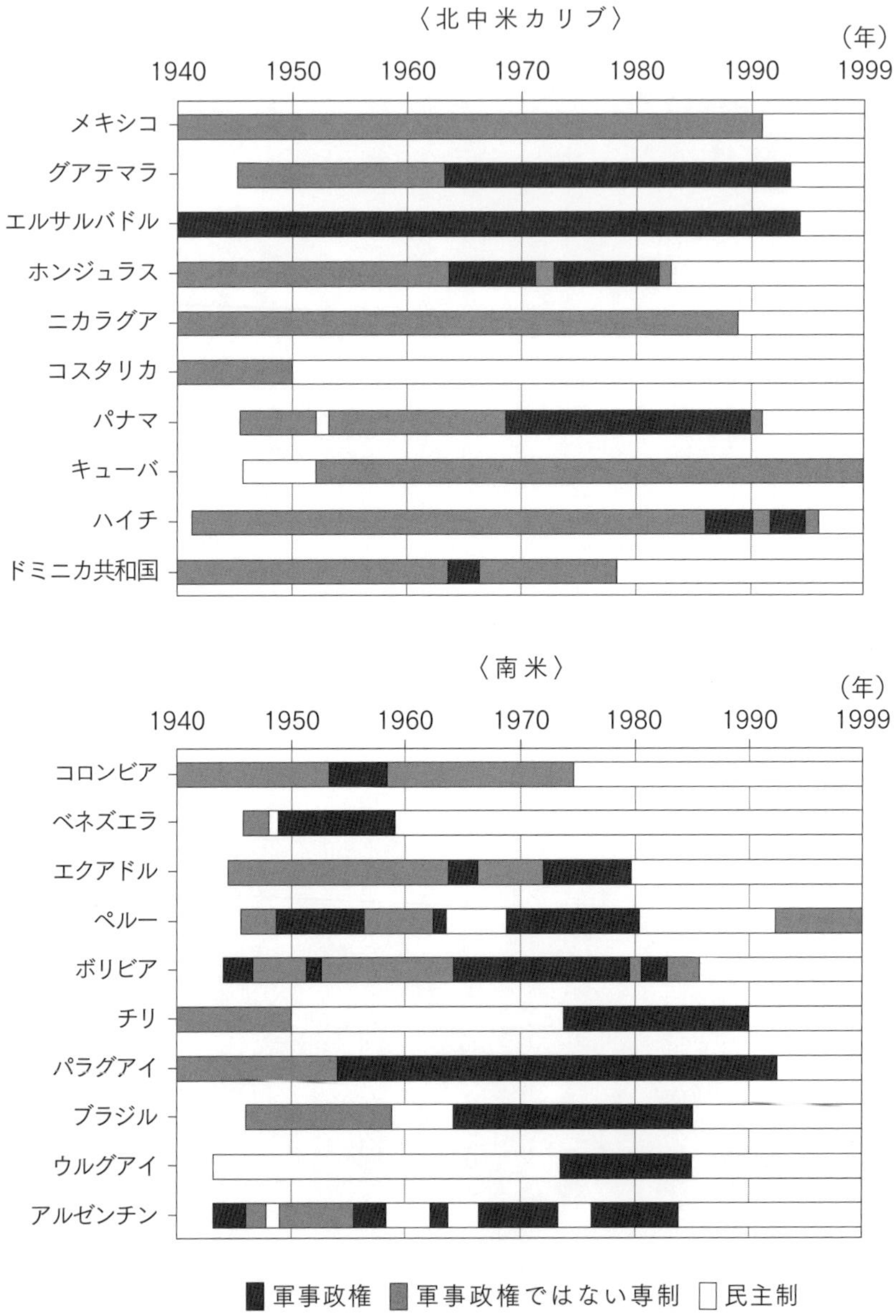

図 6-1　20 世紀のラテンアメリカ諸国における軍事政権〈1940～1999 年〉

が見られたのに対し、北中米カリブにおける転換は一九九〇年代に見られる。これは次章以降で説明するように、中米諸国で民政移管に先立つ紛争が長期化したことが原因である。

3 ⦿ 軍が政治を支配しようとする理由

軍が本来の目的を外れて、内政に関わろうとする理由は大きく二つある。第一の理由は予算に関わる。軍は有事に備えて兵を雇い、武器をそろえ、駐屯地や訓練施設などの設備を充実させることを求める。また平時においては、日常の生活のために給与や福利厚生を求める。これらの資金を得るべく、予算配分を司る政治の過程に軍は関心を持つことになる。

軍の存在は文民政治家にとって魅力的な存在である。敵対勢力が武力で政権を奪い取ることのない安定した政治を実現するには、政府与党は軍の協力を得る必要がある。この結果、軍は利益の供与を条件に政治家を支持し、その利益が十分でないと判断すればその政治家を追放することがある。

第二の理由は国家に対する軍の観念に関わる。軍は国家に対する理想を持ち、政治の動向によって国家が危機にさらされると考えれば、国家を守る理由で政治に介入する。ただし、軍が理想とする国家は国や時代によって大きく異なり、さらに同じ軍の中でも軍人ごとに異なる。

これまでの章の内容を踏まえれば、最も保守的な立場とは、植民地期以来の政治エリートであるオリガルキーを守るものである。この立場に立つ軍は、市民の政治参加を制限し、ポピュリズムのようにオリガルキーの既得権益を削ぐ運動や思想を強く否定する。世界恐慌後にアルゼンチンの急進市民連合（ＵＣＲ）政権を倒した軍事政権はその例である。

これに対し、最も革新的な動きは社会主義を志向するものである。オリガルキーによる政治の独占を解体し、私有財産の保護の原則を廃することで、平等な社会の実現という理想を達成しようとする。世界恐慌後のブラジルで、カフェコンレイチ体制を打倒したテネンティズモの軍人たちが想起される。

4 ⊙ 国家安全保障ドクトリン

二〇世紀のラテンアメリカにおける軍事政権を理解する上で、避けて通れない概念として国家安全保障ドクトリンがある。これは高度に専門化を遂げた南米諸国の軍において、冷戦後に共有された観念の総称である。その核となる思想は、国家の安全を保障するためには共産主義への脅威と恒常的に向き合う必要があり、その目的のために軍は国家を指導する役割を持つというものである。

国家安全保障ドクトリンもまた欧米諸国の影響を強く受けている。第一次世界大戦によって、戦争とは軍のみならず、軍を支える国民をも動員して展開される総力戦であるとの考え方が登場すると、南米諸国の軍人にも第二次世界大戦の開始前までにこうした認識が共有された。安全保障はもはや国外の脅威を注視するだけでは不十分であり、経済活動をはじめとする国民の日常的な活動もまた軍の関心に含まれるようになった。

これを踏まえて、軍がとりわけ強く主張した政策は二つある。第一に、ヨーロッパ諸国とりわけロシアで力を得た共産主義は自国の発展に対する脅威であり、対処が必要であると唱えた。第二に、国家の自立のためには兵器調達を含む高い生産力を持つことが必要であり、科学技術の発展と工業化が必要とされた。こうした考え方は、共産主義を否定する意味では保守的であるが、植民地期の延長であるオリガルキー主体の旧態依然な政治に反対している意味では革新的であると言える。

反共産主義、工業化と科学技術の発展、そしてこれらを実現するための恒常的な取り組みという三つの要素は、西側諸国の盟主である米国でも評価された。米国は各国の軍人を招いて専門的な教育を行ったが、その内容に国家安全保障ドクトリンが採用された。軍は国家を脅威から守る主体として政治を率いる正当化の根拠を得たのである。

（コラム）コスタリカ

図6-1を見ると、民主制の期間が短い中米諸国にあって、コスタリカが一九五〇年から現在まで民主制を維持している。また、第1章で示したように、中米諸国の人間開発指数（HDI）が総じて低い中、コスタリカだけはラテンアメリカの中で上位にある。コスタリカはなぜ例外なのか。

伝統的な解釈では、コスタリカが比較的平等な社会を持っていたことが強調される。鉱物資源と先住民人口の乏しいコスタリカは植民地期においては周縁に位置しており、入植者の人口も多くなかった。結果として、自作農で構成される平等な社会のもと、建国期の米国で見られたような農村部の自治体制が発達し、特定の勢力が社会全体を支配する権力構造が成立しなかったとされる。

現在、この理解に対しては修正が迫られている。コスタリカの先住民人口も、そして人口密度も周辺の中米諸国と顕著に差があるわけではない。また、主たる産業も他の中米諸国と同様にコーヒー生産であり、労働者の拘束に関する必要性は同等であった（第2章）。

現在注目されているのは、独立直後における自由派の優位である。一八七〇年代にメキシコでポルフィリオ・ディアス政権が成立したように、多くの国々で自由派が有力になったのは一九世紀後半以降のことである（第2章）。これに対しコスタリカでは、早くも一八二〇年代に安定した自由派政権が誕生し、土地の個人所有化や行政の整備を進めた。保守派との政権の奪い合いで暴力による支配が横行し、国民が共有できる政府を持てなかった他の国よりも早く、コスタリカは国家建設を実現できた。

2……米国の介入

前節では、ラテンアメリカで軍事政権が登場するタイミングや、その思想的背景に冷戦が関わっており、それが反共産主義を取ることから米国に近い立場を取ることが確認された。しかし、軍事的な意味での米国とラテンアメリカの関わりは冷戦以前に遡る。米国は軍をラテンアメリカ諸国に派遣し、情報機関などを通じて各国の内政を操作しようとした。その動きは中米カリブ地域で顕著であり、各国の軍事政権の成立を支えることにもつながった。

1⦿米国の対ラテンアメリカ外交

米国がラテンアメリカ政治に介入する背景には、米国自体の国家形成の進展が関わっている。イギリスから

対象	年	概要
メキシコ	1914	革命政府向け武器の禁輸のため港湾を占領
ニカラグア	1912〜33	政情不安に伴う米国権益保護のため軍隊駐留
パナマ	1903〜99	パナマ運河地帯を米国領とし、基地を設置
キューバ	1898〜1902	スペインとの戦争に伴い占領、保護国化
	1903〜現在	独立前の取決めに従い、米軍基地を設置
	1906〜09	政情不安に伴う米国権益保護のため軍隊駐留
	1917〜33	政情不安に伴う米国権益保護のため軍隊駐留
ハイチ	1915〜34	債務返済を妨げる政情不安に伴う軍隊駐留
ドミニカ共和国	1903〜04	政情不安に伴う米国権益保護のため軍隊駐留
	1916〜24	政情不安に伴う米国権益保護のため軍隊駐留
プエルトリコ	1898〜	スペインとの戦争に伴い占領、米国領に編入

表 6-1　ラテンアメリカへの主な米軍派遣：開始時が 20 世紀前半まで

独立した当初、大西洋に面する東部一三州でのみ構成されていた米国は、西へと領土を広げた。そこにはイギリス、フランス、スペイン、そしてメキシコが領土を持っていたが、これを戦争や買収を通じて自国に取り込み、一八四〇年代末に西部国境が太平洋岸に到達した。その後、一八六一年には奴隷制度や貿易体制をめぐる内戦（南北戦争）が発生したが、終結後には政治的安定を背景に経済が成長した。

米国の経済活動はラテンアメリカにも及び、一九世紀末から米国の資金がラテンアメリカに投資された。投資先は米国から地理的に近い北中米カリブ地域であり、とりわけメキシコとキューバに集中した。メキシコのディアス政権下における経済成長は、鉄道や鉱山などの米国の投資によって支えられた（第4章）。また、中米やカリブ海の国々では主にサトウキビやバナナなど輸出用作物を栽培する企業が土地を購入した。

このことが米国によるラテンアメリカ諸国への政治的介入の原因となった。米国民の資産や経済活動に被害が及ぶと、米国政府は自国権益の保護を名目に軍を派遣し、その国の政治を統制しようとした。現在、外国に軍を派遣する行為は大きな国際問題に発展するのが常であるが、当時はそれを規制する国際的な取り決めはなかった。冷戦が始まる一九四五年より前に実行された主な米軍派遣の事例は表6-1の通りである。

2 ⦿ モンロー主義

米国の高圧的な行動は、アメリカ地域のヨーロッパからの自立と民主主義の普及という二つの理念にも支えられていた。王国であるイギリスから独立した米国は君主制を否定したが、ラテンアメリカ諸国では君主制を支持する保守派が影響力を持っていた（第3章）。米国と異なり先住民との混血が多いという人種的偏見とあいまって、米国では政治家から一般市民まで、古い伝統が残る地域としてラテンアメリカが認識され、そこに民主主義は定着しないのではないか、米国がその価値を伝えるべきではないかという議論がなされた。

古いヨーロッパと新しいアメリカを分ける発想は、米国第五代大統領ジェームズ・モンローが一八二三年に示した外交方針であるモンロー主義によって公の認識となった。発表当初の内容は南北アメリカへのヨーロッパ諸国の干渉に反対するものであった。これは単なる反植民地主義の意見表明にすぎなかったが、南北戦争が終わり、一九世紀末までに堅調に軍の整備を進めた米国は態度を変化させた。

一九〇二年、ベネズエラが対外債務の返済を拒む決定を下すと、ヨーロッパ諸国がベネズエラに軍艦を派遣し、港湾を占領した。この問題はオランダにある国際司法裁判所に持ち込まれ、のちにヨーロッパ諸国に有利な判決が下ると、さらなるヨーロッパ諸国の南北アメリカへの進出を米国は危惧した。一九〇四年、南北アメリカにある国の政府がヨーロッパ諸国の介入を招くおそれがあれば、米国はその国に介入する権利があることを表明した。これは、ヨーロッパ諸国の進出を阻止するという名目で、米国はラテンアメリカ諸国の内政に干渉する意思を示したことを意味する。

3 ⦿ パナマ

米国の北中米カリブ地域への介入を考える上では、両洋間運河すなわち太平洋と大西洋をつなぐ運河の存在も重要である。アメリカ大陸は中米で二つの大洋が接近しており、この地域に運河を作ることが植民地期から構想されていた。両洋間運河ができれば、太平洋と大西洋を移動するのに南米大陸を周回する必要がなくなる。そして、この運河を掌握すれば、アジア＝南北アメリカ＝ヨーロッパ間の物流を管理でき、海軍を速やかに移動することも可能になる。

運河建設は大規模な土木工事であり、高度な技術が要求される。一八六九年にフランスの企業家が主体となってエジプトにスエズ運河を開通させたことで、両洋間運河の実現に期待が持たれるようになった。当初は、内陸に湖を持つニカラグアが有力な建設予定地であったが、最終的に運河は、一九一四年にパナマにて開通した。

パナマは一九世紀末の時点でコロンビア領であった。自国で運河を作る資金や技術を持たないコロンビアは運河建設権を販売し、その権利を有した米国企業が運河を完成させた。その後、運河の管理を目論む米国は一〇〇年間の運河のリース契約をコロンビアと結ぼうとしたが、コロンビアの議会がこれを拒んだ。その後、米国は運河一帯の住民に接近し、一九〇三年に住民はパナマを名乗ってコロンビアからの独立を宣言した。米国はパナマを速やかに国家として承認し、コロンビアは米国の軍事力を考慮して、パナマの奪還を断念した。

パナマは独立直後に米国と条約を結び、パナマ運河を含む幅一〇マイルの土地を米国が永久に租借し、米国領とすることに同意した。その後、パナマ国内でクーデターの動きなど政情不安があれば、米国は海兵隊を送って事態の鎮静化を図った。海兵隊派遣は米国の一方的な決定の場合もあれば、政情不安の当事者の一方が要求する場合もあったが、一九二五年までに実に五回にも及んだ。

パナマ国民の中には米国の支配的地位に対する不満を持つ者も多く、その民意をくんでパナマの地位改善を求める政治家も出現した。パナマ政府は米国政府と頻繁に交渉し、年間の租借料をはじめ多数の取り決めを繰り返し結んだが、運河一帯の主権は米国が保持した。一九六八年、クーデターで政権を掌握した国家警備隊(事実上の軍に相当する)のオマール・トリホス将軍は、一九七七年に米国と条約を結び、一九九九年に主権をパナマに返還することで合意した。

一〇〇年近くにわたり米国が所有したパナマ運河は、パナマのみならず中米カリブ地域の政治介入の理由となった。表6-1を見ると、主な軍隊派遣が中米カリブ諸国に偏っていることがわかる。これは、中米カリブ地域が軍隊を派遣できる近い距離にあることに加え、パナマ運河という地政学上の最重要拠点の安全を保障する必要があったからである。

4⦿年限のある介入

派兵を伴う米国の政治介入には一定のパターンがあることが知られている。すなわち、ある国で米国の利益に反する政治情勢が生じると、米国は、明確に宣言を発表した上で最小限の兵力をその国に派遣する。そして、米国が望まない政治勢力を抑え込み、選挙を実施し、米国が望む政権の成立を見届けて兵を撤収する。この典型的事例とされるニカラグアの例を見てみよう。

ニカラグアでは一九世紀後半に保守党政権の時代が約三〇年続いた後、一八九四年に自由党が政権を奪還した。自由党政権は自国での運河建設を米国に期待するも、米国はパナマに関心を寄せたため、ヨーロッパ諸国の誘致に踏み切った。さらに、ニカラグアはイギリスやフランスの債務を抱えていたことから、米国はヨーロッパ諸国の介入を懸念していた。

一九〇九年、保守党が自由党政権に対する反乱を起こした際、反乱に参加していた米国人がニカラグア政府により捕らわれ、処刑された。自由党に批判的な米国は、これを口実に海兵隊を派遣し、大統領を追放した。後継の自由党と保守党の連立政権に対して米国は、ヨーロッパ諸国の債務返済のためにニカラグア政府に米国の銀行が融資すること、そしてその担保としてニカラグアの税関を差し押さえることを提案した。ヨーロッパの債務を肩代わりすることで米国への依存を作り出すこの手法は、主に自由党からの反発を招いた。その後、保守党は一九一二年に政権を奪取したが、この時に米国は自由党の討伐のため約四〇〇〇人もの兵を上陸させた。保守党政権の成立後も約一〇〇人の兵が首都に残った。

米国と友好的な保守党政権は一九一四年に条約を締結し、一部領土の租借と将来のニカラグアでの運河建設権などを米国に認めた。また、国内にある鉱山資源開発などで米国の投資を歓迎した。ところが、一九二六年の大統領選挙で自由党の候補者が勝利すると、大統領が選挙を無効とし、内戦が再燃した。米国は再び海兵隊を送り、両党が武器を置いた上で米国の監視のもと二年後に選挙を行うことで合意を得た。その後の選挙では自由党が勝利し、保守党もその結果を受け入れ、米国は一九三三年に兵を撤収した。

しかし、選挙による平和裏な政権交代を実現したことは、ニカラグアにおける民主制の定着にはつながらなかった。米国の支援を受けて自由党政権下で編成された国家警備隊の長であるアナスタシオ・ソモサが一九三六年にクーデターを起こし、政権を掌握した。ソモサ家はのちに息子二人を含む長期独裁体制を一九七九年まで敷いた。

5 ⊙ 情報機関の活用

ニカラグアの事例で見たように、米国は軍の派遣にあたり、自国民の保護などの理由を必ず公表する。その一方、米国は隠れた形でラテンアメリカ諸国の政治に影響を与えることもある。具体的には、情報機関である中央情報局（ＣＩＡ）など米国の政府組織が各国の政治家と協力し、米国の権益に不都合な政権を倒す試みが確認されている。こうした活動はいわゆる秘密の政治工作であり、活動の実態を把握することは難しいが、最も明白な例の一つとして知られているのが一九五〇年代のグアテマラである。

グアテマラでは、ニカラグアをはじめとする他の中米諸国と同様、自由党と保守党の政争が長く続いた。一八四〇年の中米連邦の解体後、一八七一年までは保守党、その後は自由党が政権を支配した。とりわけ、一八九八年に発足したマヌエル・エストラーダ＝カブレラ政権は、一九二〇年まで続く長期政権を担った。

エストラーダ＝カブレラ政権はメキシコのディアス自由党政権（第３章）と似ており、政敵を厳しく弾圧して政治的安定を確保しつつ、外資の導入による経済開発を推進した。この時期に米国の農業会社が進出し、政府は免税や農地供与、作物輸送に用いる鉄道管理の権限を企業に与えた。また、企業活動に影響を与えないよう、政府は労働者の異議申し立てを厳しく取り締まった。さらに、軍の専門教育機関が設けられ、国軍の整備も始まった。

エストラーダ＝カブレラ政権後も米国企業を優遇する政策が総じて維持されたが、経済成長の結果として労働者層が厚みを増した。一九四三年には大規模なストライキが発生し、当時の大統領を亡命に追い込んだ。その後の大統領選挙では、一九四四年にフアン＝ホセ・アレバロ、一九五〇年にハコボ・アルベンスという二人の左派政治家が勝利を収めた。とりわけ、アルベンスはアレバロが以前の政権から維持していた共産党の禁止を解くのみならず、農地改革を実施して、筆頭地主である米国企業が持つ広大な土地の再分配に着手した。

米国企業は自国内でのロビイング活動を通じ、当時のハリー・トルーマン政権にアルベンス政権転覆を決断させた。アルベンスに対しクーデター未遂を起こし、ホンジュラスに亡命していた保守系の軍人に米国政府は接近し、武器調達等のための資金や兵隊の訓練などを提供した。この活動を主導したのがＣＩＡであり、親米である隣国ニカラグアのソモサ政権や米国企業の協力を取りつけつつ、政権転覆の準備を進めた。トルーマンの後、米国の大統領となったドワイト・アイゼンハワーのもとでも準備は継続し、一九五四年にクーデターは実行された。それ以降グアテマラでは軍が政治的に影響力を持つ体制が一九九五年まで続いた。

コラム　防衛手段としての国際法

ラテンアメリカに対する欧米諸国の介入の根本的な要因は、経済力と軍事力の圧倒的な差にある。こうした力の差を覆す方法として、ラテンアメリカ諸国は国際法を利用した。すなわち、普遍的な原則に照らして、外国の介入に道義的根拠がないことを国際社会に訴えた。

一九世紀後半に活躍したアルゼンチンの法学者カルロス・カルボは、国際的な投資に関する紛争の裁判管轄権は投資家の国ではなく、投資先の国にあることを唱えた。欧米の投資家が自国の政府に訴えて、財産差し押さえのための行動を取らせることを防ぐ狙いがあった。また、カルボの主張に触発されたアルゼンチンの外相ルイス＝マリア・ドラゴは武力を用いて債務を回収するべきではないと唱えた。

欧米諸国は、外国に影響力を行使する機会を失いたくないため、こうした主張にすぐには同意しなかった。例えば米国は、ドラゴの主張が出て以降、国際会議の場で債権国に介入の余地があることを繰り返し唱えた。米国の態度が軟化し、不介入を認めるようになったのは、次節で説明する善隣外交を唱えたフランクリン・ルーズベルト政権以降のことである。

なお、カルボの主張はのちに、世界各国の憲法や投資に関する民間の契約に記載されるようになった。自国を守るために提案した主張が、国家の尊厳や自立という普遍的な原則に支えられ、世界に受け入れられたのである。

3……共産主義の脅威

米国の介入によって専制が成立することは、米国が民主主義を国是とすることと矛盾する。実際米国は、ソモサやグアテマラの軍事政権を全面的には歓迎していなかった。しかし、米国が専制を黙認したのは、共産主義の脅威が民主主義以上に重要な米国外交の基軸となったことによる。そして、共産主義の脅威は米軍が到来しない南米においても軍事政権を生み出す契機となった。

1⦿冷戦と米国外交の変化

米国の対ラテンアメリカ政策は一九三三年に大きな転換を見せた。この年、大統領に就任したフランクリン・ルーズベルトはラテンアメリカ諸国に対する内政干渉を停止する、いわゆる善隣外交を方針として掲げた。一九四五年までの主な米軍派遣の事例を示した表6-1においても、一九三三年以降の派兵はない。

こうした転換の背景には、ラテンアメリカ諸国における米国の高圧的な態度に対する批判や、世界恐慌に伴い派兵するコストを抑える狙いなどがあったとされる。また、第二次世界大戦が始まると、他国との協力関係を築くことが重要になり、ラテンアメリカに敵対的な姿勢を取る意味が失われた。

米国の態度の軟化が顕著であったことは、同じ時期にメキシコのラサロ・カルデナス政権やブラジルのバルガス政権といった主要なポピュリズム体制が登場したことを考慮すると理解しやすい。例えば、カルデナス政権は米国の石油企業を国有化した（第5章）。これは米国の権益を脅かすものであり、本来であれば軍の派遣を含む厳しい対応が取られるはずであった。しかし、実際には米国政府は国有化の決定を受け入れた上で、補償額の交渉を進めた。

第二次世界大戦が終わり、冷戦の時代が到来すると、米国の対ラテンアメリカ外交の方針もまた冷戦を基盤に考えられるようになった。大戦末期に死亡したルーズベルト大統領に代わり政権を担ったトルーマンは、共産主義の拡大を抑止する「封じ込め」を実施した。戦争で疲弊したヨーロッパ諸国や日本に対して経済的・軍事的支援を与えたことがその例であるが、同様の対応はラテンアメリカにも見られた。一九四八年にはラテンアメリカ諸国とリオ条約を結んで集団安全保障体制を構築し、一九五一年には共産主義に反対する南北アメリカ諸国が集結する国際組織として米州機構が発足した。

経済成長が十分でないラテンアメリカ諸国に対する開発援助も始まった。とりわけ、一九六一年に発足したジョン＝F・ケネディ政権の「進歩のための同盟」は有名である。格差の深刻な社会では暴力的な革命が発生するおそれがあるという認識のもと、貧困な状態から飛び立てないラテンアメリカ諸国が一定程度の経済水準に達成すれば、近代化に向けて自ずと離陸することを期待し、農業振興から住宅建設まで、幅広い分野に多額の援助が投下された。

2 ⦿ キューバ革命

全体的に見れば、南北アメリカ諸国を資本主義陣営に引き込もうとする米国に対し、ラテンアメリカ諸国は同調した。ところが、一九五九年にこれに逆らう事件が発生した。この年、カリブ海の島国であるキューバで革命が発生した。

米国南西部のフロリダ半島の目前に位置するキューバの歴史を、米国を抜きに語ることはできない。キューバは他のラテンアメリカ諸国よりも遅い一八九八年にスペインから独立した。中米カリブ諸国への干渉を積極化しつつあった米国がスペインと戦争を起こしたことが契機となり、米国の支援を受けて独立したキューバは、まず米国の保護領となった。

キューバが一九〇二年に独立するのに先立ち、憲法にプラット修正と呼ばれる条項が盛り込まれた。これはキューバに駐留する米軍を引き上げる条件として設定され、米国が自国民資産の保護などを理由としてキューバに介入することや、領内に米軍基地を設けることが認められた。実際、政情不安に対応すべく米軍が複数回派遣され（表6－1）、基地も一九〇三年に建設された。

キューバの主要産業はサトウキビ生産であり、第一次世界大戦時に国際価格が高騰したことで、経済は活況を呈した。ブーム終了後も、観光業をはじめとする米国企業の投資によって経済は堅調に成長した。その後、世界恐慌の影響で経済水準が独立前にまで大きく後退すると、米国との連携を重視してきた政権に対し、学生や労働者、軍の一部が反政府運動を起こした。政府に反発した軍人には、恵まれた待遇を受けていない階級の低い者が多かった。

反政府運動を率い、一九三三年にクーデターで政権を獲得した軍人であるフルヘンシオ・バティスタは、その後のキューバ政治の中心人物となった。当時のバティスタは労働法制の整備を進めるなどポピュリズム的な政策を推進する傍ら、第二次世界大戦では連合国側に回り、米国と良好な関係を築いた。任期満了後に政権は保守系の政党に渡るも、バティスタは一九五二年に再度クーデターで政権を奪取した。バティスタは再び米国資本を含む農業・観光業の企業家層と連携する一方、マスコミの検閲を厳しく行うなど政治的自由を制限した。

バティスタ政権を覆したのはフィデル・カストロ率いる反政府運動である。学生運動家であるカストロは、バティスタの追放と米国からのキューバの自立を掲げ、数年にわたる準備のすえに武装蜂起を起こした。政府軍を撃破し、首都を手中に収めたカストロは革命政権を樹立し、サトウキビ畑など米国資産の接収を行った。一九六一年には、米国ＣＩＡの指導のもとで革命政権を転覆させる軍事作戦が実行されたが、失敗に終わった。

米国企業を失ったキューバ経済の苦境を打開すべく、革命政権はソ連に接近した。ソ連は積極的にキューバに援助を行い、革命政権もまた一九六二年に自らを社会主義政権であると宣言した。その後、政治と軍事はキューバ共産党が管理し、市民の政治的自由が制限された一党支配体制が確立され、現在に至る。

3 ⊙ 南米の軍事政権

キューバに社会主義国が誕生したことはラテンアメリカ諸国の政治のあり方を大きく変えた。まず、武力闘争による社会主義の実現が可能であるとの認識が広がり、各国で武装集団の結成や成長が見られた。これまで見てきたように、ラテンアメリカでは参政権が着実に拡大してきたものの、一般に競争的な選挙では特定の政党の勝利を保障しないため、地主層や企業層といった有力者が支持する政党が政権を取る可能性がある。現状を変え、公正な社会の実現を目指す左派の間で、革命こそ変化を確実に起こす手段であるとの評価が高まった。

一方、左翼武装集団の登場は、その攻撃対象となる人々にとっては大きな脅威であった。各国経済を支える地主層や企業層からすれば、革命によって自らの資産が失われる可能性が出てきた。軍もまた、革命によって自らの地位が失われるだけでなく、国家安全保障ドクトリンにおいて敵視される共産主義が自国の制度となることを防がなければならないという危機意識を高めた。

第5章で取り上げた強力なポピュリズムを持つ国々もまた、ヘゲモニー政党制を実現したメキシコを除いて、軍事政権の到来を招いた。アルゼンチンでは、フアン＝ドミンゴ・ペロン率いる正義党政権が労働者の保護と輸入代替工業化（ＩＳＩ）の推進を図ったが、賃金の上昇により市民の消費が過熱する一方、工業生産は伸び悩んだため、激しい物価上昇が生じた。一九五五年、軍がクーデターを起こすと、ペロンは国外に亡命した。その後、軍は民政に政権を戻すも、選挙のたびに正義党が勝利し、一九七三年にはペロン自身が大統領に復帰した。ペロンは二年後に病死し、妻である副大統領が大統領に昇格したが、この時までに正義党から分離した左翼ゲリラ組織と、それに対抗する右翼のテロ集団の活動が活発化し、治安が著しく悪化した。左翼ゲリラの伸長を抑えるべく、軍は一九七六年に再度クーデターを起こし、政権を掌握した。

ブラジルでは、バルガスの新国家体制が終わった後、バルガスを支持する二つの政党であるブラジル労働党（ＰＴＢ）と社会民主党（ＰＳＤ）が大統領選挙で勝利し、政権を維持した。一九六〇年の選挙では、いずれにも属さないジャニオ・クアドロスが大統領に、バルガス政権時の労働大臣であったＰＴＢのジョアン・グラールが副大統領に当選した。一九四五年制定の当時の憲法は、副大統領選挙を大統領選挙とは別に行うことになっており、この時は異なる政党の候補者が勝利した。議会はＰＴＢとＰＳＤが過半数の議席を占めていたため、自らの望む法案を制定できないクアドロスは七か月で辞任し、一九六一年にグラールが大統領となった。軍は左派色の強いグラールがブラジルを共産主義化させるおそれがあると考え、一九六四年にクーデターを起こした。

ペルーはアルゼンチンやブラジルとは異なる文脈のもと、同じタイミングで軍事政権が登場した。ポピュリズム政党であるペルーアプラ党は有権者から一定の支持を集めていたものの、対立関係にある軍に阻まれ、大統領職を獲得することができずにいた。一九六三年の大統領選挙では新興の中道政党から立候補したフェルナンド・ベラウンデが勝利し、教育の充実化とインフラ整備、そして外国資本を導入した工業化の推進を図った。農地改革は進まず、農民による土地占拠の動きが進む一方、外国資本の存在感の強さは軍や市民にとって好意的に受け止められなかった。とりわけ、ペルーで長年操業してきた米国石油企業が政府に納税をしていないことがかねてより問題となっていたが、ベラウンデ政権はこの問題に毅然とした対応を取らなかったと評価された。この企業との契約をめぐるスキャンダルを口実とし、軍は一九六八年にクーデターを起こし、ベラウンデは政権を追われた。

第7章

軍事政権の多様性

第6章では、冷戦期にラテンアメリカで軍事政権が多数登場したことを確認した。これを踏まえ、この章では軍事政権の政治が具体的にどのようなものかを解説する。

ラテンアメリカの軍事政権に関する分析では、権威主義という概念がよく用いられてきた。これはスペインの政治学者フアン・リンスが一九六〇年代に提唱したもので、米国に代表される民主主義とも、アドルフ・ヒトラー率いるドイツや共産党が支配するソ連に代表される全体主義とも異なる政治体制の類型である。リンスは自国スペインのフランシスコ・フランコ政権の特徴を記述するのに、この概念を用いた。

リンスが示した権威主義体制の数ある特徴のうち、最も重要なものとして、政府が市民に期待する行動がある。民主主義においては、市民が自発的に意見を表明し、政治に参加することが期待される。全体主義においては、明確なイデオロギーを有する独裁者や革命を主導する政党（前衛政党）に市民が従うことが期待される。ヒトラーであればゲルマン民族を中心とする国民の統合が、共産党率いるソ連においては社会主義が、生産活動から教育まで市民を日常的に動員する思想となった。

それでは、権威主義は何を市民に求めるか。それは政治からの退出である。言い換えれば、市民の生活と政治を無縁のものにすることが期待される。

権威主義下の市民は日常生活をかなりの程度自由に営む余地を持つ。権威主義体制は国家の繁栄などあいまいな目標を掲げるだけで、体系的なイデオロギーに市民の行動を従えることはしない。一方、公正な選挙は行われず、言論も統制される。いかなる言動が政府に指摘されるかも明確ではなく、市民は自主的に政権批判を控えるようになる。このように、政治の現状を受け入れることを条件にした「自由な」生活が権威主義のもとで成立する。

権威主義はのちにスペインのみならず世界各国に見られることが確認された。ラテンアメリカでもフランコと同時代に登場した軍事政権は権威主義の一つとされた。しかし、近年の研究から、軍事政権は権威主義を主たる特徴としつつも、そこには収まらない多様な性格を持つことが明らかになっている。

1……典型的な軍事政権

軍事政権の典型的な統治とは、これまでに解説してきた軍に関する特徴を踏まえたものである。軍は専門的な組織であり、特定の個人によって私物化されることはない。例えば、将校になるには軍内の一定程度のキャリアを積む必要があり、司令官などの要職に就いても、一定の期間務めた後には必ずその職を離れる。そして、こうした性格を持つ軍が政府を支配するなら、その政治は特定の個人による支配にはならない。共産主義への脅威を感じた軍は国家の安全保障のため、一丸となって組織として国を統治するだろう。このイメージに合致する事例を提供するのがアルゼンチンである。

1⦿官僚主義的権威主義

ポピュリズムが早くに成長し、フアン＝ドミンゴ・ペロン率いる正義党が政治に強い影響力を持つようになったアルゼンチンでは、正義党の台頭を批判し、共産主義化に強い懸念を抱える軍が政治に介入した（第6章）。キューバ革命後、アルゼンチンでは複数の軍事政権が登場した（表7-1）。執政の代表者と政権交代の手法を見ると、フンタ（第6章）が頻繁に登場し、特定の個人による大統領職の独占が見られないという特徴

任期	執政の代表	政権獲得の手段
第 1 期軍事政権：「アルゼンチン革命」		
1963 年 10 月 12 日〜66 年 3 月 29 日	フンタ	クーデター
〜70 年 6 月 8 日	J. C. オンガニア	フンタが任命
〜70 年 6 月 18 日	フンタ	フンタが政権掌握
〜71 年 3 月 23 日	R. レビンストン	フンタが任命
〜71 年 3 月 26 日	フンタ	フンタが政権掌握
〜73 年 5 月 25 日	A. A. ラヌーセ	フンタが任命
〜76 年 3 月 24 日	民政（大統領 4 名）	
第 2 期軍事政権：「国家再建プロセス」		
〜76 年 3 月 29 日	フンタ	クーデター
〜81 年 5 月 29 日	J. R. ビデラ	フンタが任命
〜81 年 12 月 11 日	R. E. ビオラ	フンタが任命
〜81 年 12 月 22 日	C. ラコステ	フンタが任命
〜82 年 6 月 18 日	L. ガルティエリ	フンタが任命
〜82 年 7 月 1 日	A. O. サン＝ジーン	三軍の暫定的合意
〜83 年 12 月 10 日	R. ビニョネ	フンタが任命
〜現在	民政	

表 7-1　アルゼンチン：キューバ革命以後に発足した軍事政権

を見出すことができる。

軍事政権の運営にあたりアルゼンチン軍は、陸軍、空軍、海軍の三軍が協議し、大統領をはじめとする政権を任せる軍人を選んだ。そして、経済の不調や市民からの強い不満など、政治の運営が不調であれば、大統領を交代した。

アルゼンチンの政治学者であるギジェルモ・オドネルは、同国の軍事政権が個人ではなく組織として政権を運営したことを、官僚主義的権威主義と名づけた。その後、アルゼンチン以外にも同様の軍事政権が世界各国にあることが確認された。ラテンアメリカにおいては、ブラジルやチリ、ウルグアイといった南米南部の国が官僚主義的権威主義を持つとされる。

2 ⦿ 政治からの市民の退出

大統領が入れ替わる中、アルゼンチンの軍事政権は一定の方針を堅持して政治を運営した。

数ある方針の中で最も重要なものが、権威主義における最も重要な特徴である政治からの市民の退出である。これは主に次のような政策として具体化した。

第一に、市民が自らの政治の代表を選ぶことはできなくなった。選挙は実施されなくなり、政党の活動も禁止された。民主制においては、議会が法律を定め、それをもとに執政府が政策を行ったが、軍事政権は議会を解散して自ら法律や政令を定め、それを執行した。

第二に、市民の表現の自由が著しく制約された。政府は新聞やテレビなどマスコミで報道される内容を検閲した。また、政府に対する抗議行動に参加した者はもちろんのこと、抗議を起こす可能性があると政府が判断した者まで当局によって身柄を拘束され、殺害された。市民に対するこうした身体的危害を加えたのは政府当局だけではなく、当局と協力関係にあり、保守的な思想を掲げる民間の暴力集団（パラミリタレス）の場合もあった。この傾向は軍事政権の第二期に顕著に見られ、政府やその協力組織によって行方不明となった、あるいは殺害された市民は二万人を超えると言われる。この国家によるテロリズムは「汚い戦争」の名で知られる。

第三に、司法の機能も大幅に制約された。一般に、市民が権利を侵害された際には、裁判所を通じて問題を解決する権利を持つ。アルゼンチンの軍事政権は裁判所を閉鎖せず、裁判官を大幅に入れ替えることもしなかった。しかし、軍が政治の一切を取り仕切っている状況にあって、裁判所は軍の意向に反する決定を下す余地はなかった。「汚い戦争」の存在そのものが、軍が人権を侵害しても、裁判所がそれを止められなかった状況を示しているとも言える。

3 ⦿ 労働運動の抑圧

もう一つの政治運営の柱となったのが労働運動の抑圧である。労働運動はポピュリズムや社会主義運動の母体となる集団であり、軍事政権からすれば国家の脅威となるものであったため、弾圧の対象となった。「汚い戦争」においても政府に敵対的な労働運動関係者は標的とされた。

労働運動を抑圧したことには経済的理由もある。労働者の要求を受け入れないことは賃金や福利厚生の水準を低く抑えることにつながり、より多くの利益を雇用者である企業にもたらす。ひいては、企業が将来の事業により多く投資できるようになり、経済成長が見込める。

軍事政権にとって経済成長は死活問題である。軍が政治に介入した理由は共産主義化という国家の危機を救済するためであった。もし、軍事政権下で経済が停滞すれば、軍は国家を救済するどころか、国家を危機に陥れることになる。軍は自らの統治を正当化するために経済成長を推進する必要があった。

アルゼンチンの場合、ペロン政権期に確立された経済への政府の積極的な介入は見直されることになった。第二期の軍事政権が輸出入にまつわる税金や割り当てを廃止したことはその代表的な政策として知られる。ただし、国営企業の民営化など政府による介入を大幅に縮小する試みは一九八三年の民政移管後に行われたことから、経済を自由化する動きは限定的であった。

こうした軍事政権の姿勢は、政党の活動が禁止されたこととあいまって、労働運動の分裂を招き、抑圧の効果をさらに強めた。正義党の支持基盤であり、労働組織の頂上団体である労働総同盟（ＣＧＴ）を例に挙げれば、第一期と第二期の双方において、軍に友好的な態度を取るか否かで組織が分裂した。労働者を抑圧しようとする軍事政権に接近することは矛盾した態度に見えるが、ＣＧＴは共産党や社会党の支持基盤ではないことから、共産主義を支持しない意味で軍と共通の立場にあると自らを位置づけ、労働者を守る政策を引き出すために軍と対話する機会を模索した。

2……典型からの逸脱

アルゼンチンの軍事政権はラテンアメリカにおける典型であるが、それはあくまで代表的な事例であるにすぎない。他の国に目を向ければ、アルゼンチンとは異なる特徴を持つ軍事政権を数多く見つけることができる。

1⦿低い制度化

アルゼンチンの軍事政権では執政の代表が頻繁に入れ替わっており、政権の顔となる具体的な個人の姿は想起し難い。しかし、アルゼンチンの外に目を向ければ、軍事政権であっても特定の個人が政権を長期にわたり掌握する場合がある。第6章で登場したパナマのオマール・トリホスはその例であり、自身は大統領にならなかったものの、長期にわたり政権を実質的に操った。

キューバ革命後、トリホスのような個人支配者はラテンアメリカ諸国に複数出現した。表7-2は第二次世界大戦後から二〇世紀末までに登場した大統領のうち、個人支配を一〇年以上続けた者を示している。ここに登場する人物のうち、マヌエル・ノリエガを除くすべての者が大統領をはじめとする執政の長に就任している。そして、個人支配の大半が軍や国家警備隊といった武力を持つ公的組織の出身である。そうでない者でも、軍人の個人支配を継承した政治家（ドミニカ共和国のホアキン・バラゲール）や、革命によって既存の国

国	大統領	期間（年）	職業・続柄
ニカラグア	A. ソモサ＝ガルシア L. ソモサ A. ソモサ＝デバイレ	1937〜56 1956〜67 1967〜79	国家警備隊 国家警備隊 ソモサ＝ガルシアの長男 国家警備隊 ソモサ＝ガルシアの次男
パナマ	O. トリホス	1968〜81	軍人
キューバ	F. カストロ	1953〜2008	学生運動家
ドミニカ共和国	R. トルヒーリョ J. バラゲール	1930〜61 1966〜78	軍人 政治家 トルヒーリョ政権期大臣
ハイチ	F. デュバリエ J. C. デュバリエ	1958〜71 1971〜86	医師 学生、F. デュバリエの子
パラグアイ	A. ストロエスネル	1954〜89	軍人
チリ	A. ピノチェト	1974〜89	軍人

表 7-2　第二次世界大戦後に個人支配を 10 年以上続けた者

軍を圧倒し、革命軍を正規軍に編成した者（キューバのフィデル・カストロ）のように、軍事的な支配に密接に関わっている。

軍人による個人支配を確立した国では、総じて軍の制度化の度合いが低い。官僚主義的権威主義が並び立つ南米南部諸国にあって、パラグアイでは軍人であるアルフレド・ストロエスネルが三〇年をも超える個人支配を実現した。これは軍が組織として個人支配を継続的に支持した結果ではなく、彼自身が軍を自らの統制下に収めた結果であった。ストロエスネルは一九三〇年代のボリビアとの戦争で功績を挙げ、当時の大統領に取り立てられて、三〇代半ばの若さで将軍の地位を手に入れた。軍は自立した専門組織であるというよりは、大統領など政治家個人の恣意的な操作の対象であった。一九五四年、不人気な文民大統領をクーデターで追放し、政権を獲得したストロエスネルは、自らに対立する将校を速やかに追放し、軍組織を支持者で固めることに成功した。

さらに言えば、個人支配者が登場しない場合でも、軍の制度化が低い事例がある。グアテマラでは、米国中央情報局

（ＣＩＡ）の介入により文民政権が崩壊したのち、軍が長期的に政権を掌握した（第6章）。この間、大統領は定期的に交代しており、一見すると組織的に政治が運営されているように見えるが、実際には軍内部における権力闘争が深刻であった。将軍の階級を持つ上級の将校は互いに軍の主導権を争い、自らを支持する部下を優先的に昇進させた。その結果として、大佐以下の階級を持つ中下級の将校が自らの意に沿わない将軍と対立することは珍しくなく、将軍に代わって政権を担うことさえあった。一九六三年のクーデターで就任した大統領は大佐であり、一九八二年のクーデターで成立したフンタは将軍二名と大佐一名で構成された。このフンタから大統領に就任したエフライン・リオス＝モント将軍は、パラミリタレスを動員した苛烈な人権侵害で知られるが、その一方で、対立する派閥の若手将校によるクーデター未遂に複数回直面した（第9章）。

2 ⊙ ポピュリズム的な軍事政権　ペルー

官僚主義的権威主義が成立した南米南部諸国では、ポピュリズムや社会主義を掲げる政党が強く、それを抑圧する保守的な軍事政権が登場した。それでは、そうした政党が有力でない場合、軍事政権はいかなる性格を持つか。第5章で妥協的ポピュリズムの例として登場したペルーの事例を見てみよう。

軍とペルーアプラ党の対立関係が一九三〇年代から長らく見られたペルーでは、ポピュリズムが重視する政策が十分に推進されなかった。労働者の権利保障は不十分であり、土地なし農民による土地占拠に対応する農地改革は行われず、外国資本の企業が経済で支配的な地位にあった。一九六八年にクーデターが起きた直接の原因もまた、米国系石油企業の特権的な地位に対してフェルナンド・ベラウンデ政権が妥協的な態度を取ったことにあった。言い換えれば、それはポピュリズムなき政治状況に対する反発であった。

この結果、ベラウンデ政権を倒した軍はポピュリズムに親和的な性格を持つこととなった。議会は閉鎖され、選挙は行われなかったが、アルゼンチンの「汚い戦争」のような深刻な国家テロは起きなかった。とりわけ、クーデターから八年間大統領の座にあったファン・ベラスコ将軍は「人間的社会主義」をスローガンとして掲げ、ポピュリズム的な政策を実施した。

アルゼンチンとの決定的な違いは労働運動の扱いに見られる。ベラスコ政権は労働組合を自らの支持基盤と考え、労働者に有利な政策を採用した。一般に、労働組合は労働者の利益のために企業と交渉する組織であり、そこには雇用者（企業）と被雇用者（労働者）を分けて考える発想が前提にあるが、ベラスコは労働組合に企業への経営参加の権利を認めた。雇用と被雇用の関係を崩すこの政策が、経営側に不利なものであることは言うまでもない。

ベラスコ政権が一部企業の国有化を実現したことも特筆すべきことである。対象は外資系石油企業のみならず、ペルー資本の鉱業や鉄鋼業などにも及んだ。アルゼンチンで見られたように企業の利益や投資機会を増やすのではなく、企業のビジネス機会を統制する方向に政府は動いた。

社会的弱者に配慮した政策は農業分野でも見られた。ベラスコ政権は農地改革を実施し、土地を持たない農民の自作農化を図った。政府は有効に活用されていないと評価された土地を接収し、地主に対して地価に利子をつけた額を二〇年以上の分割払いで補償した。一九八〇年に民政移管が実現するまでに、実に三五万世帯以上が土地の供与を受けた。

さらには、軍が市民の政治参加を促すことさえあった。一九七二年、政府は全国社会動員支援システム（ＳＩＮＡＭＯＳ）を立ち上げた。これは、地域振興などの目的で政府が与えた予算の使途を、市民が協議して決定する仕組みである。ＳＩＮＡＭＯＳの運営には左派知識人など文民の協力も得られた。

注意しなければならないのは、アルゼンチンとは対照的な政策の数々が実施されてはいたものの、ペルーとアルゼンチンの軍事政権は共通の目的を持っていたことである。ペルーで保守政党が強かったことは、裏を返せばポピュリズム政党が今後躍進する余地があることを意味する。ペルー軍は社会改革を自ら推進することで、ポピュリズム政党の成長、ひいてはそれに伴って懸念されるペルーの共産主義化を未然に防ごうとした。

社会改革を志向するベラスコ政権は他国の軍事政権でも参考にされた。隣国であるエクアドルのギジェルモ・ロドリゲス政権、ボリビアのファン＝ホセ・トーレス政権、そしてパナマのトリホス政権がその例である。ベラスコ政権は一九七五年にクーデターで倒され、その後の軍事政権は保守的な姿勢に転じた。

3 ⊙ 選挙のある軍事政権　ブラジル

アルゼンチンやペルーの軍事政権では立法の機能を執政が持っていた。これに対し、ブラジルの軍事政権は議会を閉鎖せず、選挙を行った。

共産主義化の脅威となりうるポピュリズムの台頭を抑える目的で一九六四年に成立した軍事政権はまず政令を発し、議会が大統領を選出する間接選挙を行うと定めるとともに、左派政党に所属する政治家の公民権を剝奪し、社会主義に近い立場を取る者を逮捕した。大統領を決めるにあたり、議会では主要政党が相互に対立したため、いったん文民ではなく軍人を大統領に任命することで合意した。軍は当初、二年後に民政移管選挙を行う予定とし、政党もまたそのことを了解していた。

しかし、野党に活動の余地を与えれば、再度ポピュリズムが政権を取る可能性が生じるとの懸念が軍内で生

選挙年	大統領 (%)	勝者 ARENA 候補者	MDB 候補者	上院 (%)	下院 (%)
1966	62.4	A. コスタ＝エ＝シルバ	なし	82.6	67.7
1969〜70	79.4	E. メディシ	なし	89.1	71.9
1974	79.5	E. ガイゼル	あり（文民）	27.3	56.0
1978	60.1	J. フィゲイレド	あり（元軍人）	65.2	55.0

表 7-3　ブラジル国政選挙における ARENA〈1966〜1978 年〉

（注）大統領選挙は得票率、上院・下院は議席占有率。いずれの年も大統領選挙の直後に議会選挙が実施された。

じた。実際、軍事政権の発足直後に実施された地方選挙では、軍の処罰を免れた革新系政治家が知事に当選し、ポピュリズムに対する有権者の支持の高さが示された。そこで軍は、すべての政党の解散を命じたのち、議会選挙の実施に先立って選挙法を定め、二つの政党のみを公認するという折衷的な対応を取った。公認された政党の一つは国家刷新同盟（ARENA）であり、軍を支持する役割を期待され、反ジェトゥリオ・バルガスの政治家が主に集結した。もう一つの政党はブラジル民主運動（MDB）で、バルガス派の政治家のうち、軍が定めた制度の中で政府に影響力を与える機会をうかがう政治家が参加した。

選挙結果は表7-3の通りであり、ARENAが多くの議席を占め、同党の立てた軍人の候補者が大統領に就任した。軍が自ら準備した選挙であり、言論の自由が制限されていたことを考えれば、ARENAの優位が予想されるが、後半の選挙は接戦であり、一九七四年の上院選挙ではMDBが過半数を占めている。この背景には、当時の大統領が社会との緊張関係を解き、民政移管に向けて政府による市民活動の規制を緩める方針を掲げていたことがある（第8章）。

ただし、議会が軍の意向に沿わない動きを見せれば、軍は議会を閉鎖した。例えば、上院で過半数を失ったエルネスト・ガイゼル政権はARENAに有利な選挙改革などを実現するため、議会を閉鎖し、大統領自身を含む八名の制憲議会を発足させ、憲法を改正することで自らの望む政策を実現した。軍はあくまで、自らのペースで民政移管を推進することを求めた。

軍が政治的に優位に立つことを前提にしながら、政治的な異議申し立ての機会である選挙を実施することは矛盾しているように見える。しかし、選挙を実施する軍事政権は珍しいわけではなく、ラテンアメリカでもグアテマラやパラグアイなど複数の国が該当する。これを踏まえると、軍事政権が選挙を実施することには、軍事政権に何らかの利益があると考えることができる。

第一に、軍は民意を利用することができる。ＡＲＥＮＡが選挙で支持されれば、軍の統治には民主的正統性があることを国内外に主張することが可能になる。また、与党に対する得票率は軍に対する支持を測る指標となり、今後の統治に役立てることができる。

第二に、文民政治家を規律づけることが可能になる。軍事政権が安定するには、その統治を支持する政治家がいることが望ましいが、どの政治家が軍を支持するかを把握することは容易ではない。そこで、軍事政権を支持する政党を組織し、そこに集う政治家を把握することで、彼らと協力関係を結ぶことが可能になる。政党は軍を支持し、軍はその見返りとして政治家に公職をあっせんし、その政治家を支持する市民に有利な政策を提供することが可能になる。

第三に、軍に反対する政治勢力をけん制できる。まず、軍が設けた政治のルールに従うか、それを拒んで軍と闘うかという選択を迫られた結果、アルゼンチンの労働組合で見られたのと同様、軍に反対する政治家は一丸となって対応することが難しくなる。さらに、一度選挙に参加し、議席を得た政治家など一定の権益を得た者は、軍事政権そのものが覆ってしまえば、その立場を失うおそれがあるので、軍事政権への反発の度合いを弱めてしまう。

大規模な国内市場を持つブラジルは輸入代替工業化（ＩＳＩ）政策によって、著しい経済成長を実現した。ブラジルの軍事政権もまたＩＳＩを維持し、アルゼンチンとは異なり、政府主導の開発戦略を維持した。良好な景気は軍事政権を支える重要な要因であったが、それと同時に、選挙制度を温存したこともまた長期の軍政の維持に役立ったとされる。

〔コラム〕デュバリエとトルヒーリョ

カリブの島であるイスパニョーラ島には元フランス領のハイチと元スペイン領のドミニカ共和国がある。第1章で示した人間開発指数（ＨＤＩ）のランキングによれば、ハイチは世界全体で一六九位、ラテンアメリカ二〇か国で最下位に位置するが、ドミニカ共和国はそれぞれ八九位、一二位といずれもほぼ中位にある。同じ島にありながら、こうした大きな差が生じたのはなぜか。

この問いに対する答えとして、自然環境や人口密度の違いに加え、近年では二〇世紀中盤に登場した専制下での開発政策の違いが注目されている。この時期、ハイチはデュバリエ父子が、ドミニカ共和国ではラファエル・トルヒーリョとホアキン・バラゲールが個人支配型の統治を行った（表7-2）。

ハイチのデュバリエ父子政権では、電力やセメントなど複数の産業を政府の独占企業のもとに管理する、輸出入の権限を大統領やその支持者に与えるなど、経済活動から政治的に利益を吸い上げる仕組みが目立ち、企業は投資を控えるようになった。また、貧困な農民層は政府から十分な支援を受けられず、地元で生産される農産物の流通網を通じて生活の糧を得る自助的な対応を迫られた。これに対し、ドミニカ共和国でも大統領とその支持者が政府や主要産業を私物化したが、それと同時に港湾や農村部灌漑の整備、森林の保全など政府による国土の管理が浸透した。一九六〇年代末には外資製造業を誘致する目的で、税の優遇を認める保税加工区を設け、貿易の活性化にも成功した。この結果、両国の一人あたり国内総生産（GDP）は一九五〇年代まで同水準であったが、一九八〇年までにドミニカ共和国では倍増したのに対し、ハイチではほぼ変化がなかった。

開発政策への関心は独裁者の支持基盤に関わっているという研究もある。ハイチのフランソワ・デュバリエは文民政治家であり、一九五八年に大統領選挙に勝利した後で個人支配の体制を打ち立て、一九七一年の死後に一九歳の若さで息子ジャン＝クロード・デュバリエが大統領となった。フランソワは自身を支持する軍人を厚遇する一方、大統領警備隊とトントンマクートと呼ばれる民兵組織を作り、既存の国軍に依存しない統治を作り上げた。これに対する一部軍人の不満は強く、フランソワは死の直前まで繰り返しクーデター未遂に直面した。この結果、フランソワは政府予算の多くを軍、警備隊、そして民兵という三つの組織の維持に費やすことになった。

これに対し、ドミニカ共和国のトルヒーリョは米国占領下で創設された国家警備隊に属し（第6章）、のちに陸軍将校となった。一九三〇年の大統領選挙に軍が支援する政治家として立候補し、選挙過程に軍が介入する形で当選を果たすと、短期間の中断を除き、六一年に暗殺されるまで政権を担った。軍を基盤に持つトルヒーリョを武力で圧倒できる勢力は存在せず、安定した政権のもと経済開発を推進でき、それが結果として自らの蓄財の成功につながった。死亡直前のトルヒーリョの資産総額は現在の価値で五〇億ドル相当とも言われる。

3……軍事政権の脆弱性

ここまで見てきたように、軍事政権には多様な統治の仕方がある。このことは、政治からの市民の退出という権威主義の特徴には収まらない、軍事政権の持つ性格が存在することを示している。

1⦿合意を模索する軍

軍事政権は専制の一種であるから、軍が一方的に政治的な決定を下し、執行する権限を持つ。政治からの市民の退出という権威主義の特徴とあいまって、軍事政権には軍が政策を市民に押しつける側面が必ずある。しかし、この側面だけが軍事政権の統治の特徴ではない。

まず、軍は市民の意見を完全に無視することはできない。軍は公正な選挙を通じて市民によって選ばれたわけではないので、自らの統治を正当化する上で、共産主義の脅威を防ぐという国民の安全に訴えた。言い換えれば、国民にとって何らかの脅威があれば、それは軍事政権自身の正統性を損ねることにつながる。例えば、景気が悪化すれば市民は政権に不満を持つが、選挙による政権交代が期待できない以上、その不満は街頭での抗議行動や反政府ゲリラの成長を促すおそれがある。軍は、自らへの反感が渦巻く社会よりは、好意的な社会のほうが容易に統治できるため、市民の動向にある程度配慮せざるを得ない。

軍に協力する文民の代表者すなわちエリートの支持もまた、統治の安定に必要である。企業層や地主層に支持を見込んだアルゼンチンのような保守的な政権にせよ、労働組合に支持を見込んだペルーのような革新的な政権にせよ、軍はエリートの支持を得ることで、反対勢力が軍による政治を困難に陥れることを防ぐことができる。この意味でも、軍は文民と無縁ではいられない。

さらに、軍事政権とは軍人だけで政治をすることを意味しない。軍人は国防の専門家であり、経済や教育など専門外の政策領域に関する政策作成のノウハウに乏しい。このため、軍は文民の協力を仰ぐことが避けられない。

2 ⦿ 軍の政治化

このように、軍事政権とは、軍が一方的に政治を行う体制であるとともに、軍の望む国のあり方に向けて市民の合意を調達する体制であるとも言える。しかし、皮肉なことに、市民の合意を調達するというまさに政治的な営みに軍が手を出すことは、軍の存在そのものを不安定化させるおそれがある。

まず、国家によって何が望ましいかが自明でない問題について判断する必要に迫られることで、軍は必然的に国民の一部に利益あるいは不利益をもたらすことになる。アルゼンチンの例に従えば、「汚い戦争」を行うことで特定の思想を持つ者を弾圧し、経済活動の自由化を進めることで従来の保護政策で恩恵を受けていた企業に負担を課すことになる。無論、軍は自らの政策を国益のために行うと唱えはするが、政策を決めることで、軍が中立でないことが顕在化してしまう。

国民の一部の利益を守るという政治的な判断に軍が直面すれば、どの利益を守るべきかという議論が軍内で生じることは避けられない。誰の言論を統制するべきか、どのような経済政策が望ましいかなど、多様な選択肢の中から一つを選ぶにあたり、すべての軍人が同じ考えを持つ保証はない。保守的な軍人から社会主義を支持する軍人まで、各人が理想とする政治のあり方にばらつきが生じる可能性は大いにある。その結果、軍事政権においては政治判断をめぐって軍の内部で意見の不一致が生じてしまう。

軍が政治的な色を持ってしまうことは別の理由からも説明できる。すでに説明した通り、国防に特化した専門家である軍が、国防以外の政策領域について専門的な知見から政策判断を下すことはできないため、文民である政治家や専門家の支援を借りるしかない。軍が特定の文民を味方につければ、その文民の政治的ポジションに軍が近づいてしまうことは避けられない。

最後に、軍が政治に介入することにより、軍内部の規律が乱れるおそれがある。軍は将校の指示のもと組織が一体的に行動するが、軍が政権を掌握することで、軍の外側にある様々な利権に接近することが可能となる。独立以降、経済が成長し、国庫収入も増え、ポピュリズムの影響で政府に様々な役割が求められるようになった結果、政府の活動を通じて利益を得ることが可能となった。政権を支配できれば、親族を公務員として雇用すること、自分を支持する企業に対して道路建設など公共事業を発注すること、さらには麻薬取引に手を出しつつ、警察や税関に圧力をかけて取り締まりを控えさせることまで、様々な汚職が可能となる。この結果、軍人の間で利権を争うことが避けられない。

3 ⊙ 軍の規律化

政治に関わることによって軍の一体性が損なわれるという危機については、早い段階で自覚されている場合もあった。ブラジルでは、テネンティズモに代表される革新的な思想は第二次世界大戦後の士官教育を通じて影響力を失い、国家安全保障ドクトリンが支配的になった。一九六三年にクーデターで政権を獲得すると、軍人が自身の個人的な意見として政権運営の批判を表明することを禁じる内規が軍内で定められた。さらには、退役した軍人に対しても同様の発言を禁じる法律が制定された。これは、組織を批判した者が個人的に人気を集め、軍に対抗する政治的な影響力を持つことを未然に防ぐ狙いがあった。

特定の個人に権力を集中させない意識は政治職と軍役の分離という形でも見られた。クーデター直後には、大統領となった軍人は陸軍司令官を兼職できないことが規定された。予算を司る政務と、軍を運営する軍務を一人の人間が掌握することで、軍組織が私物化されることを防ぐことがその目的であった。

ブラジルと同様、官僚主義的権威主義の特徴を持つアルゼンチンの軍事政権も、組織の結束に腐心した。例えば、第二期の軍事政権を立ち上げるにあたっては、国軍を構成する三軍である陸軍、空軍、海軍が事前に交渉を行った。当時深刻であった左翼ゲリラの活動など国内治安の問題の対処に陸軍が主導的な役割を果たしていたことから、陸軍司令官であるホルヘ・ビデラが大統領となった。しかし、それと同時に三軍は、陸軍が空軍や海軍の代表を差しおいて大統領職を占めることは、軍事政権内における三軍の平等の原則に反するいわば「例外的状況」であり、国軍内部における陸軍の優位を何ら認めるものではないことを文書で合意した。実際、ビデラは大統領就任後、八つの大臣のポストを設け、陸・海・空軍に各二ポスト、文民に二ポストを与えることで、三軍の間の平等を保障した。

しかし、こうした努力が軍の一体性を保障することはなかった。政権が長くなるほど、軍内部における意見の対立や権力争いの機会は増えた。これがひいては、軍事政権の崩壊と民政移管につながった（第8章）。

4 ⦿ 国際的連携

軍事政権が自らを維持する努力は国内にとどまるものではない。共産主義の脅威に伴う軍事政権の介入は、紛れもなく冷戦の産物であった。実際、軍事政権は当時の国際関係と密接に結びついており、冷戦の盟主である米国やソ連との協力は政権維持のために重要であった。

米国と比較すれば、この時期におけるソ連の存在感は小さかった。キューバ革命が発生するまで、ラテンアメリカでは社会主義政権が存在しなかったことから、ソ連がラテンアメリカに持つ協力関係は各国の共産党との人的交流が中心であった。キューバ革命が発生し、米国への経済依存からの脱却を図るフィデル・カストロがソ連に接近すると、ソ連は財政支援や石油輸出、キューバ産サトウキビの買い取りなどの形で協力に応じた。さらに、ニカラグアをはじめ、左翼活動家に対するゲリラ活動の教練も提供した。

一方米国は、開発援助や軍の派遣、さらにはＣＩＡなどを通じた政治工作を通じてラテンアメリカ諸国の政治に大きな影響を与えた（第6章）。また、本章のテーマである軍事政権との関連で言えば、米軍がラテンアメリカ諸国の軍人に教育プログラムを提供したことも重要である。一九四六年に米国領であるパナマ運河地帯内にラテンアメリカの軍人を教育する米軍の機関が創設された。指導内容は軍事作戦の立案から暗殺や拷問の手法まで多様であり、とりわけキューバ革命以後は左翼ゲリラ対策に関する教練が集中的に施された。

こうした米国の協力のもと、ラテンアメリカの軍事政権は相互に協力して、自らの政権の安定を図った。軍事政権に抵抗する活動家は弾圧を逃れて国外に拠点を設けることがあるため、軍事政権は近隣諸国の政府と情報を交換し、彼らの活動を把握しておく必要があった。こうした情報のやり取りは基本的に二国間で行われたが、複数の国を巻き込む大規模な協力体制に発展することもあった。軍事政権が南米の大半を覆った一九七〇年代半ばに実施された、コンドル作戦の名で知られる親米・反共産主義の軍事政権ネットワークは有名である。

コンドル作戦によって命を落とした者として、ペルーのベラスコ政権を模してポピュリズム的な軍事政権を率いたボリビアのトーレス大統領が挙げられる。一九七一年、軍内保守派のクーデターによって政権を追われたトーレスは亡命を余儀なくされ、最終的にペロン率いる正義党政権下のアルゼンチンに渡り、首都ブエノスアイレスに滞在した。亡命してからもトーレスはボリビア国内の政治家とつながりを持ち、社会変革を訴える書籍の発表や左派政党の結成など政治活動を続けた。一九七六年三月、クーデターで正義党政権が倒れ、軍事政権が成立すると、その三か月後にトーレスは誘拐され、のちに遺体で発見された。ボリビアの軍事政権が国外から反政府活動を行うトーレスを脅威とみなし、ボリビアからの要請を受けたアルゼンチンの軍事政権がパラミリタレスを動員して、トーレスを殺害したとされる。

5 ⦿「米国の裏庭」論の問題

二〇世紀初頭に始まる米国の政治介入の歴史を踏まえると、反共産主義の軍事政権の支援は、米国主導で成立したという理解に結びつきがちである。このような状況から、ラテンアメリカを「米国の裏庭」と表現することがしばしばある。しかし、このような表現には三つの問題点がある。

第一に、軍事政権は各国の政治状況の産物として登場したことが看過されてしまう。これまでに見てきた通り、軍事政権の成立には国家形成に伴う軍の組織化やポピュリズムの成長といった背景がある。その過程に米国がある程度関わっていることは確かであるが、米国の意向に従って各国の歴史が一様に規定されてはいない。

第二に、中米カリブと南米に見られる地域差を捉えることができない。全体的な傾向としては、米国は地理的に近い中米カリブ諸国には直接的な介入を行った。一方、南米諸国に対しては、各国に存在する親米的な動きを支援することが一般的であった。南米における政権交代につながる介入としては、一九七〇年に選挙で成立したチリの社会党政権におけるＣＩＡの活動が知られている。しかし、この事例においてもまた、ＣＩＡが行ったことは社会党と競合する政党への資金供与と軍人に対するクーデターの教唆であり、中米カリブで見られた直接的な軍事行動は行われなかった。

第三に、米国は軍事政権を必ずしも積極的に支援はしていない。進歩のための同盟以来、米国の対ラテンアメリカ諸国への援助は著しく減少した。一九七〇年代は米国が不況に陥った時代でもあり、コンドル作戦が成立した一九七〇年代半ばの援助額は一〇年前の約二〇パーセントにまで減少した。

キューバ革命後の軍事政権は冷戦の国際的文脈で成立したが、それは軍事政権の内実まで特徴づけるものではない。軍事政権は、各国の軍が持つ組織的な特徴や政党政治の動向などを受けて多様な性格を持っていたことは、いま一度想起されるべきである。

コラム　コロンビアと合意型の民主制

一般に、言語や宗教などによる亀裂が強い社会を持つ民主制のもとで競争的な選挙を行うと、特定の集団による権力の独占が生じ、暴力が噴出するおそれがある。これを防ぐため、各集団を代表するリーダーが協議して、権力の分有を行うことがある。これを合意型（コンセンサス型）の民主制と呼び、オランダやベルギーなど世界各地に見られる。

南米の北部に位置するコロンビアは、ベネズエラと並び、冷戦期に軍事政権がほとんど見られなかった国であるが（第6章）、その間に合意型の体制が成立した。独立以来、自由党と保守党による政争が長く続き（第3章）、一八九九年から約三年続いた「千日戦争」や、一九四〇年代末から始まる「ラビオレンシア」と呼ばれる内戦では、それぞれ一〇万人を超える死者が出るほど激しいものとなった。

ラビオレンシアで混乱した国政に秩序を取り戻すべく、一九五三年にグスタボ・ロハス将軍率いる軍事政権が成立した。ロハスは厳しい言論規制を行う一方、大規模な公共事業の実施などにより市民から一定の支持を集めるようになった。国民から支持を失うことをおそれた保守党と自由党は、ロハスに批判的な軍人を支持し、その軍人がクーデターを起こした後、一九五八年に民政移管が実現した。

民政移管に伴い、保守党と自由党は政権運営に関する合意を交わした。大統領は交互に選出し、あらゆる公職を二党で折半することとなった。この体制は国民戦線と呼ばれ、一九七四年まで続いた。

暴力の当事者である両党が妥協したことで、平和な政治運営を回復したことは国民戦線の大きな成果である。しかし、国民戦線はまた、オリガルキー政党が政権を継続的に独占することをも意味する。国民戦線の成立によって政権獲得の道が絶たれた二大政党以外の勢力、とりわけ社会改革を強く志向する左派勢力は武装集団を組織し、武力で政治秩序の変革を試みた。さらに、これに対抗する目的で右派のパラミリタレスも登場した結果、民主制が続く傍らで、暴力も継続した。国民戦線成立以来、軍や警察、そして左右双方の武装集団の対立による死者は、四〇万人を超えると言われている。

第8章

民主制への展開 南米

年	国名	民政移管直後の大統領
1979	エクアドル	ハイメ・ロルドス
1980	ペルー	フェルナンド・ベラウンデ
1982	ボリビア	エルナン・シレス
1983	アルゼンチン	ラウル・アルフォンシン
1985	ブラジル	ジョゼ・サルネイ
1985	ウルグアイ	フリオ・サンギネッティ
1990	チリ	パトリシオ・エイルウィン
1993	パラグアイ	フアン＝カルロス・ワスモシ

表8-1　南米における第三の波

（注）当時民政であったコロンビアとベネズエラは含まれない。

この章では、一九八〇年前後から二〇〇〇年にかけてラテンアメリカで始まった民主化の過程のうち、南米における軍事政権の崩壊を学習する。南米軍事政権の崩壊は民主化の「第三の波」の一部を構成するものである（表8－1）。第三の波の始まりは一九七四年ポルトガルで軍事クーデターが発生し、四〇年にわたる独裁政権が終焉を迎えたことにある。ポルトガルが民政移管に成功すると、その動きはまずギリシャや隣国のスペインなどの南欧諸国に及んだ。その後、民主化はポーランドなどの東欧諸国やロシア、韓国などの東アジア諸国、南アフリカなどのアフリカ諸国でも見られた。

一九七〇年代の世界に目を転じてみると、冷戦期における米ソは緊張緩和（デタント）に一歩踏み出した。まず米国はリチャード・ニクソンが米国の大統領として初めてソ連を訪問し、米ソ両国は軍事拡大に歯止めをかける第一次戦略兵器制限交渉（ＳＡＬＴ１）に調印した。また、第二次世界大戦後に成立した社会主義国家である中華人民共和国（中国）は、旧日本領であった朝鮮半島の統治をめぐって米国と対立していたが、ニクソンが一九七二年に中国を訪問したのを機に、その敵対関係にも一応の終止符が打たれた。

一九七〇年代は西側諸国における米国の地位が下がった時代でもあっ

た。第二次世界大戦後、本土が戦場にならず、圧倒的な工業生産力を持った米国は、国土が荒廃した西欧諸国や日本に代わり、国際的な貿易の秩序を担った。米国はドルを自国の保有する一定量の金（きん）に交換できることを保証し、各国は米国ドルを信頼できる通貨と認め、ドルを用いて自由に貿易を行うブレトンウッズ体制が成立した。ところが、西欧諸国と日本の経済が復興し、工業製品の輸出で多額のドルを持つようになると、ニクソン政権は一九七一年にドルと金の交換を停止した。以後、ドルの価値は金に裏づけられない形で変動するようになった。

冷戦における米国の態度の軟化により、反共産主義を掲げる世界の軍事政権は自己正当化の根拠を失った。しかし、反政府運動により一九七九年に社会主義政権が倒れたアフガニスタンにソ連が侵攻すると、米ソ間の関係が緊張した。一九八一年に発足した米国のロナルド・レーガン政権はソ連への敵対的な姿勢を強め、デタントが終わりを迎えた。

南米の軍事政権の崩壊はこうした変動の激しい国際的な文脈のもとで展開した。そこには統制された民政移管と混乱した民政移管という大きく二つのパターンを見出すことができる。軍事政権が崩壊した理由を確認した上で、その二つのパターンの展開を確認しよう。

1……崩壊の要因

民主化と言えば、軍事政権の弾圧に抵抗するために立ち上がる市民活動家が登場し、人々の自由と人権を求める運動を展開して、その運動がやがて同国に新しい政権をもたらすストーリーが想定されるだろう。しかし、市民の民主化運動は軍事政権の崩壊を決定づける要因となるのだろうか。軍事政権の崩壊は様々な要因が重なり発生するものであり、運動に先立つ背景を理解する必要がある。

1 ⦿ 経済政策の失敗

軍事政権崩壊の引き金となったのは経済政策の失敗である。輸入代替工業化（ＩＳＩ）に代表される政府主導の開発戦略には内在的な限界があったが（第５章）、一九七〇年代後半にこの限界が表面化した。その引き金となったのが一九七三年の石油危機である。産油国である中東アラブ諸国がイスラエルと戦争になり、イスラエルを支持する米国らに圧力をかける目的で石油価格を四倍に引き上げるなどの措置を取った。発電や工業製品の製造など石油に依存している世界各国の物価は上昇し、人々は生産や消費を控え、不況に見舞われたことで、ブラジルなど当時存在した軍事政権に動揺を与えた。

図８－１は先進国の例として米国とイギリス、そしてこの章で主に扱う南米四か国の経済成長率を示したものである。成長率がマイナスであることは深刻な状況を意味し、一九七〇年代の米国とイギリスでも複数の年で記録されているが、南米諸国ではブラジルを除く三か国でより頻発していることがわかる。

石油危機はさらに深刻な負担を南米に課した。石油価格の上昇分ほどには世界各国の石油消費量は減少しなかったため、産油国の輸出額は急上昇し、産油国が持つ先進国銀行の口座の預金も増えた。そして、銀行はこの預金の運用先の一つに、政治情勢が安定し、工業化の余地があるラテンアメリカを選んだ。とりわけ、ＩＳＩを推進する政府はインフラの整備や国営企業への投資など資金を必要としていた上に、不況で税収が減るなど資金の調達に難航していたため、融資を歓迎した。融資は米国ドル建てで行われ、金利は経済状況にあ

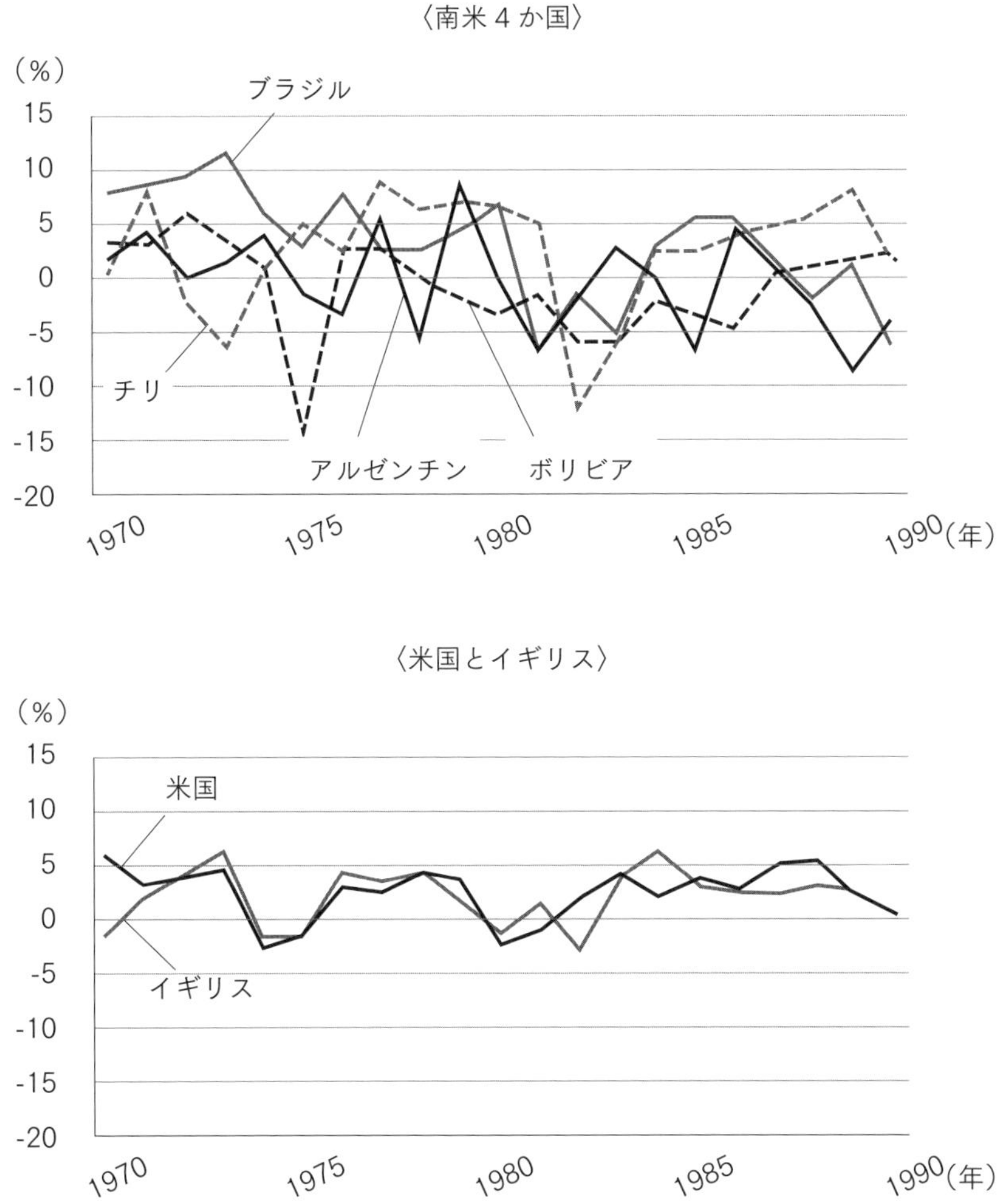

図 8-1　経済成長率〈1970～1990 年〉

わせて銀行が変動できることとなっていた。

一九八一年、物価の高騰に苦しんでいた米国政府は金利の引き上げを行った。政府が金利を引き上げると、銀行は預金や融資の利率を上げるため、消費者は手元の資金を購入ではなく預金に回し、企業も銀行からの借り入れを抑えるようになる。この結果、社会全体でモノやサービスを買う需要が減り、物価を下げることができる。一九八〇年代前半の米国の預金利率は一〇パーセントを上回った。

米国で金利が上がることは、米国ドルを保有して米国の銀行に預金するメリットが高くなることを意味する。世界各国で米国ドルを購入する動きが発生し、ドルの価値が上昇した。そして、これはラテンアメリカ諸国の債務の価値も高めてしまい、債務の返済を困難にしてしまった。一九八二年のメキシコに始まり、ブラジルやボリビアなど政府が積極的な支出を行っていた国が返済できないこと、すなわち債務不履行（デフォルト）を宣言した。

返済できないほど対外債務が大きくなるのであれば、政府は支出を抑制する必要がある。しかし、政府の支出によって恩恵を得る市民や政治家は多く（第5、6章）、支出の削減は容易ではなかった。政府は自国通貨の発行量を増やすこと、簡単な例えで言えば紙幣を印刷することで、税収が減っているにもかかわらず支出を維持した。この結果、通貨が市民の間に必要以上に大量に流通し、通貨の実質価値が下がったため、石油危機の影響に拍車をかける形で物価を急上昇させてしまった。一九八〇年代もまたラテンアメリカ諸国は不況に見舞われた。

一方、チリのように政府主導の経済戦略を早々に転換していた国では、政府支出にまつわる負の影響は小さかった。しかし、周辺諸国の経済の不調による貿易の縮小や為替レートの設定などの問題が重なった。

2 ⊙ 正統性の低下

共産主義を排し、国家に平和と繁栄をもたらすことを約束した軍事政権は、経済の不調に直面したことで、もはや安定した統治を続けられなくなった。このことは市民、エリート、そして軍内部の三つの側面に分けて説明することができる。

まず、市民の立場から見ると、政府に反対する言論や行動を厳しく弾圧してきたことは、一部の市民からかねてより問題とされた。ただ、経済が好調であったことで、政府への異議申し立てを控え、軍が政権を支配する現状が黙認されてきた。ところが、前段で述べた通り、深刻な不況が到来したことにより、軍事政権への信頼は広く低下した。

こうした市民社会の一つの変化を象徴するのがカトリック教会である。植民地期以来、カトリック教会は政治的には保守の立場を取ってきたが（第2～4章）、一九六〇年代後半より民衆の権利を重視する方針に転換し、軍事政権に批判的な態度を取る者が増えた。教会関係者の中でも革新的な人々はキリスト教基礎共同体と呼ばれるコミュニティを形成し、社会主義を志向する反政府運動とも共闘した。

政治権力を掌握する側からすれば、市民に強い不満があったとしても、それをある程度は無視することができる。しかし、当時の軍事政権は政権を支える側からも見放され始めた。軍は企業層から労働者層まで、各国において多様な支持基盤を持っていたが（第6章）、経済の運営に失敗したことで、支持基盤を代表するエリートたちから批判を受けるようになった。

軍への支持を撤回した典型的な例は企業層である。ポピュリズムに否定的な態度を取ることが一般的な軍事政権は、経済成長の原動力となる企業層に有利な政策を取ってきた（第7章）。ところが、企業は軍事政権を必ずしも肯定的に評価しなかった。ＩＳＩを追求する目的で政府系企業が優先され、民間企業の自由な活動が制約されることに加え、汚職によって政府が非効率に運営されていることが問題視された。

最後に、政権を掌握する軍自身もまた、自らが政権を担うべきだとする理由を失いつつあった。国民全体の利益となる国防を目標とし、一体的に行動することが想定されている軍は、国民の持つ多様な利益のはざまで意思決定を行う政治という営みとは相性が悪い（第7章）。軍が政治に関わることで、意見の対立と権力争いが軍人の間で生じれば、政権を手放して組織の一体性を維持しようとする誘因が働く。そして、経済の運営に失敗し、国民の利益を守れなかったということになれば、政権を掌握し続ける理由は一層薄弱になった。

3 ⦿ 米国の対ラテンアメリカ政策の変化

軍事政権が支持を失っていくという国内的な変化とともに、米国の対ラテンアメリカ政策の変化もまた南米の軍事政権の崩壊を促した。一九七七年、民主党のジミー・カーターが大統領に就任すると、米国外交の道徳的な指導力を回復しようと、人権の擁護を対外政策の基本的な原則とすることを掲げた。カーター政権のこうした方針は人権外交と称される。

一九七七年三月、米国国務省は対外安全保障援助法にもとづいて、軍事援助を行っている八二か国に関する人権報告書を議会に提出した。同法は人権を抑圧する国に対する援助を削減すると定めていたため、報告書に記載された国は米国の支援を失うことを意味した。この中にはラテンアメリカ諸国も含まれていたが、米国のこうした動きを内政干渉と見なして反発し、援助を拒否するものも現れた。南米の軍事政権にとって、冷戦下で米国から得てきた軍事面、経済面での後ろ盾はもはや万全ではなくなってしまった。

ただし、人権外交が南米の軍事政権の崩壊に与えた効果を過大評価してはいけない。まず、カーター政権後に登場したロナルド・レーガン共和党政権は強硬な外交姿勢に転じたため、人権外交は米国の一時的な姿勢にすぎなかった。そして、南米の軍事政権が米国主導で成立したわけではないという理解を踏まえれば（第7章）、米国の外交姿勢は軍事政権の崩壊の決定的要因であるとすることはできない。

4 ⊙ 民政移管のモデル

軍事政権の崩壊には政権と民主化勢力の間で利害を調整する過程が伴う。このことに着目した政治学者であるギジェルモ・オドネルとフィリップ・シュミッターは、この過程を単純化されたモデルとして提示し、民政への移行においては双方のリーダーが締結する協定が重要であることを示した。このモデルの内容は次の通りである。

モデルには四つのアクターが存在する。まず、軍事政権を担う側、すなわち軍人をはじめとするエリートには、①政権維持を求める強硬派と、②民政移管に協力的な穏健派がいる。そして、民主化勢力にもまた、③軍を徹底的に糾弾しかつ即時の民主化を求める強硬派と、④軍と交渉しながら民主化を進めることを目指す穏健派がいる。

民政移管への動きは、穏健派エリートが政権で主導権を握ることによって始まる。これに対しては、強硬派エリートが不満を持つ一方、民主化勢力の強硬派が民政移管の加速を求めて行動を活発化させる。民主化勢力の強硬派が大規模な抗議行動を起こして政権を圧迫し、それに強く反発する軍の強硬派が民政移管を阻止すべくクーデターを起こせば、民政移管は頓挫してしまう。そこで、軍の穏健派は民主化勢力の穏健派と協力して、民政移管を平和裏に行うことを目指す。

協定の交渉にあたっては、エリートが不利益を受けない保障をすることが重要なポイントとなる。具体的には、軍事政権下における軍の人権侵害や汚職を不問にすること、民政移管の選挙や民政移管後の政治においてエリートが不利になるような制度設計をしないこと、エリートが持つ財産を保障することなどがポイントとなる。言い換えれば、軍が政権を手放すことを最優先に考えて、軍を含むエリートの権益を脅かすことを回避することが追求される。

もっとも、あらゆる民政移管の過程が暴力を伴うことなく実現するわけではない。移行に向けた交渉が決裂することもあれば、当事者間の紛争が激化した結果、移行が中断することもある。次節以降でその具体的な事例を検討する。

コラム

大統領制と民主制の不安定

ラテンアメリカ諸国の大半はその歴史を通じ、ほとんどの時期で大統領制を採用してきた。大統領制では、有権者は選挙を通じて執政の代表である大統領も、立法を担う議会の議員も選ぶ。一方、日本やイギリスでは議院内閣制が採用されている。有権者は議員のみを選び、議会が執政の代表である首相を選ぶ。さらには、フランスや現在のハイチのように、市民は大統領と議員を選ぶ一方、議会が首相を選び、大統領と首相で執政を分担する半大統領制もある。

これまで見てきたように、多くのラテンアメリカ諸国は安定した民主制を持つことができなかったが、その原因として、大統領制では議員内閣制よりも政治が不安定になるという説がある。その主な原因は執政と議会の関係にある。大統領制では大統領と議員が異なる選挙で選ばれるので、執政と立法は分離している。これに対し、議院内閣制では市民は議員のみを選び、議員が首相を選ぶので、両者は融合している。執政と立法が対立する可能性は大統領制のほうが高く、政策の実施が滞りやすい結果、大統領が議会を閉鎖するなど、憲法に違反する行動を生み出しやすいと予想される。

この予想を裏づけるものとして、政治学者アダム・プシェボルスキーらの研究がある。世界各国のデータから、民主制の持続・崩壊と制度の関係を分析した。その結果、民主制の「平均寿命」は大統領制のもとでは約二一年、議院内閣制のもとでは約七三年となった。

この主張に対しては反論も少なくない。例えば、軍事政権を経験した国ほど大統領制を採用する傾向にあり、軍の影響力が強い国では選挙結果を国民全員が受け入れるという民主制の原則が成立しにくい（不利な結果を受け入れたくない、軍人を含む一部の国民が力で政権を奪おうとする）ため、大統領制のもとで民主制が短命でも、それは大統領制自体の問題ではないという主張がある。また、二大政党制を取る米国のように、主要な政党の数が少なければ、大統領制は不安定になりにくいという主張もある。

無論、時代や国に応じて、民主制が持続したり崩壊したりする固有の要因が存在する可能性がある。ラテンアメリカにおける特定の事例を考察する場合は、前記で取り上げた全体的な議論を念頭に置きつつ、その事例の具体的な状況を理解し、慎重に検討する必要がある。

2……統制された民政移管

この節は、軍が民政移管プロセスを統制できた例としてブラジルとチリを取り上げる。両国の軍事政権は異なる特徴を持つが、軍は深刻な組織分裂を回避し、民主化勢力に対して一体的な対応を取ることができた。前節の内容を踏まえ、各国で移行が始まった原因とそのプロセスを解説しよう。

1⦿ブラジル――移行開始の原因

民政移管が始まる最大の原因は軍事政権の経済政策の失敗にある。石油危機における世界的な混乱を受けて、国内の石油価格は通常の三倍にまで急騰した。国内で消費される石油の約八〇パーセントを輸入に依存してきたブラジル経済にも深刻な打撃を与えた。一九六八年から始まる「ブラジルの奇跡」と呼ばれる高成長期には、毎年軒並み五パーセントを上回る成長率を記録し、一九七三年には一一パーセントにも達したが、一九七〇年代後半は概ね二パーセント程度の低い成長率にとどまった（図8-1）。

低成長が続く一九七〇年代後半、軍事政権は鉄鋼やアルミニウムなどの国内生産を増強する野心的なＩＳＩ推進事業を行った。外国の銀行からの多額の融資に一九八一年の米国の利上げが重なったことで、対外債務の負担が急激に増えた。ブラジルは同年から三年間、マイナス成長に転じた。

ブラジルの軍事政権は、他国の場合と同様に人権侵害を行ったものの、選挙を実施するなど政治的自由を限定的ながら保障した上に、高い経済成長を実現してきたことから、市民から統治の正統性を得てきた。しかし、経済成長が停滞することで、その正統性は揺らぎ始めた。全国に五〇〇〇を超えるとされるキリスト教基礎共同体が、貧困者を支援することから政治的議論の場を提供することまで、当時の体制下で恵まれなかった人に働きかけ、民政移管に向けた市民の動きを支えたことが知られている。

一方、政権を担う軍に目を向ければ、穏健派が政権の要職に就くようになったことで、民政移管へのプロセスが始まった。一九六三年にクーデターで政権を獲得した当時より、軍内にはウンベルト・カステロ＝ブランコに代表される強硬派と、エルネスト・ガイゼルをはじめとする穏健派が存在していた。当初は大統領を含む政権の要職は強硬派が占めていたが、一九七四年の選挙ではガイゼルが与党ＡＲＥＮＡの候補として選出された。ガイゼルは軍の教育機関を優れた成績で卒業し、強硬派の政権でも政府や国営企業の要職を務め、その手腕を買われて一部の強硬派からも支持を得ていた。ガイゼルは就任直後より「緊張緩和（ディステンソン）」「開放（アベルッーラ）」を唱え、民主化に向けた動きを進めることを表明した。

また、ガイゼルの大統領就任時には、強硬派と穏健派の対立に加え、深刻な指揮系統の乱れが問題となっていた。一九六〇年代に、陸軍や空軍が左翼ゲリラ対策を目的に情報機関を持つようになった。これらの機関は目的達成のために自律性の高い行動を取った上に、その行動は内密にされ、大統領や各軍司令部もその状況を把握できていなかった。

2 ⦿ ブラジルⅡ　民政移管の過程

ガイゼルが始めた緊張緩和は波乱含みのスタートを切った。強硬派は方針に反対し、上院のコントロールを失った議会もまた閉鎖を余儀なくされた（第7章）。さらに、緊張緩和を大統領が表明したにもかかわらず、軍の情報機関は左翼ゲリラの弾圧を強化した。左翼ゲリラを取り締まる方法は、政治犯として訴追するか、身柄の拘束や殺害の形で「抹殺」するかの二つに大きく分けられるが、強硬派が政権を握っていた時は「抹殺」より訴追のほうが多かったのに対し、ガイゼル就任直後は比率が逆転した。ガイゼルは任期末にようやく、議会を通じて憲法の人権規定停止を指示した一九六八年軍政令五号の廃止を実現し、これにより軍による恣意的な身柄の拘束や拷問を行うことが法律上禁止された。

ガイゼルに次いで一九七九年に大統領となったジョアン・フィゲイレドもまた穏健派であり、より徹底的に民主化を推進した。官製二大政党制の廃止を決定し、競争的な選挙を行う条件を整えた。一九八二年には議会選挙が行われ、上院では軍に近い保守政党である民主社会党（ＰＤＳ）が議席の過半数を確保したが、下院では確保に失敗した。中道左派政党であるブラジル民主運動党（ＰＭＤＢ）は上下院双方でＰＤＳに次ぐ第二党となった。

強硬派は開放の流れに反発し、一九八一年には民主化を推進する左派勢力が主催するイベントを狙った爆弾テロを起こすなど、政治情勢が緊張化する状況も現れた。しかし、フィゲイレド率いる穏健派の政権側エリートは民主化推進派と合意を重ね、民主化への歩みを固めた。まず、政治犯の恩赦を認めることで、人権侵害に関わる軍人の訴追は行わないこととされた。また、国防省を設けず、軍を文民統制に置かないことも決定し、人事をはじめとする軍の組織運営は引き続き軍が自ら決定した。さらに、民政移管後の政権では閣僚二二名のうち六名が現役軍人となるなど、民政移管後の政府の要職に現職の軍人が割り当てられた。

軍に政治的権限を認めることは憲法に関する議論にも関わる。軍事政権は一九六八年に憲法を制定し、執政・立法・司法が機能することを保障する存在として軍の役割を定めた。民政移管においては新憲法の制定が議論されなかったが、これは軍の政治的な影響力を法的に認める憲法を維持する狙いがあった。

一九六八年憲法は国会議員が大統領を選出する間接選挙制を採用していたため（第7章）、フィゲイレドの後の文民大統領も議会が決めることとなった。市民からは大統領直接選出を求める運動が起きたが、これを支持する政党は憲法改正に必要な議席を確保できなかった。間接選挙にあたり、ＰＤＳの候補者選定に異議を唱えた者が離党し、ＰＭＤＢと協力した結果、ＰＭＤＢの候補者であるタンクレド・ネベスが選出された。しかし、ネベスが大統領就任前日に病死したことから、副大統領であり、ＰＤＳから離党してＰＭＤＢに協力したジョゼ・サルネイが大統領に昇格した。

3 ⦿ チリ―　移行開始の原因

チリはアルゼンチンやウルグアイとともに、ラテンアメリカの中でも経済水準の高い国である。国家建設期には一八六〇年初頭までは保守派、九〇年代初頭までは自由派が比較的安定した体制を持ち、二〇世紀初頭には労働組合の結成に伴うポピュリズムの成長が見られた。第二次世界大戦後には急進党がその中心となったが、チリでは社会主義政党が強く、一九七〇年の大統領選挙では社会党のサルバドール・アジェンデが革新系の候補として一本化され、勝利した。選挙を通じた社会主義政党の政権獲得は世界の注目を集めた。

軍にとって、アジェンデ政権はチリの安全保障に対する脅威であった。政府の過剰な財政支出を主な原因とする物価上昇に見舞われたことも手伝い、国家の危機を解決する目的で、陸軍司令官アウグスト・ピノチェト率いる軍が米国中央情報局（ＣＩＡ）の支援も受けて一九七三年にクーデターを起こした。軍に包囲された大統領官邸にてアジェンデは自害した。

その後、ピノチェトはフンタの代表を兼任したまま大統領に就任し、一七年間政権を担った。ピノチェトは専門化の進んだチリの軍組織の中で職業軍人としてキャリアを積み上げ、軍が組織としてピノチェトの長期政権を支えた。ピノチェト政権が官僚主義的権威主義とも、個人支配体制とも評価されるのはこれが理由である（第6、7章）。憲法は停止され、政党の活動も禁じられた。

ピノチェト政権は発足直後より政府主導の開発戦略を転換した。貿易の制約を解き、企業に対する課税を抑えるなど、民間企業の自由な活動の余地を高めた。政府支出も抑制し、石油危機によってアジェンデ政権時からさらに悪化した物価上昇に対処した。図8-1にある通り、アジェンデ政権期の失策と石油危機もあり、ピノチェト政権成立の前後は不況にあったが、一九七〇年代後半に経済は持ち直した。

しかし、一九八〇年代に入るとチリは再び不況に見舞われた。チリの場合、外国からの融資は主に民間企業に流れる一方、貿易の自由化で輸入品に市場を奪われた製造業企業の倒産が相次ぎ、一九八一年末から数多くの金融機関が経営危機に陥った。ピノチェト政権が政府の介入を減らす自らの方針を曲げて、金融機関の救済に乗り出すほどに状況は深刻であった。軍事政権やその支持者は不況の原因は国外にあると唱えるも、市民の間では政権に対する批判が高まった。

軍事政権への批判は人権侵害の問題に深く根差している。ピノチェト政権はクーデター以降、アルゼンチンと同様に反政府勢力を厳しく弾圧した。政治的な理由による死者は推計で三万人を超え、それを上回る数の市民が逮捕や拷問を経験した。一〇〇〇万人程度の総人口にあって、実に二〇万人もの国民が国外に逃れた。死者や逮捕者は一九七三年から七六年までに集中しており、ピノチェトはアジェンデ政権時において分極化した社会を統合することだけでなく、新自由主義が経済を安定させる効果が出るまで、政府に抗う政治活動を抑え込む狙いを持っていた。

軍事政権は軍内に意見の対立や利権争いをもたらし、軍の一体性を弱体化させるが、チリの場合は状況が異なる。軍は組織的にピノチェトの個人支配を認めており、ピノチェトの差配による軍や政治の一体的な運営が進められた。大統領を批判する将校は早々に解任され、ブラジルで統制が困難となった情報機関もまた大統領個人の管理下に置かれていた。さらに、以下で説明するように、ピノチェトは民政移管を非常に早い段階で表明し、統治の根拠を揺るがさないよう先手を打つ形で移管に向けたペースを自ら作り出すことに成功した。

4 ⦿ チリII　民政移管の過程

ピノチェト政権の民政移管表明は就任から四年後の一九七七年に出された。物価上昇の抑制と反政府勢力の弾圧を進め、経済の安定と社会主義勢力に対する統制を実現したタイミングでの発表であった。ただし、民政移管はいつまでに、どのような体制で実現するかに関する具体的な計画は示されなかった。

この直後、ピノチェトは自らの体制が民主的な正統性を持つことを示すべく、一九七八年と八〇年に国民投票を二度実施した。言論は統制されており、選挙運営自体も透明性を欠いていたため、結果が民意を反映しているとは言い難いが、いずれも七割前後の賛成票を得た。とりわけ、一九八〇年の国民投票では、かねてより軍が準備してきた新憲法案が発表され、その承認を求めるという形式が取られた。憲法には、①大統領の任期は八年で、②最初の大統領はピノチェトとし、③ピノチェトの任期が終わる前に軍が次期大統領を指名し、国民投票で信任を諮り、④信任が否決された場合はピノチェトが任期を一年伸ばして大統領選挙と議会選挙を実施する、という民政移管に向けた条文が付されていた。

憲法制定後に経済危機がチリを襲うと、市民の政治的自由を徐々に認める動きが見られた。一九八三年には内務省が民政移管に向けて主要な左派の政治家と協議を始めた。検閲は緩和され、亡命していた左派政治家も帰国が認められた。左派の新党がこの時期から結成され、それに対抗して軍を支持する新党も登場した。政府を批判する大規模な抗議行動も見られるようになった。左派活動家の一部は武装蜂起による軍事政権の打倒や大統領の暗殺を図ったが、いずれも失敗に終わり、民政移管のペースは乱されることがなかった。

次期大統領の選定に向けた法的整備も進められた。選挙管理や政党登録にまつわる法律が準備され、当初の予定通りに国民投票が一九八八年に実施された。ピノチェトは軍内の反対を押し切り、大統領の候補者となったが、信任を問う国民投票では賛成と反対の双方の陣営で活発な選挙運動が行われたすえ、今回は否決票が五六パーセントを獲得した。これに伴い、総選挙が実施され、中道左派の政党連合であるコンセルタシオンのパトリシオ・エイルウィンが勝利を収めた。

国民投票によるピノチェトへの不信任から総選挙実施まで、軍事政権と政党は緊密に交渉した。議論の焦点は政治的自由の制限や軍の優越的地位にまつわる規定を持つ一九八〇年憲法の扱いにあった。憲法は民政移管の前後で改憲の条件が異なり、移管前なら軍の一部からの支持で改憲が可能であったため、政治家が交渉を急いだ。エイルウィンら穏健派は、社会党ら強硬派が求める憲法の全面改正を追求すれば、軍の同意が得られないことを懸念した。一方、軍においてはピノチェト体制の継続に否定的な軍人が穏健派を構成し、一部改憲に協力することで全面改憲の可能性を断ち、軍の影響力を民政移管後にも残すことを期待した。穏健派の軍人は保守派政党と協力して、交渉に臨んだ。

改憲案は双方の思惑をくんだものとなった。軍は保守政党の早期政権獲得を期待して大統領の任期を四年に短縮することを実現する一方、ピノチェトを含む長期在任の元大統領や陸海空軍の元司令官に与えられた上院議員枠を維持した。さらに、軍の代表者が参加する政府組織である安全保障委員会に対して与えられた、最高裁判所判事の任命権など多様な権限が維持された。一方、民主化推進側は、思想の内容を理由に政治運動や政党を憲法違反とする条項や、市民団体のリーダーが政党に所属することを禁止する条項の廃止や、人身保護の尊重といった政治的自由の保障を勝ち取った。憲法改正案は総選挙前の国民投票によって可決された。

憲法に関わらないところでも、軍に有利な制度が残った。ピノチェト政権は民政移管後の人権侵害追及に備え、任期末に人権侵害を侵した軍人に恩赦を与える法律を制定した。また、チリの主力輸出品である銅から得た政府収入の一部は軍の予算に割り当てられた。ピノチェト自身も、大統領を辞任した後は陸軍司令官を務め、軍内での影響力を維持した。

3……混乱した民政移管

ブラジルやチリでは、民政移管が比較的混乱の少ない形で進んだ。これに対し、軍事政権側と民主化推進側の急進派の行動が契機となって、軍事政権末期の政情が非常に混乱した場合もある。この節では、その例としてアルゼンチンとボリビアを取り上げる。

1 ◉ アルゼンチン—— 移行開始の原因

一九七六年に登場した第二期の軍事政権は、ポピュリズム政党である正義党政権を倒し（第6章）、過度な財政支出に起因する物価上昇を抑えるため、従来の政府主導の開発戦略を転換した。しかし、チリに比べればその度合いは不徹底であった。一九七〇年代後半は主に民間に、一九八〇年代前半は赤字の国営企業など政府部門に国外からの融資が流入し、対外債務の負担が大きくなった。

不況に加え、深刻な人権侵害は軍に対する市民の支持を損ねた。「汚い戦争」による死者・行方不明者の総数は二万人を超えると推計される。姿を消した家族を発見し、その責任を追及すべく集結した「五月広場の母たち」の運動をはじめ（第10章）、政府への抗議運動は第二期の軍事政権が始まった早い段階から見られた。

軍内部での組織的な統率も困難になった。一九七六年に陸軍将校ホルヘ・ビデラが大統領になることに対して空軍と海軍が留保をつけたように（第7章）、軍事政権において陸・海・空軍は共同の統治者である以上に、政権内の意思決定や要職をめぐって対立するライバルであった。政府や国営企業のポストを軍人に配分する際には三軍間の平等が配慮されたが、相互の関係は緊張を含んだものとなった。

さらには同じ所属の将校同士の対立も生じた。その象徴的な事件として、ビデラの後に大統領となったロベルト・ビオラをめぐる軍内の動きがある。ビオラは経済自由化のさらなる推進を唱える一方、弾圧の対象としてきた主要政党や労働組合などの市民組織と接触を図り、市民社会と協調的な関係を作ることを目指した。これに対しては、海軍に加え、のちにビオラを継いで大統領となる陸軍将校のレオポルド・ガルティエリが反対していた。経済が不調に陥り、ビオラの政権運営が疑問視される中、ガルティエリは海軍の協力を得てフンタを動かし、フンタはビオラの解任とガルティエリの大統領指名を決定した。ガルティエリは陸軍で意思を統一する従来のルールを破ってしまったと言える。

最後に、軍事政権の支持基盤である企業層や地主層もまた、軍の政治運営に疑問を持つようになった。貿易の自由化は、輸入品と競争する力があるか否かに応じて、これらの層の軍に対する支持を分断した。また、ビオラは経済自由化の一環として為替制度を頻繁に変更し、企業活動を行う上での不安定さを印象づけた。

2⦿アルゼンチンⅡ　民政移管の過程

軍事政権が直面する様々な課題を解決するにあたり、強硬派の立場を取るガルティエリは外国との戦争を行うという手段を取った。戦争によって、軍事政権に対する市民の不満をそらし、政府のもとに市民を団結させる効果が期待された。さらには、三軍が共同で行動する機会を作り出し、軍の結束を固めることにつながるという目論見もあった。

戦争の相手はイギリスであった。アルゼンチンはかねてより、大西洋に浮かぶマルビナス（フォークランド）諸島の領有をめぐってイギリスと対立していた。同諸島はイギリス国民が在住してきたが、アルゼンチンは一九世紀から領有権を主張していた。ガルティエリの大統領就任以前からマルビナス諸島の奪還に関する構想は軍内に存在しており、ガルティエリもまたそれを支持していた。そして、この構想は一九八二年四月に実行に移された。

軍事行動に踏み切ったことは、当時の軍が勝算を見出していたことを意味する。第一に、ラテンアメリカの軍事政権を支援してきた米国がアルゼンチンに味方することが期待された。また、マルビナス諸島はイギリス本国から非常に遠くにある上に、経済的な面でもイギリスにとって重要ではないことから、イギリス軍の反応は遅いであろうことが見込まれた。しかし、この見通しは外れ、米国はイギリスを支援し、イギリス政府は速やかに大規模な軍を派遣して、一〇週間にわたる戦闘の後、アルゼンチンを降伏させた。ガルティエリは降伏から三日後に大統領を辞任した。

後任の大統領をめぐる人選は三軍の間で決裂した。この結果、フンタは解散され、陸軍が退役した将校であるレイナルド・ビニョーネを指名した。ビニョーネは就任早々に一九八四年初頭の民政移管選挙を約束したが、即時民主化を求める大規模な抗議行動が発生した。政権運営から離れた空軍と海軍も陸軍主導の政権を支持せず、ビニョーネは選挙を一九八三年一〇月に前倒しすることを決定した。

選挙前倒しの決定直後、軍人の人権侵害が民政移管後に追及されないよう、政府は軍事政権下での人権侵害を赦す政令を発表した。民主化を推進する勢力はこのことに合意しておらず、民政移管選挙で勝利した急進党のラウル・アルフォンシンは人権侵害の責任を追及することを約束した。かくして、軍は民主化推進勢力と緊密な交渉をすることなく、自らの政権を持続させることに失敗し、政権を文民に譲り渡した。

3 ⦿ ボリビア— 移行開始の原因

南米中央部に位置するボリビアは豊富な鉱物資源を抱え、植民地期においてはペルー副王領の経済的な中心であった。独立後は欧米との活発な貿易が乏しく、オリガルキー政党による支配が長らく続いた。こうした保守的な政治の転機となったのが一九五二年の内戦である。ポピュリズム政党である国民革命運動（ＭＮＲ）が鉱山労働者らの支持を得て蜂起し、軍を破って政権を獲得した。

MNR政権は国営鉱業公社のもと主要鉱山を国有化し、大規模な農地改革を実施したことに加え、労働組合の頂上団体に行政ポストの一部を確保するなど、広範な改革を行った。また、普通選挙権は保障されたが、野党勢力に対する政治活動は厳しく制限された。さらに、革命後に軍を再編成する際、内戦で敗れた軍人を登用する傍ら、武器を労働者や農民に渡して民兵隊を作り、旧軍に依存しない体制を作ろうとした。

MNR政権では発足当初から、鉱業公社の非効率な経営などにより経済が不調であり、政府主導の開発戦略をめぐってMNR内部で激しい対立が起きた。とりわけ、発言力の強い労働組合は政府による経済介入のさらなる強化を唱え、これを脅威とみなした軍が一九六四年にクーデターを起こした。

軍事政権は断続的に一九八二年まで続いた。軍の組織化は不十分であり、軍人が政権を取り合い、政府の性格も個人の考え方に従い大きく異なった。一九七一年にクーデターを起こし、のちにコンドル作戦で暗殺されたフアン＝ホセ・トーレス将軍は（第7章）、労働組合や農民組織と連合した革新的な政権を作ろうと試みた。これに対し、翌年に政権を奪ったウゴ・バンセル大佐は農民と労働者には冷淡であり、アグロビジネスを含む企業層の利益を優先する姿勢を取った。

バンセル政権はそれ以前の軍事政権と異なり、政府に対する抗議行動を弾圧するのみならず、反政府的な言動を行う者を日常的に厳しく監視した。一方、石油やスズなどの天然資源や綿花など農産品の輸出は好調で、石油危機の影響を除けば、景気は良好だった。同時に、国外からの多額の融資もバンセル政権期に流入した。

ところが、一九七〇年代後半にバンセル政権に逆風が吹き始めた。一九七七年、米国にカーター政権が登場し、深刻な人権侵害が見られるバンセル政権に批判的な態度を取った。同じ時期に経済も不況に向かい、一九七八年には軍事政権発足から初めてマイナス成長に陥るなど、政権は前例のない苦境に立たされた。時を同じくして、革新的なカトリック聖職者の支援を受けた大規模なハンガーストライキが発生するなど、政権に対する市民の不満も顕在化した。

政権が厚遇していたとされる企業層にも変化が生じた。バンセルは企業家全体の意見を集約するのではなく、個人的につながりのある一部の企業家とのみ協力関係を築いた。この狭い人脈の中で税制など企業活動にまつわる政策を決めていたことに不満を持たれるようになった。

さらに、バンセル政権末期から政情が不安定になるにつれ、軍の強硬な姿勢が左派勢力の強い反発を生み出しているのではないかと疑問も持たれるようになった。これは多様な意見を表出できる民主制のほうが左派勢力の急進化を抑えられるという考えに基づく。

4 ⊙ ボリビアⅡ　民政移管の過程

一九七八年にバンセルが民政移管を宣言し、一九八二年にそれが完了するまで、ボリビアの政情は不安定を極めた。バンセル政権が民政移管選挙を一九七八年に実施してから登場した大統領は表8-2の通りである。四年の間に実に一〇回もの政権交代を経て、文民大統領であるエルナン・シレスが就任した。

民政移管の過程では、バンセル政権下で実施されたものも含め三回の大統領選挙が実施された。いずれの選挙でもMNRを長年率いていた二人の政治家であるビクトル・パスとシレスが、それぞれ中道右派と中道左派を代表して争い、それにバンセル派の軍人（二回目以降はバンセル本人）が加わる対立の構図を取った。一回目の選挙では、バンセル派の軍人であるフアン・ペレダが勝利するも、選挙不正を理由に結果が取り消され、それに不満を持ったペレダがクーデターを起こした。

就任日	大統領	前職	就任の手段
1978. 7. 21	J. ペレダ	空軍将軍	総選挙後、クーデター
1978. 11. 24	D. パディジャ	陸軍将軍	クーデター
1979. 8. 8	W. ゲバラ	政治家・上院議長	総選挙後、議会が指名
1979. 11. 1	A. ナトゥシュ	陸軍大佐	クーデター
1979. 11. 16	L. ゲイレル	政治家・下院議長	大統領辞任後に昇格
1980. 7. 17	L. ガルシア	陸軍将軍	総選挙後、クーデター
1981. 8. 4	（フンタ）	陸海空軍司令官	クーデター後に軍が組織
1981. 9. 14	C. トレリオ	陸軍将軍	フンタが任命
1982. 7. 21	G. ビルドソ	陸軍将軍	フンタが任命
1982. 8. 6	H. シレス	政治家	1980 年選挙で勝利

表 8-2　ボリビアの大統領〈1978～1982 年〉

一九七九年に実施された二回目の選挙では、過半数の得票を得た候補者がいなかったことから、憲法に従い議員の投票で決めることになったが、ここでも過半数の得票が得られず、上院議長が暫定大統領を務めることになった。

その翌年に実施された三回目の選挙では、勝利を収めたシレスが人権侵害や汚職など軍の違法行為の責任を今後追及することを宣言し、それに反発した強硬派の軍人であるルイス・ガルシアがクーデターを起こした。

ガルシア政権では民主化勢力への弾圧と政権関係者による汚職が最高潮に達した。例えば、政府が管理している天然資源を企業に採掘させ、企業が採掘量に応じてフンタを構成する軍司令官に金銭を支払うなど、多様な生産活動に軍が介入した。これに伴い、市民のみならず、シレスの大統領就任に否定的であった軍人さえも軍事政権を維持することに懐疑的になり、民政移管に前向きな態度を取るようになった。ガルシアに対して別の軍人がクーデターを起こした後、強硬派のセルソ・トレリオが大統領となったが、フンタに対する軍内の批判は強く、フンタは再度大統領を代えて、三回目の選挙の結果を尊重する形で民政移管を実現した。

〔コラム〕

パラグアイ

パラグアイは三五年もの間、アルフレド・ストロエスネル将軍による個人支配を経験した。これは南米の軍事政権でも最長である。この体制は、軍と与党コロラド党とが一体化したものである。コロラド党に入党の意思を示さなかった将校は軍から追放され、党員はストロエスネルに忠誠を示すことで公職を得るなど、互恵的な関係が独裁体制を支えた。しかし、長期にわたる政権も一九八九年二月に終わりを迎えた。自らの部下であるアンドレス・ロドリゲス将軍がクーデターを起こした結果、ストロエスネルはブラジルに亡命し、のちに文民の大統領が選出されて、軍事政権は終わりを迎えた。

ストロエスネル政権の崩壊もまた構造的な要因と短期的な要因に分けられる。地主層を主な支持基盤としていたコロラド党は、長期的な支配を通じ、政府の公共事業を担う建設業関係者や公務員など、政府と経済的な結びつきの強い層を新たな支持基盤として持つようになった。一九八二年から二年連続でマイナス成長を記録すると、新旧の支持基盤を代表する勢力が党の主導権をめぐり対立した。党の主流をなす勢力は伝統派、新興の支持基盤を代表する勢力は行動派と呼ばれた。さらに、一九八〇年代後半にはストロエスネルの年齢が七〇歳を超え、大病を抱えるなど心身の衰えは著しく、党内の対立も調整しなくなった。

行動派はのちにコロラド党を支配し、政府を通じて軍に介入して、自らの派閥が有利になるように将校の人事や組織編成を試みた。これに反発したストロエスネルの右腕と言われるロドリゲス将軍は一九八九年にクーデターを起こし、政権を掌握した。ただ、ロドリゲスはストロエスネル同様の強権的な体制を継続せず、民政移管に向けて動いた。まず、コロラド党から行動派を追放し、自ら総選挙の実施を宣言して、同党の候補者として当選を果たした。その後、ストロエスネルが制定した憲法の改正に着手し、一九九二年に新憲法が公布された。ロドリゲスは一九九三年まで大統領職を務めた後、党にその後の政治の運営を任せて政界から退いた。

第9章

民主制への展開
中米

国	軍事政権の終了年と移管の形態		民主制の成立年
グアテマラ	1985	民政移管選挙	1994
エルサルバドル	1984	民政移管選挙	1994
ホンジュラス	1981	民政移管選挙	1983
ニカラグア	1979	内戦における反政府運動の勝利	1989
パナマ	1989	民政移管選挙と米軍の介入	1991

表 9-1　第三の波における中米諸国の民政移管

（注）「民主制の成立年」は体制スコアが0.4に達した年。コスタリカはこの時期に軍事政権を持たなかった。

第8章では一九八〇年代を中心に南米諸国で民政移管が実現したことを説明した。この章では、南米よりも民政移管が総じて遅れた中米諸国を扱う。

中米の事例は南米の事例とは二つの異なる特徴を持つ。第一に、政府とゲリラが双方とも国外から支援を受け、激しく武力で衝突した例が多かった。第二に、軍が政権を離れ、民政移管が実現しても、紛争が原因となって民主制とは言えない体制が続くことがあった。各国の概況は表9-1の通りである。

一九八〇年代は国際政治における激動の時代であった。緊張緩和が進んでいた冷戦下の米国とソ連の関係は、一九七九年に起きたソ連のアフガニスタン侵攻により一気に緊張を増した。しかし、一九八五年にミハイル・ゴルバチョフがソ連の最高指導者になると、ソ連の政治体制に変化が生じ、その帰結として一九九一年にはソ連自体が崩壊し、冷戦が終わりを迎えた。

ソ連では第二次世界大戦の前後にわたり、ヨシフ・スターリンの強い指導のもと、政権に反対する者に厳しい弾圧がなされるとともに、政府があらゆる生産を管理する計画経済が確立された。スターリンが一九五三年に死去すると、ソ連共産党は複数の政治家による集団指導体制を取り、政治や経済に対する統制が緩められるようになった。最高指導者の方針により、緩和の対象や程度は大きく異なるが、中でもゴルバチョフの改革は大胆なものであった。

計画経済では、政府の決めた計画の実現が優先され、企業が創意工夫を行う意欲が削がれるなどの問題があった。一九八〇年のソ連の経済水準はメキシコとほぼ同程度であり（第1章）、米国に大きく水をあけられていた。そこで、ゴルバチョフは非国営の企業活動を認めるなどして、経済の活性化を図った。さらに、緩和の方針は政治面にも及び、政府の活動に関する記録を公開するなどして、政府と市民が共有できる情報を増やすことが試みられた。そして、国内の自由を高めると同時に、国家に多大な負担を強いてきた背景である米国との対立関係を終わらせるよう、外交の方針を転換した。

計画経済による低調な経済水準と市民の政治的自由の保障は、市民による強力な反政府運動を促した。ソ連の強い影響力のもと社会主義国家を運営してきた東欧諸国では、一九八九年のポーランドを皮切りに一党支配体制が終わった。東欧の民主化が進むさなか、ゴルバチョフは一九八九年一二月に、ロナルド・レーガンに次いで米国大統領となったジョージ・ブッシュとマルタ島で会談し、冷戦の終結を宣言した。そして、一九九一年にはソ連を構成する共和国が独立を宣言するとともに、ソ連の中核となる国家であるロシアが大統領を選出し、ゴルバチョフがソ連の大統領の座を退いたことで、ソ連もまたその歴史に幕を閉じた。

1……崩壊の要因

南米の民政移管を扱った前章と同様、中米諸国において民政移管が進んだ原因を確認しよう。中米諸国の民政移管は国際的な紛争へと発展したグアテマラ、エルサルバドル、ニカラグアの三か国（紛争三か国）では共通の流れが見られるが、それ以外の国では各国固有の事情が作用している。以下では、紛争三か国の事例を中心に解説する。

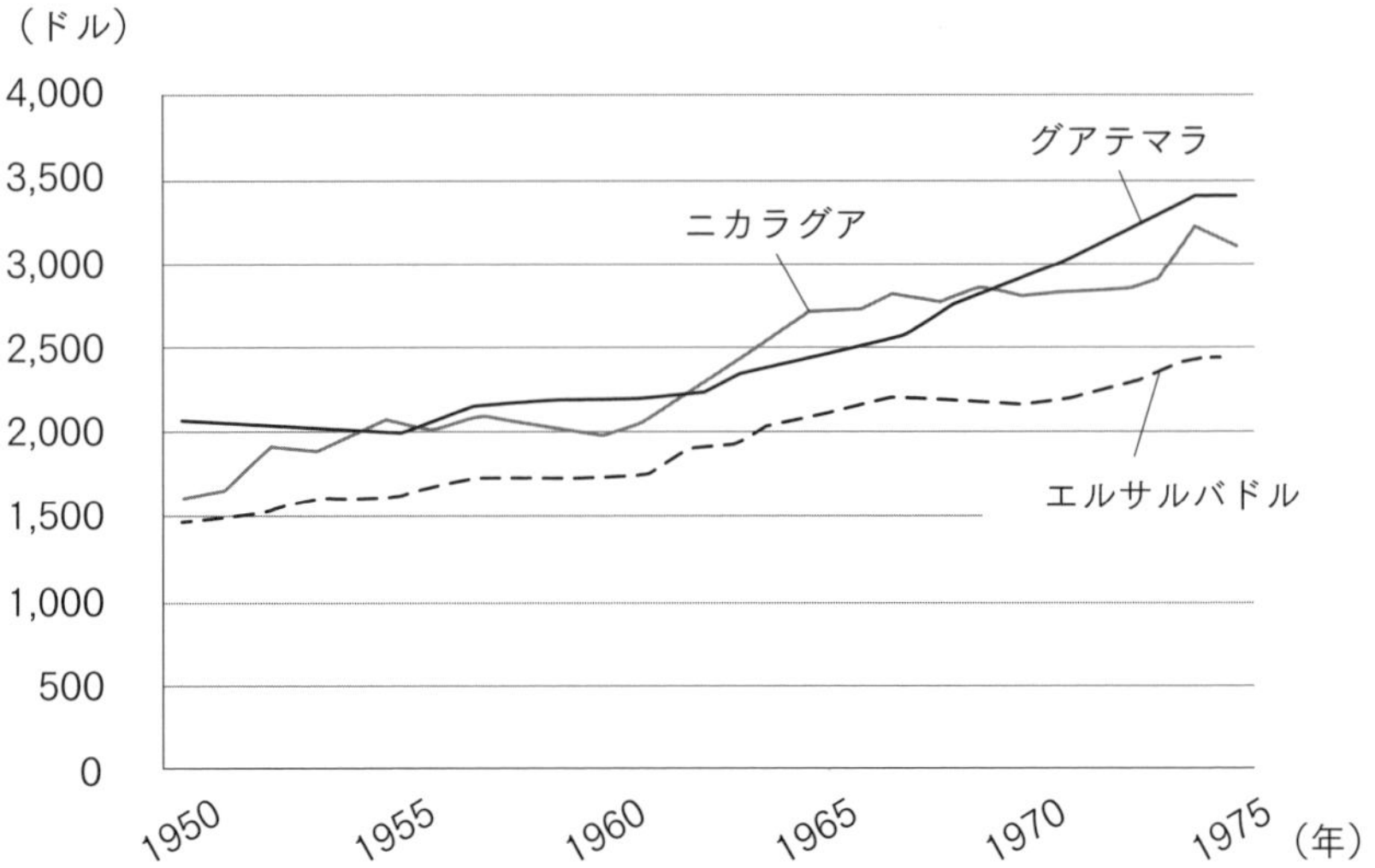

図 9-1　紛争 3 か国の 1 人あたり GDP〈1950〜1975 年〉

1 ⦿ 経済の変化

冷戦期の軍事政権のもと、中米諸国の経済は成長を遂げた。図9-1は紛争三か国の一人あたり国内総生産（GDP）の推移を示している。冷戦初期の一九五〇年に比べ一九七五年までに各国の水準は概ね五割増から倍増となった。ただし、南米諸国に比べれば、三か国で最も高いグアテマラでもペルーと同等であり、ブラジルやアルゼンチンなどには及ばなかった。

経済成長の原動力は、欧米諸国の経済成長に伴いコーヒーや綿花などの農産品が好調に輸出されたことにあり、工業化は十分には進まなかった。人口の少ない中米諸国では、輸入代替工業化（ISI）に必要な規模の経済が働かないため（第5章）、中米諸国間の関税を撤廃し、消費者を国外に広げる共同市場を設けることが図られた。これは一九六〇年代に実現し、食品加工業をはじめとする製造業の成長が見られたが、一九六九年にエルサルバドルとホンジュラスで国境をめぐる紛争が発生したため、中止に追い

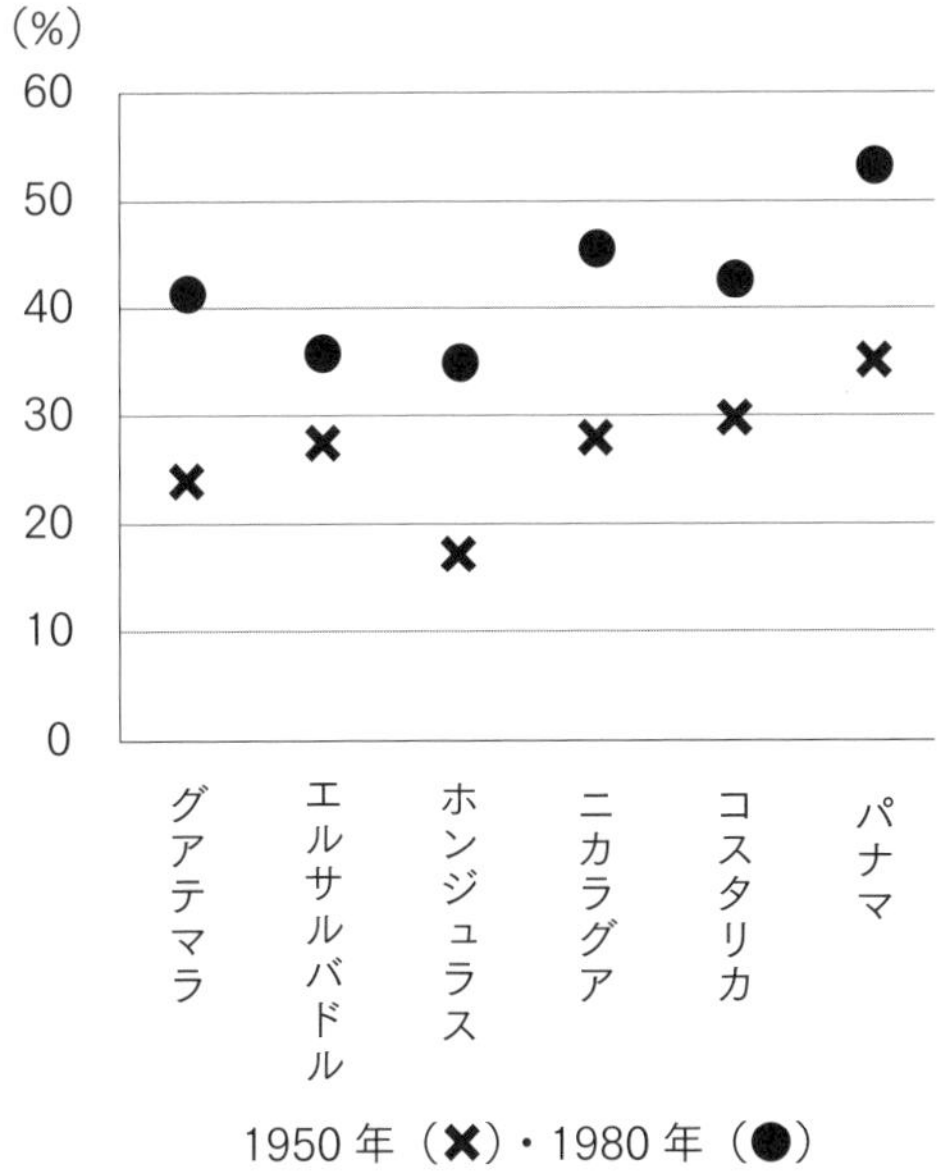

図 9-2　冷戦期中米諸国の都市人口比率

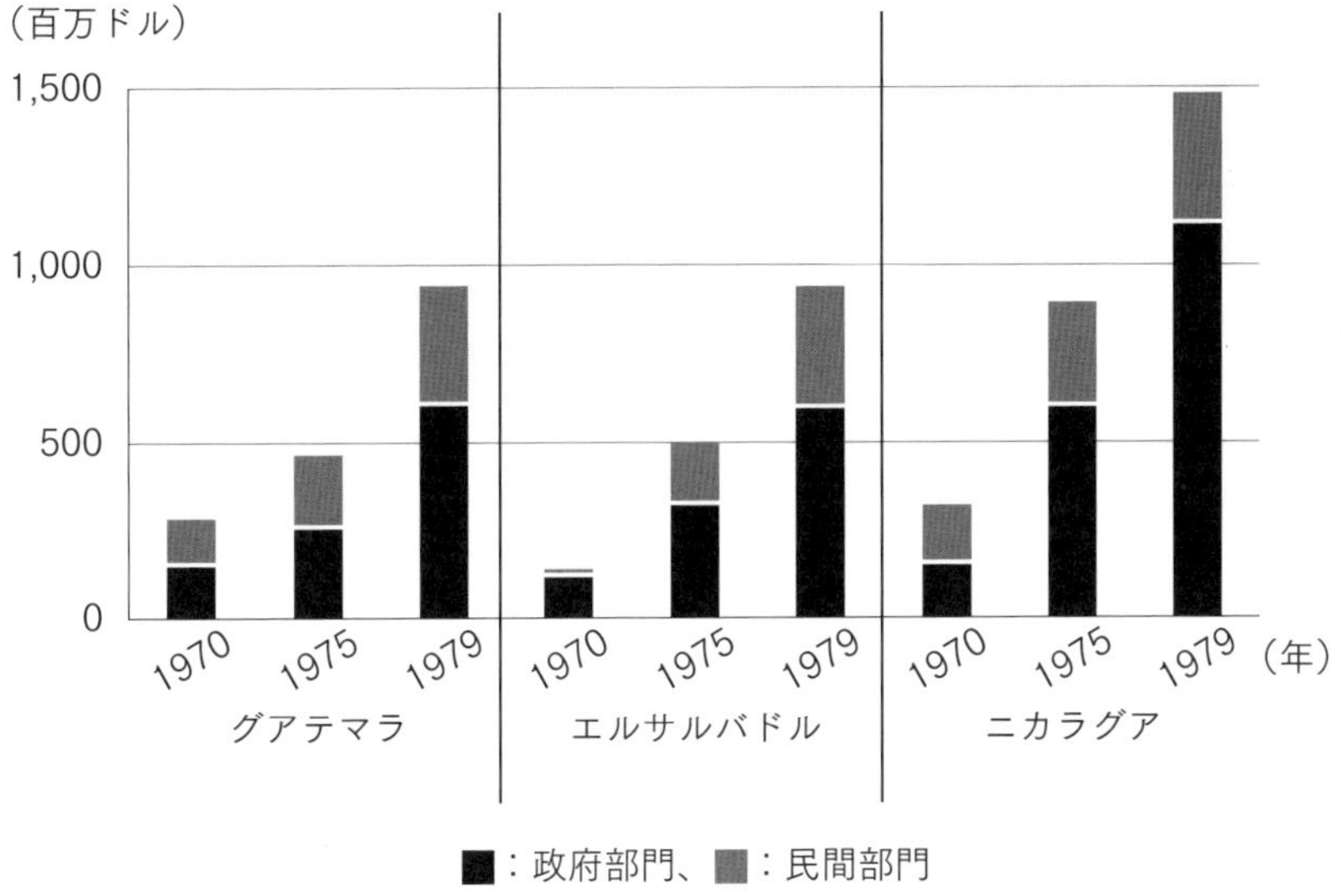

図 9-3　紛争 3 か国の対外債務

込まれた。

経済の成長に伴い、都市化も進んだ。各国の全人口に対する都市人口比率は一九五〇年には二〇パーセント前後であったのに比べ、一九八〇年にはほとんどの国で四〇パーセント前後に達した（図9-2）。これは、代表的なポピュリズムとして第5章で扱った第二次世界大戦前後のペルーやブラジルと同等ないしそれ以上の水準であり、保守的な政治に批判的な傾向のある都市住民層が厚みを増した。

最後に、南米諸国を苦しめた債務問題は中米諸国にも及んだ。第一次石油危機以降、各国に海外からの融資が流入し、一九七〇年から七九年末までに対外債務は急増した（図9-3）。ニカラグアのように政府部門に債務が多い場合もあれば、エルサルバドルのように政府と民間が同程度に債務を抱えている場合もあったが、いずれの場合も各国の経済に大きな負担となった。

2 ⊙ 正統性の低下

紛争三か国の民政移管は政府と左派ゲリラの対決という構図を取った。ゲリラ組織の起源は都市部知識人らによる反政府運動にあり、キューバ革命の成功によって組織の結成が促された。組織目標が軍事政権の打倒に加え、その後に社会主義政権を樹立することにあるのかは組織や時期によって異なる。

軍事政権下における市民の生活は問題を多く抱えていた。経済水準は低く、各国には貧困が根強く残っており、石油危機の影響などで不況に見舞われると、政府に対する批判も強まりを見せた。政府による汚職と人権侵害も深刻であり、とりわけ政府に反対する市民への弾圧は、パラミリタレスと協力の上、徹底的に行われた。反政府運動は政府に武力で抵抗する目的で生まれたものである。

中米左派ゲリラの代表と言えるのがニカラグアのサンディニスタ民族解放戦線（ＦＳＬＮ）である。ＦＳＬＮはニカラグアの米国占領において反政府運動を率いたアウグスト・サンディーノの名前を取り、米国の支援を受けつつ長期独裁を実現したソモサ家の支配と戦った（第６章）。主なメンバーはニカラグア内外にいる反政府活動家であり、社会主義の実現を目指すか否かはメンバー間に差があった。

中米でこの時期に見られた都市化は、ゲリラ組織に参加する人を供給することにもつながった。ＦＳＬＮの場合、当初はキューバ革命軍の作戦を模して、農村部に活動の拠点を置いたが、勢力の拡大に失敗した。その後、リーダーが逮捕され、新聞などでＦＳＬＮの存在が報じられるようになると、ソモサ政権に不満を持つ学生らがＦＳＬＮに参加するようになった。

南米と同じく中米でも、カトリック教会による反政府運動は一定の影響力を持った。ニカラグアではキリスト教基礎共同体が一九六〇年代末より首都マナグアなどで活動した。エルサルバドルではニカラグア以上にカトリック教会の動きは活発であり、基礎共同体に加え、カトリック系の私立大学も政府批判を展開した。

政府内部の対立も軍事政権を脆弱にした。典型はグアテマラであり、軍の組織化は不十分で（第６章）、軍人の間で政権の争奪が行われた。これは政権そのものを目的とした争いである場合もあれば、政治の方針をめぐる対立である場合もあった。すなわち、軍人の中には社会保障制度の導入などポピュリズムに寄った改革を主張する者もいれば、そのような改革に無関心な保守的な者もいた。グアテマラの対極にあるのはニカラグアであり、ソモサ家を支持するエリートによって政府が固められ、安定した政権基盤を持っていた。エルサルバドルは両者の中間にあり、軍が一党支配を実現したものの、軍人間の対立の調整は完全にはできなかった。

いずれの国においても、政府は反共産主義の姿勢を取り、各国の経済を司る企業層や地主層の利益を守る姿勢を取った。企業層や地主層もまた、左翼ゲリラに財産を脅かされないよう軍を支持するのが一般的であった。ただし、軍の政策次第では両者の関係に亀裂が入ることもあった。例えば、エルサルバドルでは軍人が社会保障の導入にあたり企業に負担を求める政策を求めることがあった。また、グアテマラでは、軍が国営企業の活動を優先し、民間企業のビジネスの機会を奪うことがあり、企業層の強い不満を招いた。

3 ⦿ 冷戦の終わり

紛争の解決には当事者である政府とゲリラが和平合意を結ぶことと同時に、紛争の事実上の当時者となっている米国が和平合意を認めることが必要であった。紛争三か国の軍事政権はいずれも反共産主義を掲げ、米国もまたこれらの政権を支持し、多額の援助を与えてきた。援助は、農村開発をはじめとする経済分野に限らず、対ゲリラ対策に関する軍人の訓練や武器の供与など軍事的な分野も含まれた。

一九七〇年代後半より米国ではジミー・カーター、レーガン、ブッシュという三人の大統領が登場し、それぞれの特徴が紛争三か国の関わり方にも表れた。まず、カーターは人権外交を展開し（第8章）、軍事政権の人権侵害を批判する一環で、一部の軍事支援を凍結した。これに対し、反共産主義の姿勢を強めたレーガンは、左派ゲリラと対峙する各国の政権側を積極的に支持した。

三か国の紛争はブッシュ政権期に終わりを迎えたが、ブッシュはレーガンほど中米に強い外交上の優先順位を置いていなかった。ブッシュはレーガン政権における副大統領であり、反共産主義の姿勢をレーガンと共有していたものの、ゴルバチョフと冷戦の終結を宣言するなど、レーガンに比べれば柔軟な外交方針を持っていた。中米においてもまた、和平交渉の進展を基本的には支持した。

（コラム）

米軍のパナマ侵攻

米国の対中米外交は、ブッシュ政権のほうがレーガン政権よりも全体的に穏健であった。しかし、ブッシュ政権が強硬さを見せた例もある。一九八九年一二月から翌月にかけて、ブッシュ政権は軍をパナマに派遣した。

パナマでは、オマール・トリホス率いる国家警備隊が実質的に政権を掌握する体制が続いた（第6章）。一九八一年にトリホスが飛行機事故で死亡すると、政府の情報機関を率いていたマヌエル・ノリエガ将軍がトリホスに代わり政権を支配した。パナマ運河はトリホス政権時に米国からの返還が合意されたものの、米軍基地が引き続き置かれるなど、依然として米国の地域安全保障の要であった。パナマ政府もまた米国と緊密な関係を維持し、米国も多額の経済・軍事援助をパナマに提供した。

ところが、ノリエガはのちに米国にとって歓迎されない支配者となった。これは、米国が一九八〇年代より注力した麻薬取り締まりに関わる。主な麻薬であるコカインは南米で生産され、中米カリブ地域を経由して米国の消費者に届くため、米国政府はラテンアメリカ各国で麻薬撲滅に向けた働きかけを行っていた。ところが、ノリエガはパナマを経由する麻薬輸送に協力し、多額の見返りを受け取っていることが指摘された。米国議会はノリエガへの援助を問題として取り上げ、レーガン政権もノリエガに対し指導者の地位を離れるよう求めたが、ノリエガはそれに応じなかった。

米国でブッシュ政権が発足した後、一九八九年五月に大統領選挙がパナマで実施された。従来の選挙と同様、ノリエガが支持する政党が勝利することが見込まれていたが、選挙に参加した野党は開票の不正を指摘し、選挙の無効を訴えた。野党候補者であるギジェルモ・エンダラは米国大使館に身を寄せ、自らが正統な大統領であることを宣言した。そして、ノリエガに反対する街頭での抗議運動に巻き込まれて米国民が死亡したことを理由に、ブッシュ政権はパナマに軍を派遣し、ノリエガを捕らえた。

パナマの事例の特異性は、麻薬取引が米国の軍事侵攻の原因となった点にある。しかし、米国が自らの判断で他国の政治に軍事的な介入をしたという意味では、二〇世紀前半の米国と差はない。米国のパナマ侵攻は国際的に大きな問題とされ、国際連合や米州機構はこれを非難する決議を採択した。

2……紛争の国際化

紛争三か国ではどのように民主化をめぐる紛争が国際化したのか。まず、紛争の起点となったニカラグアの状況を取り上げる。そして、ニカラグアの動向が影響を与えた残りの二か国について説明する。

1 ⦿ ニカラグア

一九三八年から七九年まで四二年間もの個人支配体制を作り上げたソモサ家は盤石の体制を有していた。米軍のニカラグア占領時に組織された国家警備隊を率いるアナスタシオ・ソモサは反共産主義の立場を表明しつつ、米国と密接な関係を築いた。同時に、ソモサに反対する政治勢力に対しては、厳しい弾圧を加えるのみならず、行政のポストを与えるなどして政権の支持勢力に取り込むことにも成功した。さらに、当時のカリブ諸国の個人支配者と同様（第8章）、ソモサ家は土地や企業など莫大な資産を蓄積した。

一方、一九七〇年代までに都市化が進むとともに、反政府ゲリラであるＦＳＬＮも組織され、政府に批判的な勢力が顕在化した。これらの勢力が積極的に反政府の動きを取る引き金となったのが、一九七二年の大地震であった。首都マナグアを中心に数千人もの死者が出る深刻な被害が生じたが、政府の対応は不十分なものであった。とりわけ、国外から到着した大量の援助物資がソモサ家とその支持者に偏って分配されたことが指摘され、国民の不満をあおった。

ＦＳＬＮは政治家や企業家、国家警備隊員らを誘拐し、身代金の取得や逮捕されたゲリラの釈放を求めるなどして、活動に必要な資金や人員を確保した。一方、野党や一部新聞が政府を公然と批判するようになった。政府は一九七五年に戒厳令を下し、反政府活動の取り締まりを強化したが、戒厳令は人権を保障する憲法の一時停止を宣言するものであるため、人権外交を掲げる米国カーター政権の批判の対象となった。

一九七八年に反政府の論陣を張る新聞社の社主が暗殺されたのを機に、反政府運動は勢いを増し、主要な地方都市が続々とＦＳＬＮの支配下に置かれた。国家警備隊はＦＳＬＮを前に敗走を重ね、一九七九年七月、首都進攻を控えたＦＳＬＮを前にソモサは亡命し、ＦＳＬＮは首都を占拠した。そして、ＦＳＬＮら反政府勢力の代表者五名が国家再建政府フンタと称する暫定政権の樹立を宣言した。この事件はサンディニスタ革命と呼ばれる。

暫定政権は社会経済改革を矢継ぎ早に行った。その最も重要な成果は、ソモサ家やその支持者の持つ資産を国有化するとともに、農地改革を実施したことである。さらに、農村部で普及が遅れていた初等教育の拡充を図った。また、ソ連は暫定政権を歓迎し、のちにニカラグアの主な貿易相手国となった。

一方、政治面については、FSLNの一党支配体制が確立された。暫定政権は多数決で意思決定を行ったが、五名の委員のうち三名がFSLNに属しており、革命の翌年には二名の非FSLNの委員が辞任した。また、立法府の役割を担う目的で組織された国家評議会でも、議席の過半数はFSLN系の社会組織の代表者に議席が与えられ、非FSLNの政党はわずかな議席しか持てなかった。さらに一九八二年には、暫定政権を倒すゲリラが出現したことを理由に、政府は非常事態を宣言し、政府が表現や結社の自由を制限し、反政府活動をしていると目されている者の身柄を自由に拘束することが認められた。

暫定政権と戦うゲリラは、旧国家警備隊をはじめとするソモサの支持者や、FSLNの政権運営に疑問を持つ者によって組織された。彼らはスペイン語で反革命を意味するコントラレボルシオン、あるいはその冒頭を取ってコントラと呼ばれた。米国中央情報局(CIA)が軍事教練などの支援をコントラに提供し、その拠点はニカラグア国内に加え、隣国ホンジュラスにも置かれた。内戦は経済活動を著しく萎縮させ、革命の前年である一九七八年から紛争が終了する一九九〇年までに一人あたりGDPは約六〇パーセントも減少し、一九四〇年代の水準にまで戻ってしまった。

FSLNは政権の民主的正統性を得る目的で、一九八四年に総選挙を実施した。しかし、非常事態宣言下であることに加え、選挙運営はFSLNによって操作されていたため、野党は選挙をボイコットした。大統領選挙では暫定政権のメンバーであり、FSLNのリーダーであるダニエル・オルテガが勝利し、議会でもFSLNが議席の過半数を占めた。非常事態はオルテガ政権下でも継続した。

2 ⦿ エルサルバドル

エルサルバドルもまた、ニカラグアと同様に長期的な軍事政権を経験した。国家形成期にあたる一九世紀後半から世界恐慌に至るまで、コーヒー生産者である地主層が主導する自由主義的なオリガルキー政治が安定して続いた。同じ時期のメキシコと同様（第3章）、植民地期より存在した先住民や混血の共同体は解体され、地主層に土地が極端に集中した。

軍は世界恐慌後の一九三一年にクーデターを起こして以来、一九八四年まで政権を掌握した。エルサルバドルの軍事政権の特徴として、冷戦期に軍が政党を通じて一党支配体制を確立したことが挙げられる。言論の自由の制限から脅迫まで、軍に反対する政治活動を抑圧しつつ、政府は選挙を定期的に実施した。国家の近代化や経済発展を掲げる与党は企業層や中間層から支持を集めた。ただし、南米諸国の軍に比べれば、エルサルバドル軍の組織内の序列は厳格ではなく、保守色の強い上級将校と社会改革を志向する若手将校が対立し、クーデターで政権を掌握することも見られた。

保守派と改革派は軍内でこそ対立していたものの、反共産主義である点では意見が一致していた。農民や労働者による運動は軍事政権の支持者である地主層や企業層にとっては脅威であり、軍はその活動を厳しく取り締まった。政権に対して武力闘争を行う左翼ゲリラ組織も一九七〇年代に登場したが、軍やパラミリタレスがこれに対抗した。

軍事政権が崩壊する転機は軍の内部から登場した。米国のカーター政権が軍事政権による人権侵害を批判し、大統領に辞任を求めたことを受け、一九七九年に若手将校がクーデターを起こした。新しい政権は大学関係者など文民を交えたフンタを創設し、農地改革の実施や主要なパラミリタレス組織の解体を宣言した。フンタに対しては、保守的な軍人や企業層のみならず、より急進的な改革を志向する左派ゲリラ組織からも反発が生じた。フンタは過去の軍事政権と同様、軍やパラミリタレスを動員し、国家テロによって反対の声を抑え込もうとした。社会的弱者を保護する立場から政府を批判してきたカトリック教会のオスカル・ロメロ司教がパラミリタレスの手で一九八〇年に暗殺されたことは、大きなニュースとなった。

フンタに対抗すべく、ニカラグアのＦＳＬＮに触発された主要なゲリラ組織が統合して、ファラブンド・マルティ民族解放戦線（ＦＭＬＮ）が一九八〇年に誕生した。組織名にあるマルティとは、ニカラグアのサンディーノと同時期に活動し、軍に処刑されたエルサルバドル共産党の活動家である。翌年一月にはＦＭＬＮが政権転覆を目的とした大規模な蜂起を起こした。蜂起は失敗したが、ＦＭＬＮは農村部に退却し、活動を継続した。軍事政権には米国が、ＦＭＬＮにはニカラグアやキューバが支援し、紛争は長期化した。

紛争が続く中、対立を抱えた軍内の状況を踏まえ、フンタは政権を文民に任せる決定を下した。まず制憲議会選挙を行い、制憲議会が一九八二年に暫定の文民大統領を選び、翌年には憲法を制定した。そして新憲法のもと、一九八四年に総選挙が実施され、フンタに参加した文民であるナポレオン・ドゥアルテが大統領選挙に勝利した。

注意しなければならないのは、文民政権の成立は民主制の成立を意味しないことである。政府とＦＭＬＮの対立は続いており、政府に反対する勢力が自由に政治活動を行うことはできない状況にあった。実際、一九八二年選出の暫定大統領は、軍が提出した候補者三名の中から制憲議会議員が選出した者であった。一九八四年総選挙においても、革新系政党は立候補を妨げられた。新大統領のドゥアルテは市民の自由を抑圧することに否定的であったが、軍と米国レーガン政権を説得できず、国家テロは続いた。

3 ⦿ グアテマラ

冷戦後のグアテマラでは、米国ＣＩＡの支援を得た保守的な軍人が革新政権を転覆させたのち（第6章）、軍事政権が一九八二年まで続いた。反共産主義を掲げる軍事政権は、米国から経済と軍事の両面で多額の援助を受けた。一方、軍の組織化は不十分であり、軍人間での政権争いが絶えなかった（第7章）。

グアテマラでは反政府運動の柱となる組織は軍から発生した。一九六〇年に革新的な若手将校がクーデターを試みた。これは失敗に終わったが、生存した参加者が軍を離れてゲリラに転じた。主要な土地所有者である米国企業の事務所を攻撃するなど、その活動が知られるようになると、政府に反発する学生運動や労働組織が協力するようになった。

グアテマラが紛争三か国の他の二か国と異なるのは先住民人口の比率である。国土はマヤ文化に代表されるメソアメリカ文明の中心地を含んでおり（第2章）、先住民が人口の半数以上を占めていた。その大半は農村部に在住し、企業が持つコーヒー農園などで働く者が多数いたことから、労働運動は先住民の地位向上を求める性格を併せ持っていた。同時に、政府による労働運動の弾圧は先住民を従属させる国内植民地主義的な性格を帯びることとなった。

軍事政権はニカラグアやエルサルバドルと同様、反政府の動きを軍やパラミリタレスを用いて弾圧した。農村部の貧困削減のために積極的な財政支出を行うなど、社会改革に前向きな姿勢を見せる政権も存在したが、軍に反対する勢力には総じて寛容ではなかった。一九七六年に大地震がグアテマラを襲い、政府の対応への不満が高まると、政府側とゲリラ側の暴力は深刻なものとなり、とりわけゲリラの拠点と目された農村部集落が軍やパラミリタレスの襲撃を受けるようになった。このことは米国カーター政権によって批判され、軍事政権と米国の関係も緊張した。

一九八二年三月にクーデターで政権を獲得したエフライン・リオス＝モント将軍の政権は、短命ながら激しい国家テロを行ったことで知られる。軍による殺人の件数は一日平均で一〇〇を超えると推計されており、暴力の度合いの深刻さがうかがわれる。この政権に対抗すべく、主要なゲリラ組織が集結してグアテマラ国民革命隊（ＵＲＮＧ）が結成され、その後の反政府運動の中核となった。

リオス＝モントはその行きすぎた暴力などが原因で軍の支持を広く得ることができず、一九八三年にクーデターが起きて政権の座を追われた。その後、軍は民政移管を進め、翌一九八四年には制憲議会選挙、その翌年には新憲法の作成と総選挙が行われ、一九八六年に文民の大統領が就任した。しかし、エルサルバドルと同様、ゲリラと軍およびパラミリタレスの間の暴力は継続しており、市民が政治的な自由を享受できる状況にはなかった。

3……和平交渉

ニカラグアを皮切りに始まった中米諸国の武力紛争は、基本的には各国内の政権をめぐる争いであった一方、隣国のホンジュラスを巻き込みつつ、米ソ両国が当事者に支援を送るという国際紛争の様相を呈した。これに対して、当事国の外部から和平に向けた動きが現れ、そこに多様な要因が重なって武力紛争の停止と民主制の実現につながった。以下ではその具体的な過程と帰結を見てみよう。

1 ⦿ コンタドーラ・グループ

中米地域に広くまたがる紛争を議論する場としては、国際連合や米州機構といった国際組織がまず考えられる。しかし、いずれの組織も和平を推進する役割を果たすことはできなかった。これは、紛争の事実上の当事者となっている米国が、これら国際組織で主導的な役割を果たしていたことによる。

和平に向けた国際的な動きは、紛争地域の近隣にあるメキシコ、パナマ、ベネズエラ、コロンビアの政府代表者が一九八三年に会合を持ったことに始まる。この四か国は会合の場となったパナマの島の名前をとって、コンタドーラ・グループと呼ばれた。

グループが結成された動機については様々な説があり、国ごとにも異なる。例えば、中米紛争の長期化により、自国内にいる左派ゲリラ組織と保守的な集団の対立があおられることを危惧したとされる。また、紛争の調停によって、国際的な地位の向上を目指していたとも指摘されることがある。

コンタドーラ・グループは一九八四年から八六年にかけ、内戦の即時停止や民主化の推進、外国の軍事アドバイザーの退出などの内容を盛り込んだ合意案を複数回提示した。グループの活動には南米諸国の一部やヨーロッパ諸国も支持を表明した。しかし、即時停戦に積極的だったのは、政権を獲得した現状を維持したいサンディニスタ率いるニカラグア政府だけであった。ゲリラと激しい戦闘を展開するエルサルバドル、そして国境部防衛に不安を抱えるホンジュラスやコスタリカは米国の軍事支援を必要としており、外国の軍事アドバイザーの退出に反対した。グアテマラは当初、明確な態度を示さなかったが、次第に和平案に否定的な態度を取るようになった。

コンタドーラ・グループの試みに一貫して反対したのは米国であった。米国の狙いは、ニカラグアで見られた左派ゲリラによる政権獲得が周辺諸国に広がらないよう封じ込めることにあった。合意案は、米国が自国の判断で経済面や軍事面で支援を行うことを否定するもので、米国の国益に反するとみなされた。

このように紛争当事国やその周辺国は、コンタドーラ・グループの提案する和平に向けて足並みをそろえることができなかった。コンタドーラ・グループは一九八七年一月に当事国に和平の意思がないことを発表した。

2 ⦿ エスキプラス

コンタドーラ・グループに代わる和平推進の枠組みは紛争の当事国から生じた。一九八六年にパナマを除く中米五か国の首脳がグアテマラのエスキプラス市で会合した（エスキプラスⅠ）。この席で、コンタドーラ・グループの活動を継承しつつ、各国首脳が今後会合を重ねることで、和平に向けた具体的な問題点と解決策を見出すことが宣言された。翌年の首脳会合（エスキプラスⅡ）では、紛争当事者間の和解と民主化、パラミリタレスや左翼ゲリラなど非正規軍に対する外部からの援助の中止などを、日程を決めて推進することを定めた合意が発表された。

こうした試みが生じた背景として、一九八六年にグアテマラでビニシオ・セレソ、コスタリカでオスカル・アリアスという二人の文民大統領が登場し、和平に積極的な姿勢を示したことがある。とりわけ、異なる利害を持つ各国政府の意見を取りまとめることに尽力したアリアスの手腕は評価され、アリアスは一九八七年にノーベル平和賞を受賞した。そして、紛争が長期化するにつれ、政府と反政府ゲリラがともに相手を圧倒できないことがわかってきたことで、和平が現実的な選択肢となり、各国がエスキプラス合意に従うようになった。

米国は、コンタドーラ・グループの場合と同様、エスキプラス合意にも否定的であった。レーガン政権はニカラグアのオルテガ政権を承認せず、コントラを支援してその打倒を図っていたため、オルテガがニカラグアの代表として参加したエスキプラスⅠ／Ⅱも認めることはできなかった。しかし、エスキプラスⅠの協議が始まる前から、米国内で和平に合意する流れが生まれつつあり、米国はエスキプラス当事国の和平推進を事実上黙認するようになった。

主な理由の一つとされるのがいわゆるイラン・コントラ事件の発生である。レーガン大統領が、内戦下の中東レバノンにて一九八五年より捕らわれた米国民を解放すべく、交渉の窓口となったイランに武器を売却し、その資金をコントラに送っていたことが発覚した。米国は当時、外交上の対立が原因でイランと国交を断っていた上に、民主党が支配する議会によってコントラへの資金援助を抑制する法律が一九八二年に制定されていたことから、こうした状況を無視したレーガンの恣意的な意思決定は米国内で大きな問題とされた。

国際政治の変化もまた、中米における米国の強硬な姿勢を緩和させた。一九八〇年代後半には、ゴルバチョフによるソ連の改革、そして東欧諸国の社会主義政権の崩壊など、東側陣営の弱体化が顕著になった。この間、レーガン政権はソ連に対する対立的な姿勢を転換し、一九八五年よりゴルバチョフと対談を重ね、一九八七年には中距離核兵力の全廃を取り決める条約も交わした。さらに、一九八九年にはブッシュ政権が発足し、冷戦の終結とソ連の崩壊が起きたことで、中米介入の根拠である共産主義の脅威は一層弱まった。

3 ⦿ 和平の実現

エスキプラスⅡ以降、最初に紛争の停止を実現したのはニカラグアである。政府とコントラは交渉を進め、停戦によってオルテガ政権の戦時体制を解除し、自由で公正な選挙を実施することで合意した。オルテガ政権下のサンディニスタ革命軍はコントラに対して軍事的に優位に立っていたが、軍事支出がかさんだ上に、戦争による著しい経済の停滞が政府と国民をともに苦しめていた。さらに、FSLN政権を支えてきたソ連が、やはり自国の経済不調を理由にオルテガ政権への支援を減らし、内戦の継続が困難になっていた。

オルテガは一九八九年に主要政党の代表者を集めて協議し、翌年の総選挙実施とコントラの武装解除を行うことで合意した。また、エスキプラスⅡに参加した四か国がその状況を国際的に監視することにも同意した。大統領選挙では、FSLNが再度オルテガを候補に擁立したのに対し、野党はイデオロギーの左右を問わず反FSLNを目的に結集する全国野党連合（UNO）を立ち上げ、一九七八年に暗殺された新聞社社主の未亡人であるビオレタ・バリオス＝デ＝チャモロを大統領候補とした。結果はチャモロが得票率五四パーセントで勝利し、議会選挙でもUNOが過半数を占め、FSLNの下野が決まった。そして、チャモロ政権発足から約二か月後の一九九〇年六月にコントラの武装解除が完了し、紛争は終結した。

政権を維持したいFSLNには、選挙運営を操作する十分な動機があったと言える。しかし、FSLNは選挙での勝利を確信しており、過度な介入をしなかったとされる。予想外の敗北が確定すると、FSLNは利権の保持に奔走した。まず、サンディニスタ革命軍がニカラグアの正規軍となるにあたり、オルテガの弟が引き続き司令官となることでUNOと合意した。また、革命後に政府が接収した資産を党の支持者に払い下げた。

ニカラグアの次に和平を実現したのはエルサルバドルである。一九八〇年代を通じ、エルサルバドルでは軍とパラミリタレスが左翼ゲリラであるFMLNと激しい戦闘を展開していた。政府軍には米国が、左翼ゲリラには隣国ニカラグアのサンディニスタ政府とキューバ政府が支援を送っていた。一九八九年には大規模なFMLNの攻勢が始まり、一九九〇年に入っても政府は米国から大規模な軍事支援を受けていた。

一方、一九八四年から始まっていた政府とＦＭＬＮの和平交渉は一九九〇年に進展を見せた。この年に双方が国連の仲介による交渉の継続に合意し、以後の交渉では国連の代理人が合意の形成に貢献した。また、当時の米国大統領であるブッシュは、左翼ゲリラの壊滅ではなく、左翼ゲリラが政権を取らない現状を維持したまま和平を実現することに理解を示した。交渉において大きなテーマとなったのは、政府が市民を弾圧するのではなく、人権保護を優先した姿勢を示すこと（治安維持の非軍事化）、そしてＦＭＬＮの武装解除と合法政党化であり、これらの項目を含んだ合意が一九九二年一月に実現した。

合意の一部は速やかに履行された。まず、政府による人権侵害を抑制するために、軍の権限が縮小された。エルサルバドルでは軍事政権から文民政権に移行してからも、国防省が情報機関や警察組織を指揮する権限を持っていた上に、国防大臣は軍人が務めていた。和平合意に伴い、警察組織は再編され、国防相の指揮系統から外れた。情報機関も国防相ではなく大統領が管理する組織となった。また、ＦＭＬＮは一九九二年一〇月に武装解除を完了した後、政党として登録された。一九九四年の総選挙では大統領選挙で次点、議会選挙では第二党となり、有力政党の仲間入りを果たした。

紛争三か国のうち、最後に和平を実現したのはグアテマラである。ニカラグアやエルサルバドルと比べ、軍の内部対立は深刻であり、民政移管選挙は一九八五年に実現した。選挙に勝利し、翌年に大統領となった和平推進派のセレソに対してはクーデター未遂が複数回発生したが、いずれも軍の総意に基づくものではなく、失敗に終わった。

一九八〇年代のニカラグアやエルサルバドルでは政府側と左翼ゲリラ側が激しい戦闘を交わしたが、グアテマラでは状況が異なっていた。リオス＝モント政権による厳しい弾圧後のゲリラの活動は低調であり、暴力は軍やパラミリタレスから、左翼ゲリラや学生運動など反政府の集団へと一方的に向けられる傾向が強かった。文民政権にとってはゲリラの武装解除以上に、政府側の武力を統制することが大きな課題であった。

エスキプラスⅠ／Ⅱに参加したセレソの後を継いで一九八九年に大統領となったホルヘ・セラノは、軍のリーダー層の交代を進めつつ、URNGと和平に向けた合意を取り交わした。その後、セラノは自身の不正蓄財などに起因する政治的混乱に伴い一九九三年に辞任し、政府の人権保護官としてセラノの不正を告発していたラミロ・デ＝レオンが議会の任命を受けて大統領となった。デ＝レオンは和平交渉に国連の立ち会いを加えたほか、一九九五年末の総選挙ではURNGに近い左派政党が立候補者を擁立した。軍やパラミリタレスによる深刻な選挙妨害を被ることなく選挙は実施され、同党は上下両院で議席を得た。

大統領選挙で勝利したアルバロ・アルスは、一九九六年一月に大統領に就任すると、URNGと和平合意文書を取り交わした。一二月までに調印した文書は実に七点にも上り、武装解除から農業、軍制改革までテーマは多岐にわたった。パラミリタレスの武装解除は予定通りに進まなかったものの、URNGは武装解除を速やかに完了させ、のちに政党として活動することとなった。

〔コラム〕コスタリカと軍

コスタリカは日本とともに軍を持たないことを憲法で宣言した国として知られる。しかし、中米の歴史を振り返れば、国家建設期においても（第3章）、そしてこの章で見た通り冷戦期においても、国際的な紛争が後を絶たなかった。このような環境でコスタリカはいかにして「軍隊を持たない」ことを決め、かつその決定を維持し得たのか。

一九四八年に現行の憲法が成立するまで、コスタリカは軍隊を保有していた。隣国ニカラグアとの国境をめぐる対立など、国外の脅威は常に存在した。また、二〇世紀に入ってからはコーヒーとバナナの輸出が増え、それに伴い増加した農園労働者の運動に対し、政府が軍を動員してこれを抑え込むこともあった。

しかし、第二次世界大戦時点の兵力は一〇〇〇人程度で、ニカラグア以北の中米諸国に比べ半分以下の水準であった。国家形成期の早い段階でオリガルキーによる安定した政治を実現した上に（第6章）、労働者の権利保障を段階的に認めることで左派の強い反発を回避し、政権を掌握した政党が自らを守るために軍を大きくする必要がなかったことが主な理由とされる。実際、コスタリカ共産党は合法政党として選挙に参加し、第二次世界大戦末期の時点では当時の与党である国民共和党（ＰＲＮ）と協力して、議会の多数派を形成してさえいた。

一九四八年に実施した大統領選挙でＰＲＮの敗北が発表され、のちに政府がその結果を無効とする決定を下すと、内戦が勃発した。反政府軍を率いた企業家のフアン＝ホセ・フィゲレスはＰＲＮ政権期に政府を批判したことで逮捕され、のちに国外に亡命していた。当時、グアテマラのホセ・アレバロなどラテンアメリカの左派政治家らが、ニカラグアのソモサやドミニカ共和国のラファエル・トルヒーリョなど、中米カリブ諸国の個人支配体制を倒すことを目的とした軍事的な協力関係を結んでいた。これはカリブ軍団と呼ばれ、フィゲレスはこの協力を得てコスタリカ軍と共産党率いる民兵隊を倒した。

フィゲレスは政権獲得後、新憲法を制定した。条文の作成にあたっては、他の中米諸国では強力な軍の存在が政治を不安定にしているという認識から、常設の軍隊を持たないことが決まった。同時に、カリブ軍団の活動はソモサ政権の反発を招いたことから、フィゲレス政権はPRN政権時に批准された米州機構の集団安全保障条約（リオ条約）を活用し、自国が侵略されたら、他の批准国が集団で対応するものとした。ソモサ政権は内戦で敗れたPRN関係者を受け入れ、彼らに武器を与えて一九四八年末と五五年の二度にわたりコスタリカに侵攻させたが、フィゲレス政権が米州機構に訴えると、武装勢力は撤退した。

米国もまた、隣国パナマの安全保障を重視する立場から（第6章）、コスタリカを軍事的に支援した。米国は警察組織に武器を提供し、軍人の教育施設に警察官を招いて教練を与えた。一九五五年の武装勢力の侵攻に対しても、米国は集団安全保障の一環としてフィゲレス政権に戦闘機を供与した。反独裁を掲げるフィゲレス政権がフルヘンシオ・バティスタ政権と戦うキューバ革命軍への支持を表明するなど、フィゲレス政権と米国の利害が常に一致したわけではないが、総じて関係は良好であった。

このように、冷戦期のコスタリカは集団安全保障と米国の支援を支えに、軍隊を持たない国となった。そしてその間、国家予算を教育や社会保障などに手厚く振り向けることが可能になり、国民の福祉向上を実現した。

第10章

新自由主義改革

米国の独立やフランス革命が発生した一八世紀後半から冷戦期の半ばまでを振り返ると、政府が市民の経済活動に対する規制を強めてきた傾向が見られる。一九世紀は自由主義が優勢になった時代であり、市民が自由に生産と消費を行えば、売買の量と価格は市場（マーケット）で自動的に調整され、経済活動は効率的になると期待された。そして、二〇世紀に入ると、社会主義政権の誕生や、一九二九年の世界恐慌に伴って加速した福祉国家化など、社会の公正を実現する目的で政府が経済に介入する動きが強まった。

ところが、ソ連など東側諸国の計画経済は不調になり（第9章）、西側諸国を構成する先進国でも一九七〇年代までに工業化が伸び悩み、福祉国家を支えるための経済成長の継続が困難になった。これを踏まえ、一九八〇年代には自由主義に立ち返り、政府の介入を減らすことで経済の活性化を図る動きが見られた。これは新自由主義と呼ばれ、消極国家の時代はここから始まる。

新自由主義を推進した代表例は米国とイギリスである。米国は第二次世界大戦後に社会保障税の引き上げや、高齢者・貧困者向け医療保険の導入など福祉国家化を進めてきたが、一九八一年に発足した共和党のロナルド・レーガン政権のもと、方針が転換された。一九八二年、戦後に初めて失業率が一〇パーセントを超えるなど経済問題の解決を迫られたレーガンは、対ソ強硬路線を採用して軍事費を増大させる一方、富裕層や企業に対する減税を行った。また、長年にわたり福祉国家化を推進してきたイギリスでも、保守党のマーガレット・サッチャー政権が国営企業の民営化や規制緩和を図る一方、政治的な影響力が強い労働組合に対しては活動の規制を加えることで、企業の負担の軽減を図った。日本でもまた、同じ時期に発足した自由民主党の中曽根康弘政権のもと、鉄道や電信電話など国営の事業が民営化された。

こうした流れに加え、ソ連のミハイル・ゴルバチョフ政権の改革（第9章）、そして東欧諸国やソ連の社会主義政権の崩壊により、各国の経済活動は世界に開かれたものへと変わっていった。ヒト、カネ、モノ、そして情報が国境を越えて、より速やかに移動する経済のグローバル化が進んだ。

新自由主義はラテンアメリカ諸国にも浸透していった。それは一見すると政府の力を弱めているように見えるが、同時に政府と市民の結びつきを強化する改革が試みられた点も見過ごしてはならない。この章では、ラテンアメリカに新自由主義が導入されたことに伴う改革について説明する。

1……新自由主義の導入

新自由主義がラテンアメリカ諸国に導入されたことは消極国家化の世界的な流れに従ったものである。しかし、導入の契機に目を向けると、ラテンアメリカの特徴が見えてくる。すなわち、米国や日本では政府与党の主導で導入されたが、ラテンアメリカ諸国では国外からの圧力が重要であった。すなわち、欧米や日本と異なり、ラテンアメリカでは対外債務の返済にまつわる国際機関の影響が大きかった。

1⦿対外債務の国際問題化

ラテンアメリカ諸国では輸入代替工業化（ＩＳＩ）が失敗し、対外債務が積み上がったが、それはどの程度深刻だったのか。表10-1は各国の一九八二年における債務サービス比率を示している。これは債務に関連して国外に支払った金額と、主に輸出などで国外から受け取った金額の比率であり、通常は二〇パーセント未満に収まるとされる。表からは、ほぼ半数の国で二〇パーセント以上の値に達し、しかもメキシコやブラジルな

〈北中米カリブ〉					
メキシコ	34.1	グアテマラ	7.8	エルサルバドル	7.8
ホンジュラス	19.0	ニカラグア	35.8	コスタリカ	11.7
パナマ	6.6	ドミニカ共和国	22.4	ハイチ	5.4
〈南米〉					
コロンビア	17.7	ベネズエラ	16.0	エクアドル	42.0
ペルー	36.3	ボリビア	31.3	チリ	20.0
ブラジル	43.1	パラグアイ	10.4	ウルグアイ	13.4
アルゼンチン	23.8				

表 10-1　ラテンアメリカ諸国の債務サービス比率（%）〈1982 年〉
（注）ニカラグアとキューバはデータなし。

ど経済規模の大きい国の値が深刻であった。

対外債務問題はラテンアメリカ諸国にとって放置できないものであった。もし債務不履行（デフォルト）を宣言すれば、その国の経済に対する国際的な信頼は失われ、外国の政府や企業がその国と取引することをためらわせる原因となる。ＩＳＩの推進という内向きの経済政策が失敗に終わり、貿易や外国からの投資など国外との関係を重視せざるを得ない状況にあって、対外債務の返済はその国の信頼を回復するために重要であった。

また、ラテンアメリカの対外債務問題は世界経済の問題でもあった。ラテンアメリカ諸国がデフォルトを宣言すれば、それは先進国が債権を回収できないことを意味する。債権を持つ銀行が赤字を抱え、自国での融資を減らせば、先進国ひいては世界の景気を悪化させる可能性があった。

このことを踏まえると、債権国にとって、性急に債務を取り立てることは得策ではなくなる。長期的な視点を持ち、債務国の経済が再建され、返済の資金を調達できるようになるほうがむしろ望ましい。この結果、債権国は債務国を支援する動きを取ることになった。

なお、かつてのラテンアメリカにとっては、対外債務を理由とする外国軍の占領を経験したことから、対外債務は経済上の問題である以上に安全保障上の問題であった（第3章）。しかし、のちに公的債権を武力で取り立てることを禁止する動きが生じ（第6章）、一九四五年に発効した国連憲章では債権の取り立てに限らず、武力行使は原則として禁止された。対外債務危機が発生した一九八〇年代では、武力ではなく交渉を通じて問題の解決が図られた。

2⊙国際金融機関の影響

債権者である先進国は債務問題の解決に向けた政策の提言を行った。その際、債権国が単独ないし共同でラテンアメリカ各国と交渉するとともに、国際金融機関が主導的な役割を持った。国際金融機関とは、主に複数の政府からの出資によって作られた、資金の融通を目的とする組織である。

ラテンアメリカ諸国の債務問題においては、国連の専門機関である二つの国際金融機関が重要であった。第一の組織は国際通貨基金（ＩＭＦ）である。加盟国が対外的に支払う資金を十分持っていない時に短期的な融資を行うことや、世界各国の経済状況を監視して、政策に関する助言を行うことを主な機能としている。第二の組織は世界銀行であり、第二次世界大戦後の経済復興を目的に、社会インフラの建設などのプロジェクトに長期的な融資を行ってきた。東海道新幹線や東名高速道路の建設など、日本もまた戦後復興において世界銀行の融資を受けた。

国際金融機関はラテンアメリカ諸国に対し、デフォルトを回避すべく資金を融資した。そして、融資の条件として、国際金融機関が指定する政策を行うことを各国政府に求めた。この条件のことをコンディショナリティと呼ぶ。

債務危機が発生した当初におけるＩＭＦのコンディショナリティは、短期的な解決を目指すものであった。

政府が債務を返済するには単純に、政府が支出を減らし、収入を増やせばよい。ラテンアメリカ諸国の政府は国営企業の運営から、食料や燃料など生活必需品の価格を下げる補助金の支払いまで、政府の支出が多岐にわたっていたので、その削減が求められた。また、政府の収入を増やすべく、日本の消費税に類する付加価値税の導入などを求めた。さらに、ＩＳＩの影響で関税を高く設定していることも改革の対象となった。貿易を自由にすれば、国外産の安価な製品を消費者は購入できる。増税で市民の消費を抑えることと合わせて、物価の抑制につながることが期待された。

このコンディショナリティはラテンアメリカ諸国の政府与党にとっては厳しいものであった。政府支出の削減は景気を抑制するため、有権者の不満を招くおそれがある。また、国営企業を民営化すれば、従業員の解雇による失業の増加は避けられない。さらに、安い輸入品が国内に出回っても、補助金の削減により生活必需品の値上げが生じる可能性は高い。

3 ⦿ 構造調整政策

ＩＭＦのコンディショナリティに対し、長期的な取り組みを重視する提案も登場した。一九八五年、米国財務長官ジェームズ・ベーカーは、国際金融機関と民間銀行が協力して、債務国の経済成長を推進する融資を行うことを唱えるベーカー・プランを発表した。このプランは世界銀行に債務国の経済を変革する役割を期待したが、最終的にはＩＭＦもプランに同意した。

ラテンアメリカ諸国の場合、ベーカー・プランが変革の対象としたのはＩＳＩ推進に代表される政府主導の経済開発戦略であった。世界銀行とＩＭＦはこれを、輸出を重視した民間主導の経済開発戦略に転換することを図った。このために必要とされる一連の政策は構造調整政策と呼ばれる。

民間銀行は債務国にさらなる融資を求めるベーカー・プランに否定的であった。一九八七年にはラテンアメリカ最大の債務国であるブラジルが債務の利子支払いを停止し、民間銀行の不安は一層強まった。これを踏まえ、一九八九年に米国財務長官ニコラス・ブレイディが発表したプランでは、まず債務国がＩＭＦと構造調整を進めるべく融資拡大の取り決めを結び、民間銀行は債務国の国債を購入するなどの形で支援することを提案した。その上で、ＩＭＦと世界銀行が債務国の債務返済を確実に行うための支援を行うこととされた。債務国が構造調整を約束し、民間銀行も国債を持つなどして債務国と利害を共有し、国際金融機関は構造調整と債務返済を全面的に支援するという、相互協力の関係がここに成立した。ただし、構造調整政策の内容は、国営企業の民営化や補助金の削減など、ベーカー・プラン以前のコンディショナリティと内容が重なっており、不人気な政策であることに変わりはなかった。

4 ⦿ 二重の移行

ラテンアメリカ諸国では、新自由主義政策の導入は民政移管と同じ時期に起きた。「第三の波」による民政移管により、一般市民は参政権や言論の自由など政治的な権利を獲得した。ペルーやブラジルのように選挙権に識字規定を課していた国も、この時期に普通選挙権を保障するようになった。このように、経済と政治の双方において制度が変化したことは「二重の移行」と呼ばれる。

二重の移行は新自由主義を実施するコストを高めてしまう問題を抱える。補助金の削減に見られるように、新自由主義の導入は貧困や格差など社会問題の解決に必要な政府支出を抑えることを意味する。一方、民主制

国	発足年	政党	位置
〈中米カリブ〉			
グアテマラ	1986	グアテマラキリスト教民主党（GDC）	3
エルサルバドル	1984	キリスト教民主党（PDC）	4
ホンジュラス	1982	ホンジュラス自由党（PLH）	4
ニカラグア	1990	全国野党連合（UNO）	4
パナマ	1990	パナメニスタ党（PP）	5
ドミニカ共和国	1978	ドミニカ革命党（PRD）	2
〈南米〉			
エクアドル	1979	人民勢力の集結（CFP）	2
ペルー	1980	人民行動党（AP）	4
ボリビア	1982	人民民主統一党（UDP）	2
チリ	1990	キリスト教民主党（PDC）	3
ブラジル	1985	ブラジル民主運動党（PMDB）	3
パラグアイ	1993	コロラド党（ANR-PC）	4
ウルグアイ	1985	コロラド党（PC）	4
アルゼンチン	1982	急進市民同盟（UCR）	2

表 10-2　民政移管直後の大統領所属政党のイデオロギー位置

（注）メキシコ、キューバ、ハイチを除く。3 が中道で、小さくなるほど急進的な左派、大きくなるほど急進的な右派を示す。

のもとで政党は自らの主義を有権者に訴えるが、それに背く政策を行えば政党のブランドを自ら傷つけ、選挙の敗北をもたらすおそれがある。以上のことを踏まえると、新自由主義政策の導入は、社会の現状を肯定的に見る保守政党よりも、社会の変革を唱える革新政党にとって受け入れがたいものとなる。

表10-2は、民政移管直後の大統領の所属政党が保守であるか革新であるかを示している。このデータの出典はV-Demの政党データセットであり、政党の公約をもとに経済政策の観点から左派／右派の位置を七段階で評価している。3が中道であり、それより値が小さくなるほど政府による再分配を重視する急進的な左派（革新）、逆に大きい値ほど再分配を行わない急進的な右派（保守）である。目を引くのは、右派（5）や極右（6）といった再分配に対して明確に否定的な政権

は、パナマ以外に登場しなかったことである。つまり、新自由主義と相容れない政党が与党として、新自由主義政策の導入に直面することが多かった。言い換えれば、民政移管にあたり、有権者は政府支出を増やすことを支持する傾向にあったと言える。

中米では主要な左派がゲリラに転じた一方、有力な右派政党が存在せず、中道政党が与党となった。右派が有力でない理由は、右派政党が軍に近く人気に乏しい（グアテマラ、エルサルバドル、ドミニカ共和国）、極左ＦＳＬＮに対抗する野党連合が保守と革新の合同によって中道化した（ニカラグア）、主要政党のイデオロギー差が乏しい（ホンジュラス）など多様である。例外はパナマで、軍が左派政党を支持し、軍への批判票が右派政党に流れた（第9章）。

南米では、アルゼンチンやボリビアのように保守的な軍事政権に対抗して中道ないし左派政党が勝利を収めるパターンが一般的である。これに当てはまらない場合でも、社会主義政党やポピュリズム政党のような左派色の強い政党を除いて、中道政党と右派政党の間で選挙が争われ、右派がおしなべて敗北した。

（コラム）

債務危機とメキシコの民主化

一九四〇年代から制度的革命党（ＰＲＩ）による一党支配体制が続いたメキシコは、軍事政権の崩壊によって専制から民主制に短期間で移行した多くのラテンアメリカ諸国とは異なり、漸進的な民主化を重ねた点に特徴がある（第1章）。

政府主導の開発戦略のもと（第5章）、メキシコ経済は総じて堅調に成長し、PRIもまた利権を分配する政党として長期にわたり機能した。しかし、石油危機以降、他のラテンアメリカ諸国と同様に対外債務が急増し、一九八二年に政府はデフォルトを宣言した。これに伴い、補助金削減、国営企業の民営化、規制緩和など新自由主義政策が導入されると、状況が変化した。

まず、経済の不調は野党の支持を高めた。当時最大の野党であった国民行動党（PAN）は一九八三年から八六年頃北部諸州の州知事選挙で多くの票を集めた。結果はPRI候補者の勝利となったが、露骨な選挙結果の操作が疑われるとともに、PRIもまた一党支配に対する正統性が失われつつあることを強く認識した。

結束を維持してきたPRIにもほころびが生じた。ラサロ・カルデナスの子であるクアウテモク・カルデナスなど新自由主義に反対した政治家たちが党内で派閥を作った。クアウテモクは、一九八八年大統領選挙のPRI候補者になれなかった結果、PRIを離れて国民民主戦線（FDN、八九年に民主革命党（PRD）に党名変更）を結成し、立候補した。大統領選挙の得票率はPRIが五一パーセント、FDNが三〇パーセント、PANが一七パーセントとなり、PRIは勝利したものの、野党に対する人気の高さを再度裏づけることとなった。

新大統領のカルロス・サリナスは新自由主義政策を推進するとともに、PRI体制の正統性確保のため選挙改革を行った。PRIは一九七〇年代から選挙制度を細かく変更してきたが、サリナスは一九九〇年に連邦選挙管理委員会（IFE）を新たに設け、公平な選挙の実施をアピールした。しかし、

IFEは過去の選挙管理委員会と同様、内務大臣を委員長とするなど、与党が意向を反映できる組織となっていた。一九九四年の総選挙を控え、サリナスは有権者の支持獲得を目的として財政支出を大幅に増やし、激しい物価上昇に見舞われたが、大統領選挙ではPRIのエルネスト・セディジョ候補が五〇パーセントの得票で辛うじて勝利した。

セディジョもサリナスと同様、就任当初からその正統性に疑問を持たれたことから、一九九六年にIFEの改革を行った。IFEの執行委員は下院議員の三分の二の賛成によって任命されることとなり、これによりIFEは独立性を高めた。一九九七年の下院選挙ではPRIが初めて議席の過半数を失い、二〇〇〇年の大統領選挙ではPANの候補者であるビセンテ・フォックスがPRI候補に勝利した。

このように、メキシコの民主化とは、債務危機の発生で開発路線の転換を余儀なくされ、その転換が安定した政治運営の仕組みを揺るがし、政権が細かな対応を重ねた結果として実現した。

2……改革とその功罪

新自由主義改革は具体的にどのように展開し、いかなる結果をもたらしたのか。この節では、新自由主義改革はラテンアメリカの国々にとっては国家を効率的にする改革のチャンスであったと同時に、改革が左派政党にとって厳しい政策選択となることに着目し、左派政党が改革を実行しなかった事例としてブラジル、逆に改革を行った事例としてベネズエラを取り上げる。両国の区別は次章で扱う二一世紀の政治の展開を特徴づけるのに重要である。

1 ⦿ ブラジル ― 改革の過程

民政移管で成立したジョゼ・サルネイ政権から二〇世紀末に至るまでのブラジルの大統領および有力な左派政党は表10-3の通りである。民政移管時に就任したサルネイを含め、ブラジルでは中道ないし中道右派の政党から大統領が当選した。一九八九年の大統領選挙に勝利したフェルナンド・コロルの政党である国家再建党（PRN）はV-Dem政党データセットの評価対象外だが、右派とする評価が一般的である。

主要な左派政党としては、一九八五年選挙を除いて大統領選挙に候補者を送り、議会において一定の議席を持ち続けた労働者党（PT）が挙げられる。PTは労働組合の支持を得ていたものの、選挙結果は芳しいものではなかった。一九九八年までの大統領選挙ではいずれも次点で敗北し、単独では議会で影響力を持てるほどの議席を得られなかった。

ブラジルの新自由主義政策は左派ではない与党のもとで行われた。まず、サルネイ政権は一九八六年一月にクルザード計画と呼ばれる政策パッケージを実施した。日用品の価格や賃金水準を抑えることを法令で定めるとともに、新しい自国通貨を設け、米国ドルとの交換比率（為替レート）を固定した。信頼度の高い米国通貨と等価にすることで、自国通貨を早々に手放す、つまりモノやサービスの購買に市民が走ることによる物価の上昇を防げると期待された。

しかし、クルザード計画には深刻な欠点があった。第一に、商品価格が凍結されたことで、利益を見込んだ価格設定ができなくなった企業は生産や販売を控えた。第二に、不人気政策である財政支出の抑制は忌避され

選挙年	大統領選挙勝者（政党と位置）	PT の選挙結果
1985	T. ネヴェス（PMDB、3） ※着任前に死亡 副大統領サルネイが大統領就任	大統領選挙：立候補なし 議会選挙（1986）：下院第 5 位
1989	F. コロル（PRN、不明） ※議会の弾劾により 92 年に辞任 副大統領が大統領に昇格	大統領選挙：次点 議会選挙（1990）：下院第 8 位
1994	F. H. カルドーゾ（PSDB、3）	大統領選挙：次点 議会選挙：下院第 5 位
1998	F. H. カルドーゾ（PSDB、4）	大統領選挙：次点 議会選挙：下院第 4 位

表 10-3　ブラジルの大統領選挙と労働者党（PT）の選挙結果〈1985～1998 年〉

（注）政党の位置の指標は表 10-2 と同じ。PT の位置は 1。

た。商品の供給は減る一方、政府支出は公務員の給与などを通じて一般市民に渡り、需要の水準を支えた結果、物不足は輸入で補われた。これにより貿易赤字が膨らむおそれが生じたため、政府は物価統制を解除した。一二月には物価が再び急上昇し、政府はその後も物価を統制することに失敗した。一九八九年大統領選挙で与党民主運動党（ＰＭＤＢ）の候補は得票率四パーセントと惨敗を喫した。

次の大統領であるコロルは元ＰＭＤＢ党員で、既存の有力政党に依存しない政治家として人気を博した。しかし、それゆえに彼の政党であるＰＲＮは有力政党と手を組めず、議会で多数派を占めることができなかった。コロルは政府支出の削減に踏み込む政策を計画するも、物価上昇は止められず、のちに公職あっせんの汚職容疑で議会より弾劾された。

財政縮小を計画的に実行したのは、コロル辞任後の政権で蔵相を務めたブラジル社会民主党（ＰＳＤＢ）の政治家フェルナンド・カルドーゾである。カルドーゾは一九九四年に政府の財政支出を一時的に制限するとともに、ドルと等価の新通貨を再度発行するレアル計画を実行した。物価抑制に成功したカルドーゾは翌年の大統領選挙で勝利し、二期八年にわたり政権を担った。この間、ジェトゥリオ・バルガ

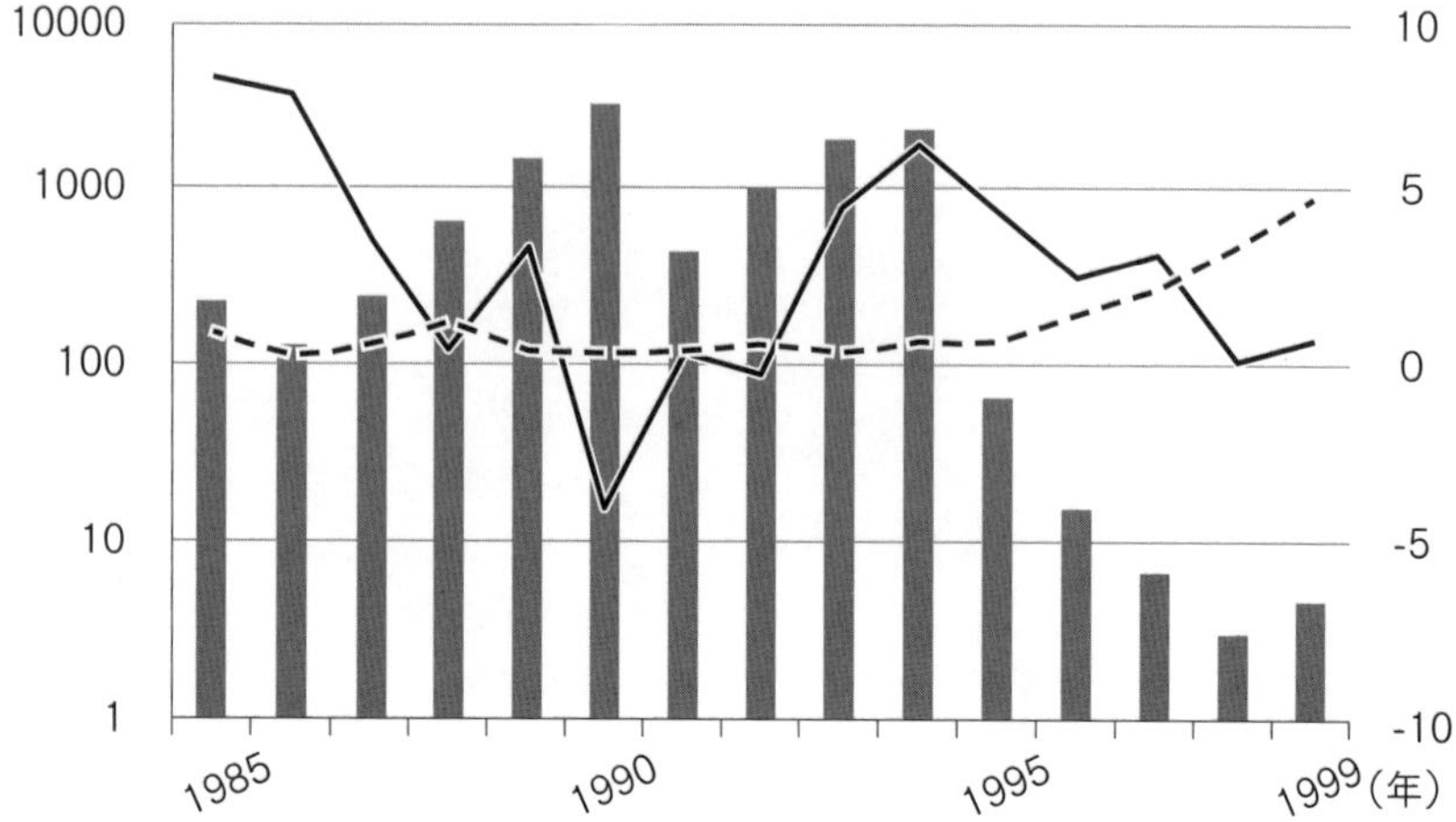

図 10-1　ブラジルの経済指標の変化〈1985～1999 年〉

（注）棒：物価上昇率（%、左軸）、折れ線・実線：経済成長率（%、右軸）、折れ線・点線：海外直接投資がGDP に占める率（%、右軸）。

ス政権期に組織された資源開発公社をはじめ、多くの政府系企業が民営化された。さらに、ポピュリズム政権期に制定され、軍事政権の崩壊とともに復活した労働者保護の法制度にも変更を加え、雇用に伴う企業の負担の軽減を図った。例えば、物価上昇に対応するために、賃金の水準を物価に応じてスライドさせることを禁止した。

2 ⦿ ブラジルⅡ　改革の成果

新自由主義改革の帰結を図10-1に示したグラフを見ながら確認してみよう。まず、改革は石油危機の余波で深刻になっていた物価上昇の抑制を目指していた。物価上昇率は棒グラフで表現され、値は左の縦軸に対応している。目盛が一〇の対数（一、一〇、一〇〇……）になっていることに注意されたい。

これによれば一九八〇年代から一九九〇年代の初頭にかけて、物価上昇率は各年とも一〇〇パーセントを超えている。物価が一年で一〇〇パーセント上昇するということは、一〇〇円だった商品が一年後に二〇〇円になることを意味するの

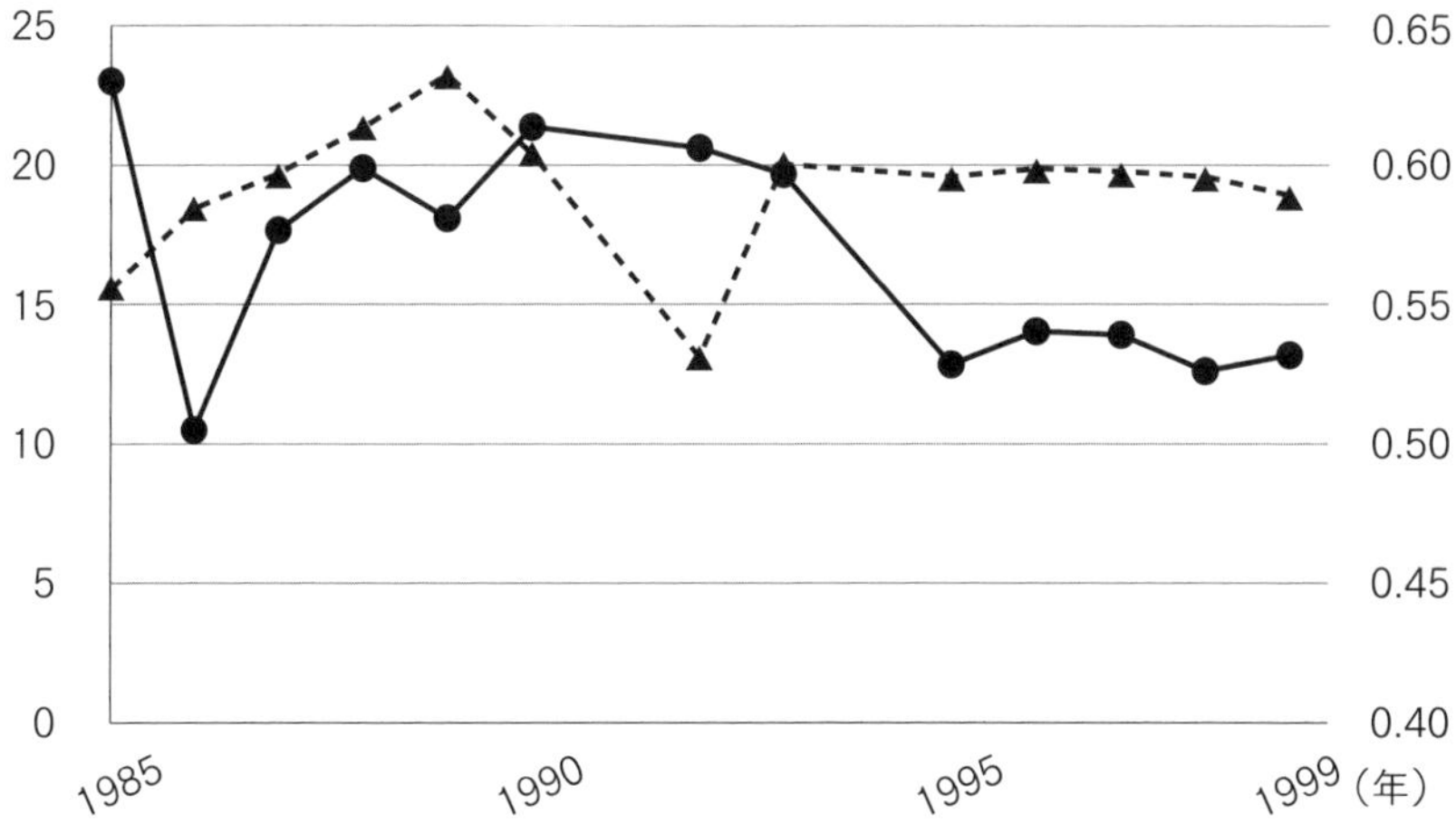

図 10-2　ブラジルの貧困指標の変化〈1985～1999 年〉
（注）実線：1 日平均 1.9 ドル未満の消費水準にある人口の比率（%、左軸）、点線：ジニ係数（右軸）。一部の年はデータの欠損がある。

で、物価が毎年倍以上に上がったことになる。一九九〇年に至っては率が二九四八パーセントに達し、一〇〇円だった商品が約三〇四八円にもなる深刻さであった。レアル計画導入後、率は一桁台にとどまり、物価上昇の抑制は成功したと言える。

改革はまた経済成長の実現も目指していた。経済成長率は実線の折れ線グラフで示されており、値は右軸に対応している。民政移管から一九九〇年にかけ、物価上昇と対応する形で経済成長率が著しく低下し、コロル政権期にはマイナス成長も記録した。景気改善は再びカルドーゾ政権期に見られた。一九九八年から成長率はほぼゼロとなるが、これは次章で説明する国際的な不況が原因である。

国内経済を外国に開くことも改革の狙いの一つであった。海外直接投資がＧＤＰに占める比率を示す点線の折れ線によれば、一九九〇年代前半まで比率は一パーセント未満だったが、九〇年代半ばから上昇を始め、九九年には約五パーセントにまで達した。経済が安定し、海外の投資を呼び込めるようになったことが見て取れる。一方、新自由主義政策により、国民の福祉水準を底上げすることが難しくなることが予想されるが、実際にその傾向が見られた。図10-2は貧困と格差に関する指標の推移を示したものである。まず、実線で示された人口に占める貧困層の比率の推移を見ると、二〇パーセントを超えていた民政移管直後の値に揺れが見られるが、総じて比率は横ばいで、改善の傾向は見られなかった。

点線で示されているのは貧富の格差を示すジニ係数である。これは集団内での富の偏りを表し、値が〇ならすべての人が等しい富を持つ完全な平等、一ならすべての富を一人が独占する完全な不平等を意味する。日本や欧米先進国のジニ係数は〇・三前後で、〇・四を上回る値は深刻な格差があることを意味する。ブラジルの場合、係数は民政移管時点ですでに〇・五を超えており、深刻な格差が存在していた。そして、一九九九年時点でも〇・六に近い値であった。

3 ⦿ ベネズエラ — 改革の過程

ベネズエラ政治史は南米の典型とは異なる特徴を持つ。コロンビアから分離した後（第3章）、一九世紀前半は主に保守派、後半は主に自由派が政権を担った。第一次世界大戦時に領土内に油田が発見されると、原油の輸出で経済は急成長し、二〇世紀中盤の経済水準はアルゼンチンを上回るほどであった。

経済成長に伴う社会の変容により、ポピュリズム政党として民主行動党（ＡＤ）が成長した。ＡＤは一九四五年に与党となり、三年後にクーデターで政権を追われるも、軍は次第に深刻な内紛に陥り、一九五八年に民政移管が実現した。ＡＤは右派政党であるキリスト教社会党（ＣＯＰＥＩ）らと合意を結び、軍の人権侵害を追及しないこと、行政ポストを政党間で分け合うこと、そして政党間で合意できた政策のみを推進することを

選挙年	大統領選挙当選者（政党と政治的位置）	主要な左派政党	主な選挙結果
1983	J. ルシンチ（AD、2）	AD（2）	議会選挙：AD 両院第 1 党
1988	C. A. ペレス（AD、3）		議会選挙：AD 両院第 1 党
1993	R. カルデラ（CVGC、4）	LCR（1）	大統領選挙：AD 次点、LCR 第 4 位 議会選挙： 上院 AD 第 2 位、LCR 第 3 位 下院 AD 第 1 位、LCR 第 3 位

表 10-4　ベネズエラの大統領選挙と主要な左派政党の選挙結果〈1983〜1993 年〉

（注）政治的位置は表 11-1 参照。

決めた。南米諸国で続々と軍事政権が成立する中、ベネズエラはコロンビアとともに民主制を維持した。

ブラジルと同時期の大統領選挙と主な左派政党の動向は表10－4の通りである。長期にわたり政権を担ったADとCOPEIは原油輸出から得られる莫大な収入を分け合い、ADのハイメ・ルシンチ政権に至るまで汚職は深刻な問題とされた。財政支出に規律を欠いた結果、ADのカルロス＝アンドレス・ペレス政権が一九八九年に発足する時点で、債務返済が困難になった。ペレス本人は新自由主義に反対であったが、大統領就任後にIMFと合意を取り交わし、新自由主義政策を導入した。燃料補助金は削減され、公共交通料金など日常生活に関わるサービスの公定料金も引き上げられた。全労働者の約四分の一を雇用していた国営企業も民営化され、それに伴う失業によりADの支持基盤である労働組合も組合員数を減らした。市民の反発は大きく、一九八九年二月には大規模な反政府運動が発生した。政府は軍を動員して抗議者を取り締まり、二〇〇名を超す死者を出し、翌年には政府に不満を持つ軍人によるクーデター未遂が二度発生した。

一九九〇年に中東で湾岸戦争が勃発し、石油の輸出が伸びた結果、景気は急速に回復したが、一九九三年に議会は公金横領の疑惑でペレスの弾劾を決議した。その後、暫定大統領のもとで実施された大統領選挙では、野党CO

PEIを離れ、新党を立ち上げた元大統領であるラファエル・カルデラが当選した。カルデラはペレスが解決できなかった財政問題に引き続き取り組み、新自由主義政策を維持した。

この時、新自由主義を担ったADに代わる左派政党として「急進の大義（LCR）」が大統領選挙で四位、議会で第三党に躍進した。LCRは一九七〇年代に結成され、ADとCOPEIによる合意の政治は社会改革を放棄するものだという問題意識に基づき、武力による政権獲得を目論む左翼活動家が結成した組織であった。一九八〇年代からは、LCRは合法政党として選挙に参加した。

有力政党の仲間入りを果たしたことに伴い、LCRでは新自由主義政策を改めて支持するか否かが議論された。本来なら反対の立場を取るはずだが、財政難が明白である以上、政府支出の拡大を無責任に支持することはできないという意見も強く、LCR内部でカルデラ政権の方針を前に賛否が割れた。党の明確な方針を失ったLCRはADに代わる左派政党の核となることができず、次回の一九九八年総選挙では惨敗を喫した。

4 ⦿ ベネズエラⅡ　改革の成果

ベネズエラの改革の成果をブラジルと同じ指標で確認してみよう（図10-3、図10-4）。物価上昇率については、ほとんどの時期で二桁ないし三桁台で推移した。ブラジルのように一〇〇〇パーセントを超える年こそなかったものの、一桁台に落ち着くこともなく、常に物価が上昇を続けた。経済成長は激しく上下したが、一時的な石油輸出が増えた一九九〇年と九一年を除けば総じて低調で、九八年からの不況の前に三度のマイナス成長を経験した。海外直接投資はブラジルと同様に九〇年代後半に増加がうかがわれた。

貧困に関する指標については、ベネズエラでもまた改善は見られなかった。貧困指標がきわめて悪いブラジ

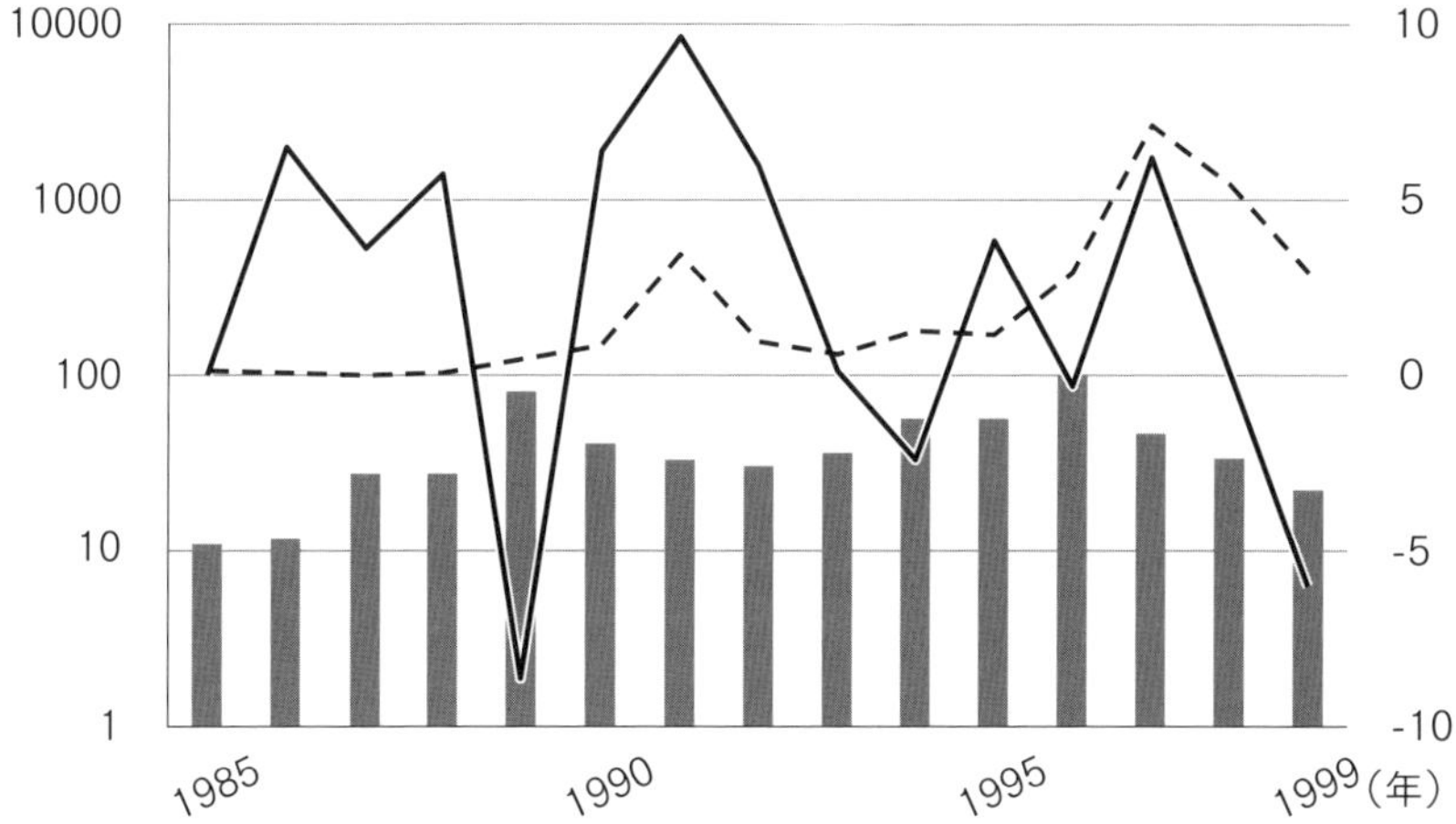

図 10-3　ベネズエラの経済指標の変化〈1985～1999 年〉

（注）棒：物価上昇率（%、左軸）、折れ線・実線：経済成長率（%、右軸）、折れ線・点線：海外直接投資がGDP に占める率（%、右軸）。

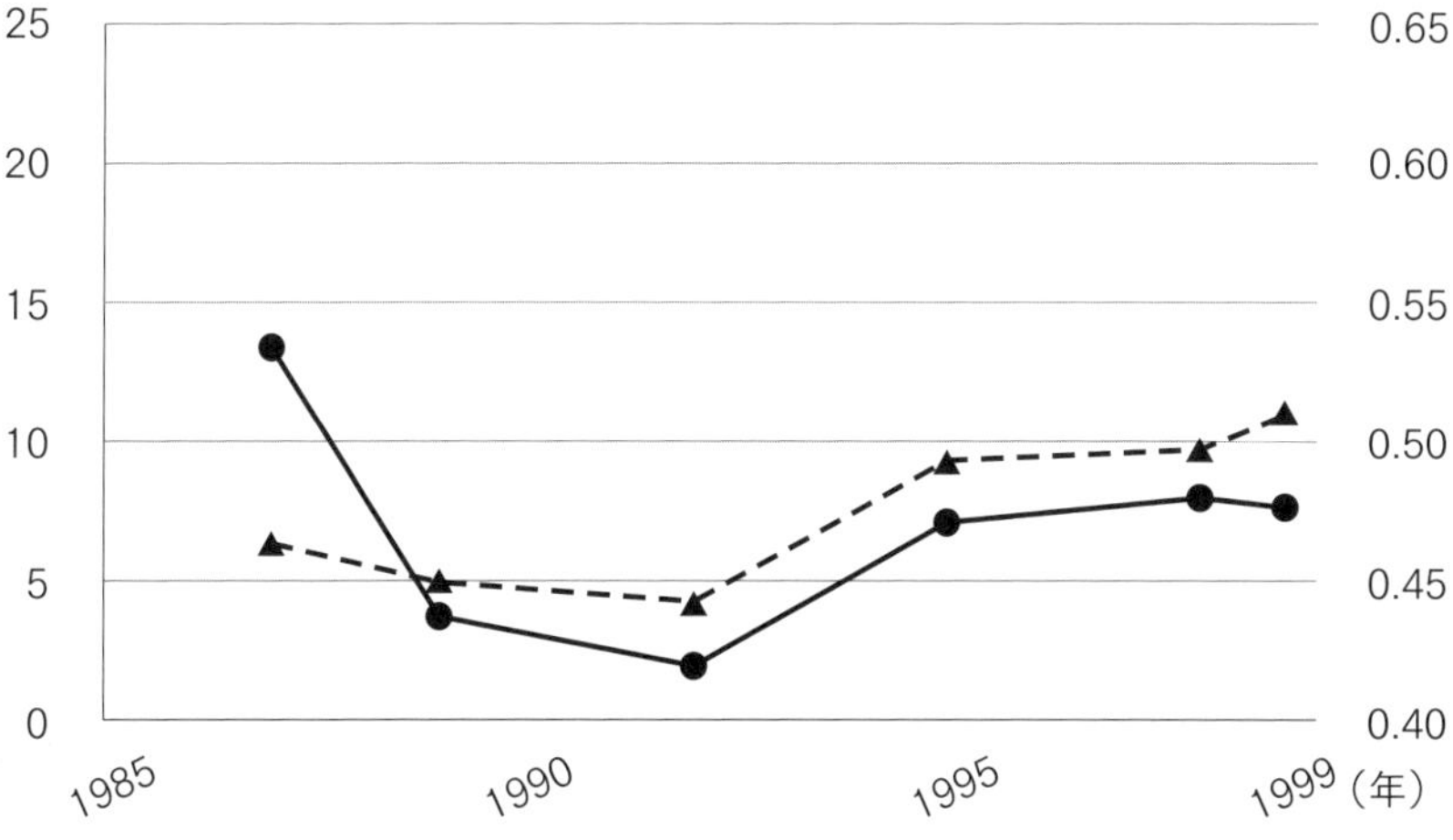

図 10-4　ベネズエラの貧困指標の変化〈1985～1999 年〉

（注）実線：貧困率（1 日平均 1.9 ドル未満の消費しかできない人口の比率、%、左軸）、点線：ジニ係数（右軸）。世界銀行データセットより筆者作成

ルに比べれば、ベネズエラの指標は良好であるが、数値自体が良好とは言えない水準であることに注意しなければならない。貧困率は新自由主義政策が本格的に始まった一九八九年以降悪化の一途をたどり、一〇年後には倍にまで増えた。ジニ係数もまた、〇・四台で推移したものの、九〇年代末の不況期には〇・五台に達し、明らかに悪化した。

（コラム）

日系人大統領　フジモリ

新自由主義改革は失業を増加させるため、大衆には不人気であると予想される。しかし新自由主義改革を行いながらも大衆の支持を得た政治家として、日系ペルー人のアルベルト・フジモリが挙げられる。一九八〇年に民政移管を実現したペルーでは、中道左派の人民行動党（AP）（表10-2）やペルーアプラ党が政権を担ったが、債務危機に伴う経済の混乱を収めることはできなかった。また農村部では、社会主義革命を目論む左翼ゲリラの活動が激しさを増し、治安上の脅威となった。大学教員だったフジモリは、それまで政治家としての経歴を持たなかったものの、一九九〇年の大統領選挙にて新党であるカンビオ90を創設して立候補した。選挙戦では、日系人の正直さや勤勉さを強調し、腐敗した既成の政治に失望した大衆の支持を得て大勝した。

フジモリはIMFのコンディショナリティに従った新自由主義改革を推進しハイパーインフレを終息

させ、左翼ゲリラを取り締まった。他方でカンビオ90は議会で十分な議席を持たず、フジモリは野党が支配する議会と対決したことから、一九九二年に議会を閉鎖し、政府の意図に反する裁判官の罷免を行うなど司法に介入した。大統領は選挙という憲法で認められた手続きによって統治の正統性を得ているものの、その大統領自身が憲法に三権分立を否定して、専制を導入したことから、これは自主クーデターと呼ばれる。

立憲体制を否定し、不人気な新自由主義政策を継続し、治安維持を理由に政府を批判する市民を殺害するなど人権侵害を行ったものの、フジモリは大衆から広く支持された。フジモリは混乱から国家を救う存在として自らを演出し、農村部を中心に学校の建設や食料の供与など政府の支援を行った。この支援は新自由主義政権下の大衆には有り難い恩恵であったが、組織や制度に基づかない散発的なもので、政府からすれば支出の負担は少なかった。

二〇〇〇年に野党議員の買収をめぐる汚職が発覚すると、フジモリは追及を避けるため、国際会議の出席後に日本にとどまった。その後、議会はペルーに戻らないフジモリ大統領を解任した。それでも現在までペルーにおけるフジモリの存在感は強く、フジモリを支持する人たちと反発する人たちとの対立は、ペルー社会を分断する要因の一つとなっている。

3……変容する国家

一九八〇年代の債務危機がもたらしたのは、新自由主義に伴う政府の役割の縮小だけではなかった。国際金融機関をはじめとする国外からの助言を得ながら、政府を効率的に運営し、市民と政府のつながりを強化する改革もまた同時に進められた。この節では、地方分権化、徴税、多民族・多文化という三つの政策領域を取り上げ、その成果と限界を示す。

1 ⊙ 地方分権化

政府が担うべき業務には、外交のように国が単位となって対応することが望ましいものと、近所の公園の整備のように地元の事情にあわせて柔軟に対応したほうがよいものがある。前者は中央政府、後者は地方政府の業務であり、中央政府の役割を地方政府に移転することで、市民が自らの生活に関わる問題をより身近に解決できるようにすることを地方分権化と言う。

ラテンアメリカは長らく中央集権の傾向が強かった。地方政府の強さを測る指標として、中央政府の支出に対する全地方政府の支出の比率がある。先進国の平均は概ね〇・三であるが、一九八五年時点でラテンアメリカ諸国とカリブ海諸国の平均は〇・一五程度と推計され、しかもアルゼンチンやブラジルのように連邦制を採用する国と、小国ゆえに地方分権の必要が乏しいコスタリカやパナマまで、分権化の度合いには大きな差があった。

地方分権化は大きく三つの領域で構成される。どの業務を地方政府が担うかという行政の領域、どの程度の税収を地方政府に保障するかという財政の領域、そして住民の代表をどのように選出するかという政治・選挙の領域である。中央集権を望む立場なら、業務を地方政府に任せつつ、財政の裁量や選挙の機会を制限し、地方政府に対し強い立場を取ることを望むだろう。逆に、地方分権化を望む立場なら、地方政府の数を増やしつつ、大きな財政の裁量と業務分担を地方政府に認めることを望むだろう。民政移管後より、国際金融機関などが地方分権化を積極的に提案したが、中央集権と地方分権をめぐるこうした政治的な思惑に従い、各国で地方分権化が複雑に展開した。

三つの領域で大きな改革が実現した例としてボリビアがある。民政移管後に地方選挙は復活したが、当時の市は九つある県都を含めわずか二四しかなかった。その後、一九九四年に始まる地方分権化政策により、市の総数は三一一に増えた。さらに、中央政府の税収の二〇パーセントを市に移転し、各市は人口規模に応じてその配分を受けることも決まった。改革以前は中央政府が全税収の約七割を得ていたが、改革後の比率は約四割にまで下がった。

この改革はボリビア国民にとって政治を身近なものにした。かつて市が設定された場所はすでに都市化が十分に進んだ場所であったため、道路建設など住環境の整備は都市に偏る傾向が強かった。全国各地に市が設けられ、市に一定の予算が与えられたことで、以前に比べ農村部に公共事業が行き届くようになり、農村部の住民も日常的な問題を解決する場として市政に参加する動機を持った。

現在、地方分権はその度合いを高めればよいわけではないことも指摘される。例えば、地方に多くの業務を任せるほど、地方政府はその業務を担う人材をそろえるなど管理の負担がのしかかる。地方政府の権限を適切に設定することは、世界各国と同様、ラテンアメリカにおいても重要な政策課題である。

2 ⊙ 徴税

税は市民と政府をつなげる重要な仕組みであるが、新自由主義や経済のグローバル化は徴税を困難にする。関税が高ければ外国との貿易は阻害され、企業の利益に対する税（法人税）や資産に対する税を引き上げれば、企業は税の負担を嫌い、国外に拠点を移してしまう。企業誘致のため世界各国の政府が税や規制の引き下げを争うことは「底辺への競争」と呼ばれる。

新自由主義改革は経済自由化を優先的な課題とするため、関税や法人税の率は大幅に引き下げられた。一九八五年時点での平均は関税（全項目単純平均）が四七パーセント（一三か国）、法人税が四〇パーセント（一六か国）であったが、一九九五年にはそれぞれ一三パーセントと三四パーセントに下がった。ブラジルやコロンビアのように、かつて八〇パーセントもの関税を課していた国が一〇パーセント台前半にまで税率を下げた例もあった。

一方、税収の基盤として期待されたのが付加価値税である。国民全体が広く負担する付加価値税は、国内のあらゆる取引に一定の税率が課され、多く消費する富裕な者が多く納税をする仕組みを持っている。不況で利益が上がらない状況では徴収が困難な法人税とは異なり、常に一定の税収が期待できる。一九八〇年代前半では一部の国が付加価値税を導入しておらず、導入している国も一〇パーセント程度の税率であったが、一九九〇年代後半までにはすべての国で概ね一五パーセント程度の消費税率を設定するようになった。

同時に、日本の国税庁にあたる各国の徴税組織の改革もこの時期に進められた。改革前までは、税の項目を多数設け、その項目に応じた職員を用意する傾向があった上に、政治家の介入により適正な運営ができないこ

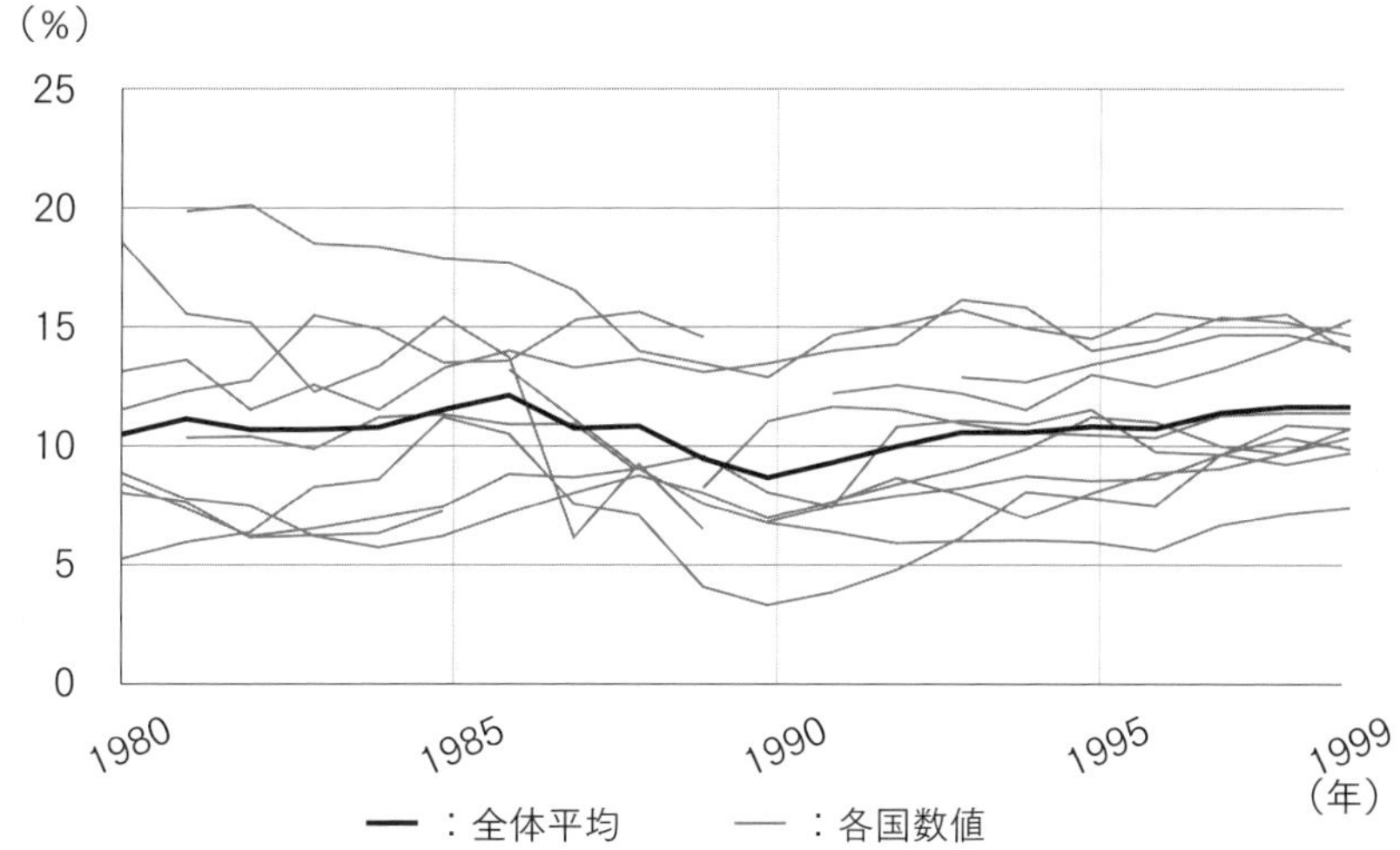

図 10-5　GDP に対する税収の比率〈1980～1999 年〉
（注）データがある 13 か国について表示。天然資源の取引に由来する税収は含まない。

とが見られた。そこで、税制を簡素にし、事務処理を単純化するとともに、場合によっては徴税組織に高い独立性を与えた。改革の成功例として知られるペルー国税局（SUNAT）では、国家公務員に一律に課される雇用条件が職員に適用されない場合があり、独自に専門家を雇用し、能力給を設定することができた。

図10-5は、一九八〇年から九九年にかけての各国の税収が国内総生産（GDP）の何パーセントに相当するかを示している。全体の平均を示す黒太線の推移を見ると、一九八〇年代は緩やかに下降しているが、九〇年代は上昇傾向にあり、新自由主義の期間でありながら率は下がらなかったことがわかる。

無論、この時期の改革によって徴税の制度が十分になったわけではない。先進国の率は概ね二〇パーセントを超え、率が低いとされる日本でも一八パーセント前後であることに比べれば、ラテンアメリカ諸国の水準はいまだに低い。

3 ◉ 多民族・多文化

消極国家期に見られたもう一つの重要な変化として、先住民に対する関心が法に反映されるようになったことがある。この章に至るまでに先住民の存在についてはたびたび言及してきたが、それは主に農村部の住民として取り上げることが一般的であった。実際、ポピュリズムを含むラテンアメリカの左派は階級を重視するマルクス主義的な観点から（第4章）、先住民を農民として扱ってきた。また、ポピュリズムの政権において先住民に対する関心が高まったが（第5章）、いずれも各国で主流となっているヨーロッパ的な文化に先住民を統合することを図っており、言語をはじめ先住民が持つ文化的な固有性に価値を見出す態度は乏しかった。

二〇世紀の後半に入り、国連において、世界各国における社会的弱者（マイノリティ）に対する人権保障の調査が始まったことや、米国で黒人の人権保障を訴える公民権運動が高まりを見せたことなどに触発され、ラテンアメリカの先住民の地位向上を進める国際ＮＧＯが登場した。同時に、ラテンアメリカ国内でも、同じ問題意識を持つカトリック教会関係者や研究者、そして先住民自身が協力して運動を組織し、場合によっては政党を結成するようになった。一九八〇年代からは各国で民主制が成立し、政治活動の自由が保障されるようになり、先住民の政治活動は勢いを得た。

この流れに影響され、国民の特徴を単一的なものとして捉えず、先住民を含む多様なものとして理解する法制度が導入されるようになった。国民は一つであり、その中に多様な民族や文化があるという認識のもと、各国に応じて多様な権利が付与された。とりわけ一九九〇年代以降の憲法改正において、先住民に言及する国が増加した。

その成果として知られるのがコロンビアで一九九一年に成立した憲法である。コロンビアでは二大政党が率いる政府とその支配に抵抗する左翼ゲリラ、そしてゲリラと対抗する右派パラミリタレスによる紛争が続いていたが（第6章）、その解決策の一つとして広く国民の合意を得た憲法を作ることが試みられた。この議論の中で、人口の約三パーセントを占める先住民について、黒人などとともにその存在を尊重する条文が盛り込まれた。具体的には、先住民の言語も彼らの持つテリトリーの中では公的な言語であることが認められた。同時に、国会の議席の一部を先住民に割り当てることも定められた。

こうした制度改正はラテンアメリカ社会が本来持つ文化的多様性を認め、それを教育など個別の政策領域に反映させる上で重要である。しかし、一九九〇年代は新自由主義政策が導入されていた時代であり、貧困や格差の改善に政府が積極的な役割を果たすことは期待できなかった。文化の多様性を法律上で謳うだけで、先住民を含むマイノリティが抱える生活上の問題の解決に踏み込まないことは、しばしば、ネオリベラル（新自由主義）多文化主義として揶揄された。

（コラム）移行期正義

二重の移行に伴い、ラテンアメリカ諸国は新自由主義政策の導入と並ぶ、もう一つの重要な政治的争点が現れた。民主制が成立する前に発生した、軍をはじめとする政府機関やパラミリタレスによる人権侵害について、その実態を解明し、加害者を訴追し、被害者に賠償を実現することが検討された。一般に、過去の抑圧的な政治体制、内戦、あるいは国内の武力紛争下で起きた人権侵害への対処をめぐる政策領域は「移行期正義」と呼ばれる。

移行期正義はきわめて重要な問題であったが、民政移管後の政党政治においては争点になりにくい性格を持っていた。まず、対外債務問題に端を発する経済の混乱は深刻であり、移行期正義よりも速やかに解決すべき喫緊の課題とされた。また、主たる加害者である軍人を訴追することは、軍による反発を招き、クーデターを引き起こすことも懸念された。さらには、軍事政権の関係者や支持者として軍を追及することに不都合を感じる一般市民も少なからず存在した。ブラジルのように、一部の国では民政移管前に人権侵害の追及をしないことが合意された国では、この争点自体がすでに決着済みとされた。

加害者を訴追することの難しさを示す例として、アルゼンチンを挙げることができる。軍の統制を欠いた民政移管に伴い、大統領であるラウル・アルフォンシンは軍人の人権侵害の追及を行うことを宣言し（第8章）、一九八五年には五名の将校が終身刑を含む有罪判決を受けた。その後も、政府は行方不明者の調査やその家族に対する生活支援の拡充を行ったが、一九八七年から九〇年にかけて軍の訴追に対する不満を理由とした軍の反乱やクーデター未遂が四度も発生した。一九八九年に大統領となった正義党のカルロス・メネムは、軍事政権の第二期における人権侵害について、軍人を含むすべての者に恩赦を与える政令を下した。

しかし、恩赦が与えられれば、訴追の道が閉ざされるわけではない。アルゼンチンでは被害者家族による組織的な活動が継続し、二一世紀に入ってから政権が交代したことに伴い、議会が恩赦の決定を無効とする法律を定め、裁判所もまたアルゼンチンの批准する人権に関する条約に照らして、恩赦を違憲とする判断を下した。また、チリの軍事政権を率いたアウグスト・ピノチェトは長らく国内で裁かれずにいたが、病気療養中でイギリスに滞在していた一九九八年、スペインの判事が軍事政権下でのスペイン人に対する人権侵害を理由にピノチェトを告発し、その要請を受けてイギリス当局がピノチェトを逮捕した。ピノチェトはのちにチリに帰国し、訴追を受けた。正義の追求に関心を持つ活動が国内外で続く限り、過去の人権侵害は常に問い直される可能性がある。

第11章

左傾化

この章は、二〇〇〇年前後から約一〇年にわたりラテンアメリカで広がった左傾化と呼ばれる現象を扱う。この間、ラテンアメリカで実に一三もの国で左派政権が誕生した（表11-1）。国外からの圧力を受け、一九九〇年代までにラテンアメリカ諸国で一斉に導入された新自由主義政策はこの時期に修正を迫られた。民主化の「第三の波」と冷戦の終結により、政治では民主制、経済では資本主義が世界で支配的な制度となった。また、自由貿易協定の締結が進むなど経済の自由化が加速するとともに、気候変動をはじめとする地球規模の問題に国際的に取り組む動きも積極的になった。

しかし、二一世紀の国際関係は決して安定しているとは言えなかった。二〇〇一年九月に米国でイスラム過激派によると思われる大規模な同時多発テロ（九・一一）が発生すると、共和党のジョージ＝W・ブッシュ政権はその拠点とされるアフガニスタンとイラクに侵攻した。気候変動問題への国際的な協力を約した京都議定書から脱退したことなどとあわせ、その外交姿勢は単独行動主義との評価を受けた。こうした傾向は二〇〇八年に登場した民主党のバラク・オバマ政権によって転換された。

経済面では、アジアの開発途上国とりわけ中国の経済成長が顕著になった。第二次世界大戦後に社会主義国家となった中国は、一九七八年より経済活動の自由を保障する方針に転換した。安価な労働力を抱える中国には世界各国の製造業の生産拠点が設けられた。二〇〇〇年時点で中国が世界の国内総生産（ＧＤＰ）に占める比率は六パーセントであったが、二〇一〇年には一二パーセントにまで急増した。この間、日本は年率平均で一パーセントにも満たない低成長に甘んじ、二〇一〇年までに中国は日本のＧＤＰを上回り、世界第二の経済大国となった。

米国の大手投資銀行の倒産に端を発する二〇〇八年の世界的な不況は、アジア諸国の力強い経済成長を示す

在任年	国	党
1999〜2013	ベネズエラ	第5共和国運動（MVR） ベネズエラ統合社会主義党（PSUV）
2000〜10	チリ	コンセルタシオン（中道左派政党連合）
2003〜16	ブラジル	労働者党（PT）
2003〜05 2007〜20	エクアドル	愛国的社会の党（PSP） 尊厳と主権ある祖国連合（PAIS）
2003〜15	アルゼンチン	正義党（勝利のための戦線（FPV））
2004〜09	パナマ	パナメニスタ党
2006〜19	ボリビア	社会主義運動（MAS）
2005〜20	ウルグアイ	拡大戦線（FA）
2007〜	ニカラグア	サンディニスタ民族解放戦線（FSLN）
2008〜12	グアテマラ	希望の国民連合（UNE）
2008〜12	パラグアイ	キリスト教民主党（PDC）
2009〜19	エルサルバドル	ファラブンド・マルティ民族解放戦線（FMLN）
2011〜16	ペルー	ペルーナショナリズム党（PNP）

表 11-1　大統領選挙に勝利した左派政党〈1999〜2011 年〉

（注）V-Dem 政党データセットの経済的左派・右派スケールで 0 から 2 までと評価された時期がある政党。パラグアイ PDC は未評価ゆえ、Levitsky and Roberts（2011）をもとに左派政権と評価。

機会となった。日本や米国など先進国の経済成長は不況前において年率五パーセントに達しない程度で推移し、不況でマイナス成長に転じた後、その後不況前の水準に戻った。これに対し、アジアの開発途上国は不況の前後で概ね五パーセントを上回る経済成長を記録し、不況時でもマイナス成長となった国は少なかった。

こうした国際情勢の変化はラテンアメリカ諸国の政治にも少なからず影響を与えた。以下では、まず左傾化の要因を整理し、その上で左派政権を分類する基準とその典型となる例を示す。最後に典型から逸脱する事例も示す。

1……左傾化の要因

左傾化は二〇〇〇年前後になぜ発生したのか。第二次世界大戦後に軍事政権が各国で成立したのと同様（第6章）、そこにはラテンアメリカ各国に共通した原因がある。それを長期的要因と短期的要因に分けて見てみよう。

1 ● 新自由主義による不平等の未解決

新自由主義政策は十分な経済成長も、貧困や格差の解消も実現できなかった。第10章ではブラジルとベネズエラを例に挙げたが、それ以外のラテンアメリカ諸国においても状況は同じであった。表11-2はラテンアメリカ諸国のうち、一九九〇年代に民主制であった一八か国の一九九八年時点の状況を示したものである。これらの国と比較が困難である社会主義国のキューバ、そして政治的混乱が続いたハイチ（第12章）は表に含まれない。

まず、輸入代替工業化（ＩＳＩ）を推進するなど政府主導の成長戦略に失敗し、のちに新自由主義政策を導入したラテンアメリカ諸国の一人あたりＧＤＰは先進国にまったく及ばない水準にあった。値が最も高いチリであっても日本の半分以下であり、半数もの国が世界の平均以下に位置していた。これは、先進国の経済的な豊かさをラテンアメリカ諸国がいまだ享受できていなかったことを意味する。

物価上昇率を見ると、新自由主義政策がその抑制に成功していることがうかがえる。一九八〇年から九五年までにラテンアメリカ各国が経験した物価上昇率の最高値は総じて高く、ニカラグアやボリビアのように五桁台に至る異常な水準に達する場合もあった。しかし、一九九六年から三年間の平均物価上昇率は多くの国で一桁台となり、ベネズエラを除き最悪の域を脱した。

一方、貧困や格差についてはいまだに問題が残った。貧困率については一九八〇年時点で非常に高い比率を持っていた国では改善傾向が見られたが、アルゼンチンのようにもともと低い水準であった国は悪化傾向にあ

国	1人あたり GDP 1998年	物価上昇率		貧困率 1998年	ジニ係数 1998年
		1980〜95年最高値	1996〜98年平均		
メキシコ	15186	131.8（87）	23.6	18.1（97）	0.57
グアテマラ	5731	41.2（90）	9.0	13.5（99）	0.54（00）
エルサルバドル	5078	31.9（86）	5.6	20.3（98）	0.55（97）
ホンジュラス	3333	34.0（91）	19.2	26.6	0.57
ニカラグア	2570	13109.5（89）	12.6	24.5（99）	0.54
コスタリカ	9054	90.1（82）	14.1	5.1	0.46
パナマ	9560	13.8（80）	1.0	15.2	0.58
ドミニカ共和国	6013	50.5（90）	6.2	5.6（97）	0.49（97）
コロンビア	8863	30.3（91）	19.3	20.4（99）	0.59（99）
ベネズエラ	14739	84.5（89）	61.9	9.8	0.48
エクアドル	7307	75.6（89）	30.4	21.9（99）	0.59（99）
ペルー	5927	7481.7（90）	9.1	16.4	0.55（97）
ボリビア	4206	11749.6（84）	8.3	19.3	0.58（97）
チリ	15260	35.1（80）	3.4	3.5	0.56
ブラジル	9419	2947.7（90）	8.6	12.7	0.60
パラグアイ	5322	37.3（90）	9.4	10.4	0.55（97）
ウルグアイ	13744	112.5（90）	19.7	n/a	n/a
アルゼンチン	15186	3079.5（89）	0.5	5.6	0.51
米国	43073	13.5（80）	2.3	0.7	0.40
日本	32558	7.8（80）	0.8	0.5（08）	0.32
世界	9915（00）	29.8	0.48		

表 11-2　ラテンアメリカ 18 か国の社会経済指標の変化〈1980〜1998 年〉

（注）カッコ内の数字はデータの該当年、n/a はデータなしを意味する。

り、一九九八年前後の段階でも高い水準にあった。米国や日本のような先進国の比率は一パーセントを下回る程度であることと比較すると、ラテンアメリカには数倍以上の貧困層がいることになる。ジニ係数についても、一九八〇年代から九〇年代にかけて改善した国と悪化した国があるが、全体的にはやはり値が高く、先進国の中で標準的な格差を持つ日本はもとより、格差が大きい米国をも上回るほどであった。

新自由主義は物価の抑制に貢献したが、政府が物価を抑制できていれば、それを積極的に支持する理由はもはやないことになる。経済を成長させ、貧困や格差を解消することに失敗した新自由主義に対し、人々の不満は潜在的に常に存在していたと言うことができる。なお、昨今の世論調査の分析からは、「私は政治的には左派である」と答える人が左傾化の前後で特に増えているわけではないなど、各国の有権者の政治に関する態度に大きな変化はなかったことがわかっている。つまり、有権者が左派政党を支持した理由は新自由主義を理念として否定したからではなく、新自由主義が続く政治に対して変化を求めたからである。

2 ⊙ 民主制の安定

新自由主義が抱える問題と並ぶ重要な構造的要因として民主制の安定がある。冷戦の終結まで、ロシア革命やキューバ革命に触発された左派の政治家や活動家は武力による政権獲得を図った。また、ソ連をはじめとする社会主義国家も多数存在し、社会主義を原則とした政治運営は現実的な選択肢であった。このため、ポピュリズム政党など左派政党の政権獲得を未然に防ぐことは、軍事政権をはじめとする専制を正当化する根拠となった（第6～8章）。

ところが、一九九〇年前後に起きた東欧諸国の民主化とソ連崩壊により、社会主義は追求すべき理想として認識されなくなっていった。これにより、左派勢力が政権を獲得したとしても、国家が社会主義化する懸念は非常に小さくなった。右派政党は左派政党と選挙で政権を争うことに寛容な態度を取れるようになり、憲法の手続きに従って政治を進めることに同意した。

左派の政治勢力にとってもまた、冷戦の終結は武力闘争を行う目標自体が失われたことを意味した。一方、社会主義という理想が失われてもなお、経済的な不平等など解決すべき問題が現実に残っているという意識は左派政治家の間で共有されていた。彼らは、政権獲得の唯一のルールとなった選挙を通じて、こうした問題の解決を図るべく、政権獲得を目指した。ただし、いざ政権を獲得すると、その政権運営が左派的ではない場合もあった。

3 ⦿ 不況

新自由主義が抱える問題点と民主制の安定という二つの構造的要因を踏まえ、左傾化が始まる引き金となったのが、一九九〇年代末にラテンアメリカを襲った不況である。一九九七年七月のタイを皮切りに、マレーシアやインドネシア、韓国などアジア諸国で自国通貨の価値が大幅に下落し、景気が低迷した。アジア通貨危機と呼ばれるこの事件の影響は、のちにロシアやラテンアメリカ諸国といったアジア域外にも波及した。二〇〇〇年にはブラジルで、二〇〇一年から二〇〇二年にかけてはアルゼンチンでも通貨危機が発生した。

不況のもとで行われる選挙では、与党が苦戦を強いられる。そして、与党は新自由主義を推進してきたため、与党に対する批判票は左派政党に向かうことになった。ラテンアメリカの場合、新自由主義の導入も不況の到来も地域全体で同時に生じたため、左派政権もまた同時多発的に登場した。

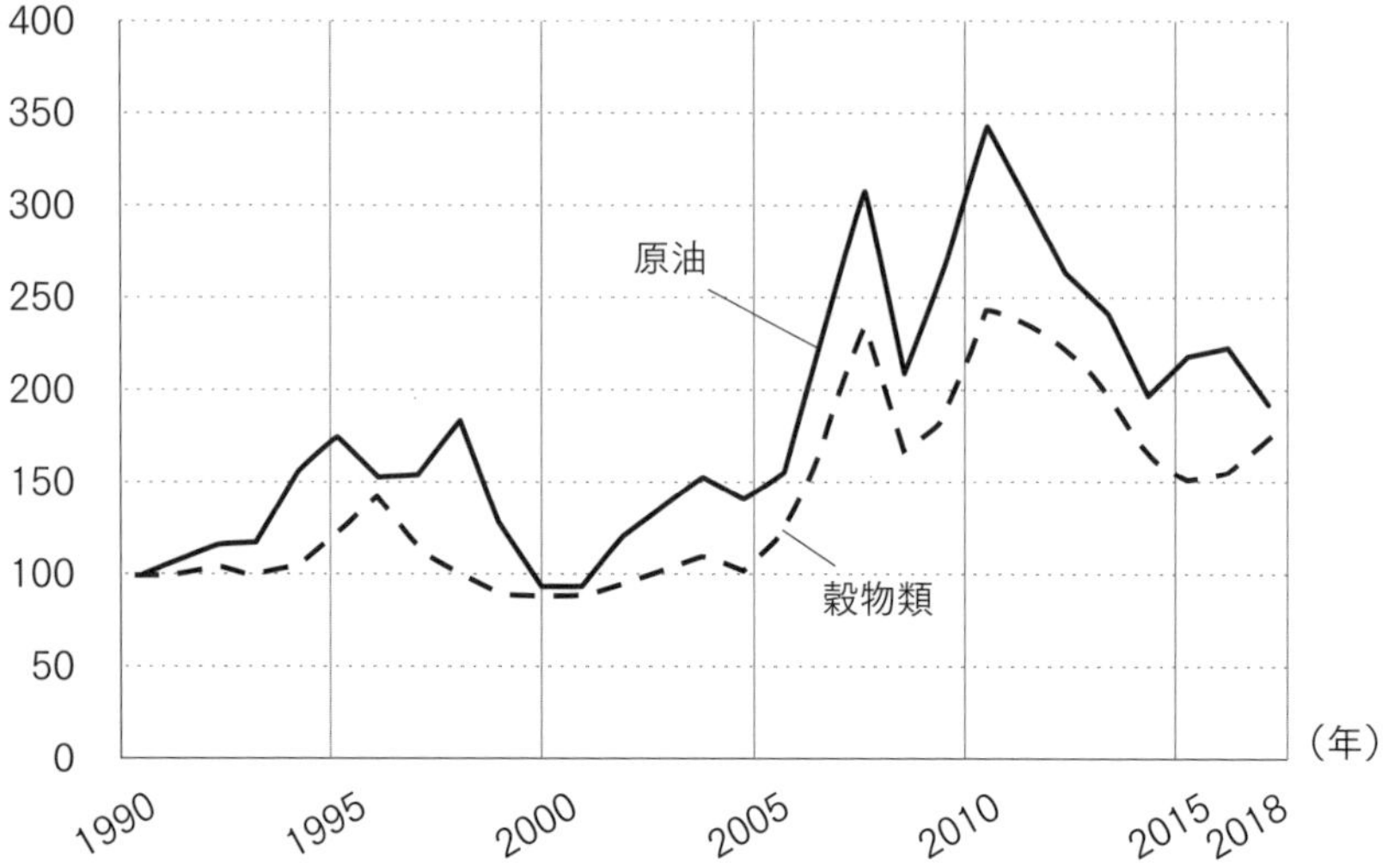

図 11-1　原油と穀物類の国際価格〈1990～2018 年〉
（注）1990 年を 100 とした時の相対価格。

4 ⊙ 二一世紀の好況

アジア通貨危機によって起こった不況に伴い成立したラテンアメリカ諸国の左派政権は、その後、好況のもとで政権を運営するという恩恵を受けた。危機が終わると、アジア諸国をはじめ世界各国で経済活動が活発になった。とりわけ、中国を代表とする工業を担う国々が、石油や天然ガスなどのエネルギー資源、鉄をはじめとする鉱物資源、そして小麦をはじめとする食料資源を活発に輸入した。その旺盛な需要によってこれら資源の国際価格は急騰した。一九九〇年価格を一〇〇とすると、最大値で原油は三四四（二〇一一年）、穀物類は二四五（二〇一一年）と倍以上の水準に達した（図11-1）。いわゆる資源ブームの到来である。

ラテンアメリカにおいて、前述の資源は引き続き有力な輸出品であったことから、この時期に各国の輸出額は大幅に伸び、税収も増えた。この結果、各国政府は道路などのインフラ整備から社会保障の拡充まで積極的な財政支出を行うことができた。良好な景気が原因なのか、政府による積極的な再分配が原因なのかは議論が分かれるものの、各国でこの時期に貧困や格差に関する指標も大幅に改善した。価格の高騰は二〇一四年頃まで続いた。

好況のもとでは、与党は選挙戦を有利に進めやすい。この時期に登場した左派政権もまたその恩恵を受け、表11-1で示した一三の国のうち、実に九もの国で与党となった左派政党が大統領選挙で連勝を収めた。ただし、後段で説明するように、与党となった左派政党が競争的な選挙を保障しなかった場合もある点には注意が必要である。

2……穏健と急進

左傾化に伴い登場した政権はどのような特徴を持つのか。この節ではまず、本書が採用する左派政権の分類の基準について解説する。その上で、その類型化に従い、典型とされる事例として前章に引き続きブラジルとベネズエラを取り上げる。

1⦿党の組織に基づく分類

左派政権の最も基本的な分類基準として、改革に対する姿勢の強さがある。左派政権の中には、既存の立憲体制を尊重し、市民の活動に自由を保障する穏健な姿勢を示すものもあれば、憲法改正など制度の大幅な変更を行うとともに、改革のために市民の自由を強く統制する急進的な政権もあった。政治学者のスティーブン・レビツキーとケネス・ロバーツは、この穏健と急進の二分法に立ちつつ、政党組織の性格に踏み込んだ類型化

	制度化した政党	新しい政党
分散した権限	〈穏健〉 ブラジル PT チリ PSCh ウルグアイ FA	
集中した権限	〈例外〉 アルゼンチン　正義党 ニカラグア　FSLN	〈急進〉 ベネズエラ　MVR エクアドル　PAIS

表 11-3　左派政党の分類

を行った。表11-3はこれを参考に作成したものである。

分類の第一の基準は、政党の制度化の度合いである。政党は公約を掲げ、有権者から支持を集めつつ、政治家の行動をまとめ（第5章）、選挙を通じて政権獲得を目指す。長期的に持続している政党は組織運営の仕方や支持基盤が安定しており、このことを制度化していると呼ぶ。これに対し、新しく作った政党の場合、組織がどのように運営され、どの有権者が支持するかは予想が困難である。

第二の基準は、権限の所在の仕方、具体的には特定の人物に権限が集中しているか否かである。制度化された政党の場合、専門化された軍のように（第5章）、権限は分散していることが一般的である。これに対し、強いリーダーシップを持つ政治家のもとに支持者が集って作られた政党の場合、政党の運営はそのリーダーの意向に強く左右される。言い換えれば、権限は特定の個人に集中している。

政党組織の制度化は特定の個人に依存しない組織運営と対応関係にあるので、表11-3にある通り、左上（制度化した政党・分散した権限）と右下（新しい政党・集中した権限）に対照的な性格の政党が登場する。そして、政権運営の仕方もまた、前者の場合は穏健で、後者の場合は急進的となる傾向が強かった。

最後に、穏健型でも急進型でもない例外に類する場合がある。これは主に表の左下に現れ、制度化された政党でありながら、特定の個人に権限が集中している場合であり、第3節で扱う。

2 ⊙ 穏健型　ブラジル・ルーラ政権

穏健型の例であるブラジル・労働者党（ＰＴ）は、二〇〇三年から一六年まで、三期一三年にわたり与党となった。最初の二期では、労働組合のリーダーであり、長年党首を務めたルイス＝イナシオ＝ルーラが大統領を務めた。

ＰＴは軍事政権下の一九八〇年に結成された。ＰＴは労働運動の全国組織や農民組織、先住民組織、キリスト教基礎共同体など多様な市民団体と緊密な関係を持ち、党が掲げる目標もまた、こうした人々の利益を体現するものであった。すなわち、主要産業の国有化や農地改革、そして積極的な社会保障に基づく貧困や格差の解消を追求するとともに、政府の運営に地方レベルで積極的に市民が参加する草の根民主主義を提唱した。党内では、現実的な政策の実現を唱えるルーラなど穏健な者よりも、目標を妥協なく追求することを唱える者が多かったため、党の全体の方針はルーラの個人的意向よりも急進的なものとなった。

一方、ＰＴは選挙による政権獲得を目指し、中央レベルから地方レベルにまで候補者を擁立するため、全国各地に支部を設け、候補者の選定や選挙キャンペーンの実施など選挙対策に力を入れる組織作りを進めた。その過程で、党の性格もまた、特定の市民団体の意向を踏まえたものというよりは、より一般に受け入れられやすい穏健な公約を主張するようになった。例えば、国有化や農地改革など私有財産に関わる主張も次第に撤回されていった。

アジア通貨危機の影響でブラジルに深刻な不況が到来すると、二〇〇二年の大統領選挙にて、これまで一貫して新自由主義を批判してきたＰＴに支持が寄せられた。ＰＴ内部でもまた、急進派がルーラの立場を受容して公約を穏健化させ、極端な主張を嫌う有権者層の支持獲得に成功した。大統領選挙ではルーラが勝利し、続く二〇〇六年の大統領選挙でも再選を果たした。

ルーラは、前政権を担ったフェルナンド・カルドーゾが実現した経済の安定を崩さない範囲で、格差解消を目指す政策を積極的に推進した。ルーラ政権とカルドーゾ政権を比較すると、年金や教育、医療の分野で支出の水準に大きな変化はなく、過度な財政支出によって物価上昇を引き起こすことはなかった。一方、飢餓と貧困の撲滅のため、貧困世帯に中央政府が毎月給付金を支給する、水道網の整備を進めるなど、広範なプログラムを同時に推進した。

ルーラ政権が穏健であることを示す特徴として、再分配政策とともに、経済成長を重視していたことが挙げられる。ブラジル積年の課題として、広大な国土をつなぐ交通が整備されていないがために、原料や製品の輸送などでコストがかかり、生産活動の効率が上がらないことが指摘されてきた。二〇〇七年には成長加速プログラム（ＰＡＣ）を掲げ、道路網など交通インフラの整備を積極的に進めた。また、政権発足前までに一〇パーセント台に下がっていた平均関税率についても（第10章）、ルーラ政権はさらに一桁台にまで引き下げた。

経済成長は順調で、二〇〇四年から一〇年にかけて、世界的な金融危機でマイナス成長となった二〇〇九年を除き、五パーセント前後の高い成長率を記録した。物価上昇率もまた二〇〇三年に一五パーセントを記録した以外は常に一桁台で推移し、二〇〇〇年時点で一〇パーセントを超えていた貧困率は、二〇一〇年には五パーセントにまで下がった。新自由主義期にはほとんど変動がなかったジニ係数も、〇・五三へと減少した。国民全体が豊かになったことで国内の消費も増えたが、農産品をはじめとする輸出は好調で、ほとんどの年で貿易は黒字だった。二〇一〇年の輸出額は二〇〇〇年の四倍を超えるほどであった。

このように、ルーラ政権は総じて好調であったが、もちろん課題もあった。ブラジルの議会選挙では小党が乱立しており、二〇〇二年選挙で政権を獲得した際にもPTは上下院で二割の議席も取れなかった。このため、年金など一部の分野では議会の反対を受け、十分な改革を行うことができなかった。また、汚職事件が後を絶たず、二〇〇六年の総選挙でPTは議席を大幅に減らした。

3 ⦿ 急進型　ベネズエラ・チャベス政権

急進型の例はベネズエラの第五共和国運動（MVR）、のちのベネズエラ統合社会主義党（PSUV）である。両党は一九九九年から現在まで政権を担っている。一九九九年の大統領選挙で勝利した党首ウゴ・チャベスは、二〇一三年に病死するまで四期一四年もの間、大統領の座にあった。

MVRは一九九七年に創設された。時間をかけて党組織を作り上げてきたブラジルのPTとは異なり、MVRは翌年の選挙に参加するために作られた新党であった。創設者のチャベスは元軍人であり、新自由主義政策を導入した民主行動党（AD）のカルロス＝アンドレス・ペレス政権に対しクーデターを試みた人物の一人である（第10章）。クーデター失敗後に逮捕され、一九九四年に軍籍を失う形で釈放されたチャベスは、民間の政治家として活動した。政権を独占してきたADら二大政党から、ADの支持基盤として新自由主義を容認した労働組合まで、左派か右派かを問わず国政に関わる政党や市民団体をチャベスは批判した。

一九九九年の選挙で、MVRは国政刷新のために憲法改正を提案し、広範な社会改革を公約として掲げた。この時点で、ADを含む主要左派政党は新自由主義政策を容認したため（第10章）、与党への不満はMVRに流れた。大統領選挙ではチャベスが六割以上の得票で圧勝を収めた。

チャベスは大統領就任後に矢継ぎ早に改革を進めた。着任した一九九九年に早くも憲法を改正し、議会の承認なく軍の人事を決定できるなど、総じて大統領の権限を強化した。その後、チャベスは省庁のみならず最高裁判所や軍、さらにはベネズエラの主要輸出品である原油を管理する国営石油公社に至るまで、自らに忠誠を誓う者を幹部に任命した。市民団体への介入も見られ、チャベス支持者の労働組合が多数新設される一方、チャベスに批判的な既存の労働組合に対しては、リーダーに身体的な危害を加えるなどの脅迫が横行した。言論の統制は年々厳しくなり、二〇〇七年に政府批判を行う大手テレビ会社が国有化されたことはその傾向を象徴する事件として知られる。

社会改革の公約も実行に移された。貧困地区での病院の開設をはじめとする医療の改善、青少年の犯罪防止を目的とした無償の音楽教育プログラム（エル・システマ）に代表される教育の普及、安価な住宅の提供など政策は広範囲に及んだ上、燃料など生活必需品に対して手厚い補助金を出し、市民に安価に供給した。同様に、政府主導で経済を成長させる戦略を取り、関税こそ高く引き上げなかったが、国営企業の活動を広げた。

有権者から広く支持を得たチャベスではあったが、改革に対する激しい反発も受けた。既存の労働組合はストライキを行うことで政権に圧力をかけ、二〇〇二年には軍人がチャベスの身柄を拘束する事件も発生した。しかし、チャベスを政権から追放する動きは高まらなかった。二〇〇四年には、新憲法の規定に従い、有権者の請求により大統領の解職を問う国民投票も実施されたが、過半数の票は集まらなかった。

積極的な社会政策の推進には多額の政府支出が伴う。必要な資金は通常の税収に加え、国営銀行や石油公社の資金を国庫に移すことで調達した。石油価格の高騰が幸いし、ベネズエラの輸出は二〇〇〇年から比べ二〇一〇年には三倍以上に増加し、ＧＤＰに対する政府支出の占める割合は新自由主義改革前の水準に戻った。物価上昇は常に二桁台で推移し、経済成長もマイナスの年から一〇パーセントを超える年まで激しく上下したが、貧困率は半減した。

このように、チャベス政権は政治と経済の両面で激しい介入を行った。政治的自由は制限され、政権末期には民主制とは言えない体制として評価されるようになった。経済面では良好な指標も多く見られたが、一連の政策がもたらす負の影響は、チャベスの死後にベネズエラに重くのしかかることになる。

（コラム）

資源ナショナリズム

資源ナショナリズムとは、自国領にある天然資源を自国民や政府が管理しようとする傾向、あるいは管理すべきとする思想である。国内にある資源はその国のものであり、その利益を享受するのは国民であるべきと考えるのはごく自然なことである。しかし、いわゆる開発途上国では自国内の資源を開発する技術や資金を持たないことが多く、それらを有する先進国をはじめとする外国の企業に資源の開発・管理を委ねるという選択肢が生じる。ここに、国のものであるべき資源が外国の手に渡るという引き裂かれた状況が生じる。

ラテンアメリカで資源ナショナリズムが発露したのはポピュリズム政権であった。メキシコ革命に伴う石油企業の国有化はその代表例である（第4章）。外国企業から資源を取り戻し、政府がそれを管理し、国民にその利益を分配することは、ナショナリズムの性格が強いポピュリズムを象徴する政策である。

二一世紀の左派政権もまた資源ナショナリズムに従った政策を行った。例えばアルゼンチンでは、一度民営化した国営石油企業の株式を政府が買い戻すという再国有化が行われた。また、ボリビアやエクアドルのように、開発を行う外国企業に対し政府との契約の見直しを迫り、より多く税金を納入させるようにすることもあった。

このように、ある時期に集中して資源ナショナリズムが高まるのはなぜだろうか。有力な仮説の一つとして、資源の国際価格の影響を指摘するものがある。価格が低ければ、資源の輸出は伸びず、資源を開発するための資金を自国だけで調達できないため、外国企業に開発の機会を開くことになる。逆に、価格が高ければ、資源の輸出は増え、自国が主導して開発を行うことが容易になるため、外国企業を統制する強い姿勢を政府が取るようになる。

こうした仮説を念頭に入れつつ、各国の資源管理について誰がどのような利害を持ち、どのような交渉が進められ、最終的にどのような政策が選択されるかを考察することは興味深いであろう。また、そのようにすることで、天然資源をどのように管理するのが公正であるか、それはいかなる条件のもとで成立するかを考えることにもつながるだろう。

3……例外

左派政党の分類である表11-3において左下に登場する政党では、制度化した組織を持っていながら、権威が個人に集中している。この場合、党首の強いリーダーシップのもと、組織化された政党は選挙における集票に力を発揮することになる。同時に、政党の存在理由として理念が果たす役割は相対的に低くなり、政党が掲げる主張も状況に応じて変化することになる。この分類に該当するのがアルゼンチンの正義党とニカラグアのサンディニスタ民族解放戦線（ＦＳＬＮ）である。

1⦿アルゼンチン・キルチネル政権

アルゼンチンの正義党は一九四〇年代にフアン＝ドミンゴ・ペロンが結党して以来、長い歴史を持つ政党である。一九七〇年代に軍に政権を奪われてからは、公的な活動を行うことはできなくなったが、一九八三年に民主制が復活したことに伴い、アルゼンチンの主要政党の一つとして再び活躍の場を得た。しかし、その後の歩みは過去の正義党とは異なる特徴を持った。

民政移管後に政権を担った中道の急進市民連合（ＵＣＲ）は対外債務危機に対応するため、新自由主義政策の導入を始めた。しかし、当時のブラジルと同様、政府支出を十分に抑えなかったため、深刻な物価上昇に直面した。一九八九年の総選挙でＵＣＲは敗北し、正義党が勝利を収めた。

大統領となったカルロス・メネムは当初、支持基盤である労働組合に向け、賃金の増額を公約していた。しかし、就任後にこの公約を翻し、構造調整に従った新自由主義政策を導入した。二期一〇年にわたる政権の間、物価は安定したが、貧困率の増加など問題も残した。労働組合は正義党に対し、民営化は支持するが賃金については条件を悪化させないなど、自由化の度合いをめぐって交渉し、正義党とのつながりを維持しつつ損失を抑える要求を通した。

一九九九年の大統領選挙では、正義党からの離党者を中心とする中道左派の政党連合とＵＣＲが協力関係を結び、勝利を収めた。その後、アルゼンチンにアジア通貨危機の余波である不況が到来した。この影響で、二〇〇一年末にアルゼンチンは対外債務の大部分を債務不履行（デフォルト）とした。経済の悪化に対処できない政府に対し、労働組合が抗議行動を展開するなど市民の反発は激しく、大統領が二度相次いで辞任するなど、政権運営も混乱した。

二〇〇三年の大統領選挙では正義党からメネムを含む三名の政治家が立候補した。結果は首位がメネム、二位が正義党左派のネストル・キルチネルであり、ともに自らがリーダーとなって正義党内外の支持者をまとめる（大統領になった際には公職など利権の分配を行う）組織を持っていた。双方とも得票率は二割程度であったため、規定に従い決選投票が行われることとなったが、キルチネルの圧勝が予想されたためメネムは辞退し、キルチネルの勝利が確定した。

新自由主義政策を導入した正義党は、本来であればベネズエラのＡＤと同様、左派としての自らの公約を違えたことで有権者からの支持を失うはずであった。ところが、正義党に代わる左派政党はＵＣＲと連合したために支持を失う一方、正義党内で強いリーダーシップを持つ政治家が支持者を束ね、その中に左派に位置する者がいたことで、正義党は政権に返り咲くことができた。

ただし、政党の運営はキルチネルという強いリーダーのもとに置かれたため、正義党は制度化されていながら権威が個人に集中した政党となった。二〇〇五年には、正義党内のリーダー間の対立は深刻になり、党組織は形骸化し、キルチネル派の組織「勝利のための戦線（FPV）」が実質的な与党となった。二〇〇七年大統領選挙ではFPVからキルチネルの妻であるクリスティナ・フェルナンデスが立候補し、勝利した。キルチネルは二〇一〇年に病死したが、その後はフェルナンデスがFPVを率い、二〇一一年の大統領選挙でも再選を果たし、二〇一五年まで大統領の座にあった。

キルチネルやフェルナンデスといった個人を軸に正義党が運営されることは、党が組織として掲げる主張ではなく、リーダー個人の考えに応じ政党の性格が決まることを意味する。まず、キルチネル政権の初期は左派とは言えないという評価が一般的である。デフォルト後の債務問題への対応として、前政権の経済大臣を留任させるなど、財政支出を抑え、経済のバランスを回復させることを主眼に置いていた。

ところが、大豆をはじめとする農産品の輸出が好調になると、政権は左派色を強めた。経済大臣は交代し、燃料や食料などへの補助金を増やし、民営化した石油企業を再度国有化し、住宅供給や失業者への給付など貧困や格差の改善に向けた多様な政策を展開した。ただし、輸出向け農産品に対して、国内での供給を優先するために輸出を禁止する、あるいは輸出税率を大幅に高めるなど、生産者の活動に厳しい規制を加えようとすることに対しては、党内外の強い反発によって、政策は大統領の提案通りには導入されなかった。

2⦿ニカラグア・オルテガ政権

ニカラグアでソモサ家の個人支配を倒し、一九七九年から九〇年まで政権を担ったFSLNは、民政移管選挙で全国野党連合（ＵＮＯ）に敗北し、野党となった（第9章）。その後、ＦＳＬＮは二〇〇六年に党首ダニエル・オルテガが大統領に返り咲き、四選を果たしている。オルテガは現在もニカラグアの大統領である。

民政移管選挙で大統領となったＵＮＯのビオレタ・バリオス＝デ＝チャモロは、就任早々に新自由主義経済政策を導入した。物価上昇率は一九九〇年まで四年連続で四桁以上を記録していたことから、経済再建のために国際通貨基金（ＩＭＦ）からの融資を受けた。そして、融資を受ける条件として、ＦＳＬＮ政権が拡充してきた社会保障を削減しつつ、経済活動の自由化を進めた。物価上昇率は二年後に二〇パーセント台、四年後に一桁台にまで下がったが、この間の経済成長はほぼゼロであった。

反ＦＳＬＮを掲げ、左派か右派かを問わず広く政党が集まって結成されたＵＮＯは、ＦＳＬＮに勝利を収めた後、結束する理由を失った。早くも一九九二年には、複数の保守政党が次回大統領選挙に向けた連合を表明し、チャモロ以外の政治家を候補に立てる姿勢を示した。この保守政党が一九九六年と二〇〇一年の大統領選挙で連勝を収め、チャモロの新自由主義政策を継承した。

同じ時期に、ＦＳＬＮもまた大きく変質した。ソモサ政権やコントラとの武力闘争に勝つという軍事的目的が失われ、民主制のもとで活動する政党となったＦＳＬＮは、他の政党と同様に利権の分配によって支持者をつなぎとめる必要が出てきた。一九九〇年大統領選挙に敗れ、野党に転落した影響で党員が減少すると、オルテガは与党と良好な関係を築くことで、利権を保持することを目論んだ。こうした方針転換は党の中道化につながると反発する者もいたが、彼らは党を去り、ＦＳＬＮはオルテガの個人政党としての性格を強めた。

こうした方針転換には別の動機もあった。民政移管前にＦＳＬＮ政権が国有資産を党員に払い下げたことなど（第9章）、オルテガを含むＦＳＬＮ党員に関わる汚職や不正が数多くあったため、その追及を避ける狙いがあった。一九九八年にＦＳＬＮは与党と協定を結び、与党がＦＳＬＮに公職を与える代わりに、ＦＳＬＮは与党の汚職を追及しないことなどが合意された。

前節で示した穏健なブラジルと急進的なベネズエラの対比を当てはめれば、二〇〇六年の選挙でＦＳＬＮが勝利したことは、新自由主義政策の導入に加担しなかった左派政党が不況に伴い支持を集めたという意味で、穏健に分類されることが予想される。しかし、ＦＳＬＮはもはや組織として左派を標ぼうする政党ではなく、オルテガの強いリーダーシップのもと、右派政党との協力もまったくいとわない政党となった。二一世紀のＦＳＬＮはサンディニスタ革命時のＦＳＬＮとはまったく異なる性格を持っている。

実際、二〇〇六年のオルテガ政権発足以降、ＦＳＬＮはもはや左派政党ではなく、中道政党であると評価されることが一般的である。公教育を無償化し、キューバ政府の支援を受けた識字普及プログラムを進めるなど、社会政策面では左派の傾向が見られるが、同時に保守的な傾向も多い。

その例としてしばしば言及されるのが中絶に関する議論である。ラテンアメリカの主な宗教はカトリックであるが、カトリック教会は胎児の生命を尊重する立場を取ることから、保守の立場を取る有権者は中絶に反対する。左派政党はこれに対し、女性が中絶する権利を尊重するのが一般的であるが、ＦＳＬＮは保守的な有権者に配慮し、中絶に反対する姿勢を取っている。

経済政策面でも左派色の薄さがしばしば指摘される。オルテガ政権は発足当初より自由貿易を歓迎しており、関税率を過去の政権よりも一層下げた。さらに、当時のＩＭＦが構造調整に代わって推進していた、中長期的な貧困削減政策に向けた融資をＩＭＦから受け、その条件として政府支出を抑制した。

他のラテンアメリカの国々と同様、ニカラグアの輸出も好調であった。主な輸出品はコーヒーと牛肉、そして金（きん）であり、二〇〇〇年から一〇年間の間に輸出額は倍増した。経済成長も世界的に不況であった二〇〇九年を例外として好調であり、物価上昇率も一時的に二桁台に達する以外は、比較的安定していた。

統治の面で見ても、オルテガ政権は独特の特徴を持っていた。オルテガは二〇〇六年の大統領選挙にあたり憲法改正を公約には掲げておらず、既存の政治体制を前提とした点で、ブラジルのルーラ政権と同様の穏健な姿勢を示した。しかし、実際に政権が発足すると、オルテガはベネズエラのチャベスと同様、政治的自由を制限するようになった。二〇〇六年選挙でFSLNは議会の過半数の議席を獲得することができず、野党が立法を支配した。これに対し、オルテガは野党の政治活動を妨害するようになった。マスコミにおける政府批判を禁じた上に、二〇〇八年に実施された地方選挙では、FSLNが支配する選挙管理委員会が主要な野党からの立候補を認めず、国内外で強い批判を受けた。オルテガ政権期の間にニカラグアの体制スコアが低下したのは（第1章）、こうした強権的な政治運営が反映されたものである。

〈コラム〉二一世紀における文民統制

二一世紀のラテンアメリカ政治では左傾化が最も重要な変化として知られるが、それに隠れた形で、一部の国で文民統制が進行したことも注目すべき出来事である。「二重の移行」の後、移行期正義の分野では人権侵害の追及や被害者を救済する措置を取ることは困難であった（第10章）。冷戦が終わり、安全保障上の脅威が小さくなった上に、民政移管から約二〇年が経過し、軍事政権を担った軍人の数も減少してきたことで、文民統制に向けて踏み込んだ決定が下せるようになった。全体的に見れば、文民統制は左派政権のもとで進む傾向が強かったが、そうでない政権でも進んだ。

軍事政権が混乱を伴いながら崩壊した後、軍人が人権侵害の訴追に激しく抵抗したアルゼンチンでは、キルチネル政権期に大きな進歩があった。民政移管後のクーデター未遂に伴い、アルゼンチンでは人権侵害の追及を制限する法律が成立したが、キルチネル政権時にこれは無効となり（第10章）、二〇〇七年以後、数千名もの告発が裁判所に寄せられた。さらに、それまで防衛政策の計画と実施は事実上、軍が単独で担っていたが、二〇〇六年の国防法制定により、国防相が防衛戦略を決め、それに従った計画を立てるよう軍に命じる権限が定められた。

チリでは、アウグスト・ピノチェト軍事政権が憲法を制定した後で民政移管が実現し、民主制のもとでも軍が強い権限を持ったが（第9章）、二〇〇五年に憲法が改正されたことで、三つの大きな変化が生じた。第一に、軍人が保有していた上院議員の議席枠が廃止された。第二に、軍司令官の人事は大統領のみならず軍人も参加する国防委員会での審議で決まっていたが、改正以降に人事は大統領が単独で決定できる事項となり、軍の意見を反映させる機会は制度上失われた。第三に、一九八〇年憲法では国内の治安維持は軍の業務に含まれていたが、改正によって警察と憲兵（カラビネロス）の業務となった。

無論、文民統制はいまだ十分な水準にあるとは言えない。ブラジルではカルドーゾ政権とルーラ政権のもとで文民の権限強化が図られ、一九九九年に国防省が創設されるも、国防相は軍を指揮する権限を持たなかった。また、軍人の犯罪のみならず、軍人に対する文民の犯罪までも軍が持つ法廷で裁判をすることになっており、司法の介入は認められていない。民主制が長期化し、政治における軍の存在感は低くなっているが、問題はいまだに継続している。

第12章

これからのラテンアメリカ政治

ラテンアメリカ諸国の政治は先植民地期から二一世紀に至るまで、世界の政治や経済の動きに連動しつつ、共通性と多様性を伴いながら進展してきた。本書を締めくくるこの章では、これまでの議論を踏まえつつ、二〇一〇年以降のラテンアメリカ諸国の政治とその未来について扱う。

民主化の三度の波を経て、ラテンアメリカでも、そして世界でも、多くの国で民主制が成立した。しかし、二一世紀に入って以来、民主制国家が増え続けるという傾向が覆っている。第1章で示した、世界における民主制と専制の割合の推移に関するグラフ（図1-2）にある通り、民主制の数は二〇世紀末にピークを迎えたが、その後減少に転じている。

民主制が自ら非民主的になっていくことには、地域を問わず広く見られるパターンがある。政府は批判的なメディアや市民を攻撃し、場合によっては虚偽の情報を積極的に流し、市民を政府の支持者と反対者に分断する。そして、支持者の存在を根拠に、民主制を支える制度を壊そうとする。

米国で、民主党バラク・オバマ政権の後に成立した共和党ドナルド・トランプ政権はその代表例である。ソーシャルメディアを用いながら、根拠のない情報をもとに野党などを公然と批判する様子は連日のように報じられた。その後、再選を狙った二〇二〇年大統領選挙で敗北すると、開票に不正があることを訴えた。翌年一月、トランプの支持者が首都に集結し、暴力的に議事堂を占拠したことは、米国が持つ民主国家のイメージに反する衝撃的な事件であった。

第二次世界大戦後の連合軍による占領が終わって以来、日本は安定した民主制国家であり、米国の議事堂占拠に類するような明らかな危機は発生していないが、民主制は決して安泰とは言えない。東日本大震災や新型コロナウイルスの感染拡大など、国民の生命に関わる事件に対し、与党を担った民主党や自由民主党の対応には十分な国民の理解が得られなかった。また、長期に及ぶ自民党政権下では不正な公金の使用が疑われる案件が相次いだが、その実情についてはいまだ解明されていない。こうした状況は市民の政治に対する幻滅をもたらし、投票率の低下など市民の政治参加を低下させている。

専制から民主制への移行に関しても先行きは不透明である。アジア諸国を含め、開発途上国が経済的に成長したことは、これらの国の政治体制を民主化させる効果が期待されるが、それが目に見える結果としてはいまだ表れていない。また、世界第二の経済大国となった中国ではいまだ共産党の一党支配が続いている。米国がかつて中米カリブ諸国で行ったように、経済的な影響力を持つ国は貿易のパートナーとなる国の政治体制に強い影響を及ぼす可能性があるが、中国がラテンアメリカを含む諸外国の民主化にどのような影響を与えるかはいまだ解明されていない。

現在のラテンアメリカの政治状況に対する研究は蓄積が進んでいる途上にあり、本章で扱うテーマには明確な答えがまだ見出されていない。しかし、前記のような民主化をめぐる状況を念頭に置きつつ、現在のラテンアメリカ政治を多角的に検討することで、理解を深めることを本章は目指す。

1……民主制の後退

世界で民主制の国が減少する中、ラテンアメリカでは政治体制にどのような変化が起きたのか。第11章で扱った左傾化との関連を踏まえつつ、全体的な状況を把握した上で、特徴的な事例を示す。

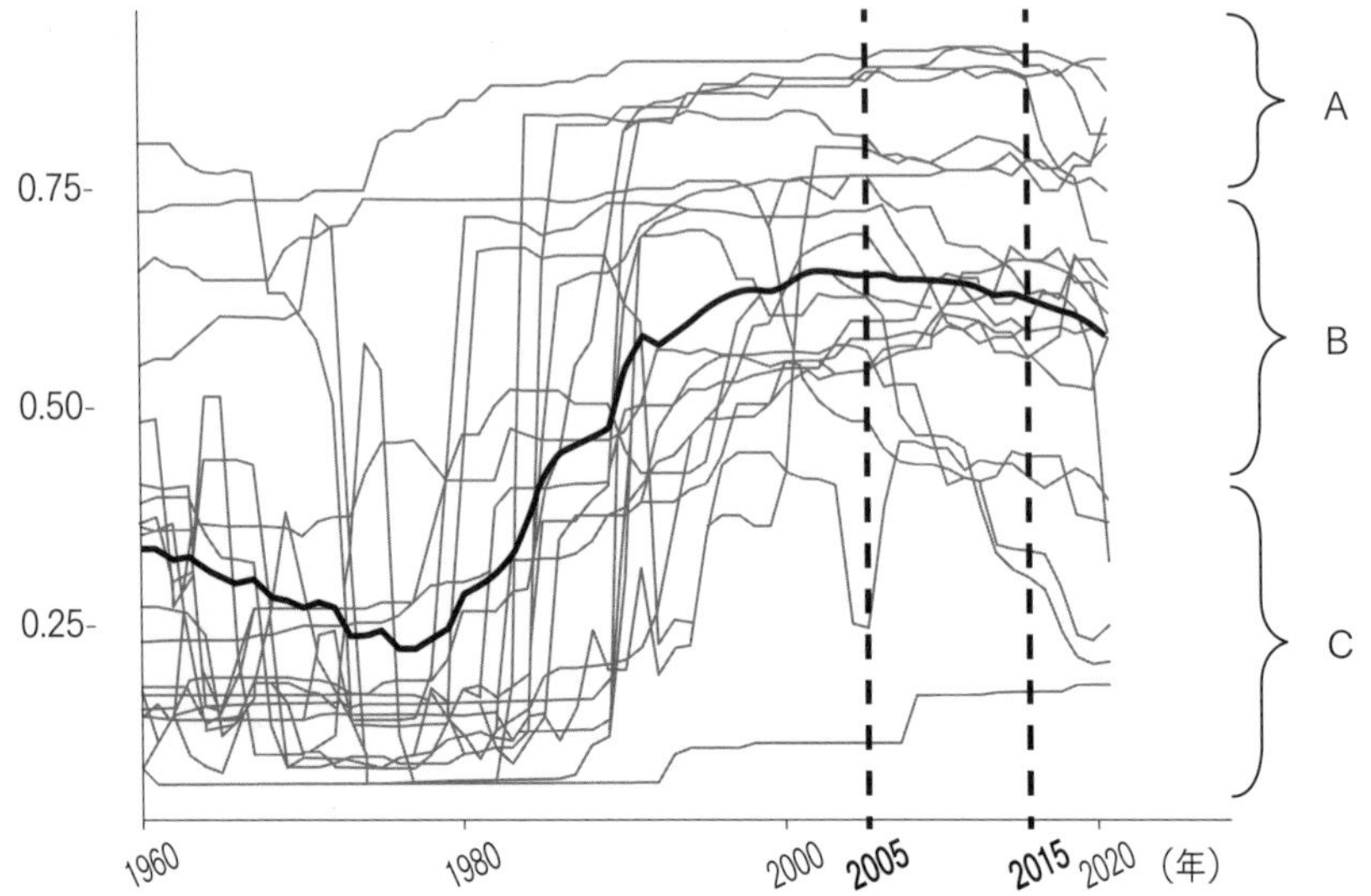

図 12-1　ラテンアメリカ諸国の体制スコア〈1960〜2020 年〉

1 ⦿ 政治体制の変化と左傾化

一九六〇年から二〇二〇年までのラテンアメリカ二〇か国の体制スコア（V-Dem 選挙民主主義指標）の動向は図12－1の通りである。中央に見られる黒の太線は平均値を表している。一九八〇年より前は軍事政権が多く、低い値を取る国が多かったが、民主化の「第三の波」により、各国のグラフが急激に上昇していることが見て取れる。しかし、二一世紀に入ると、平均値が緩やかな下降をたどっており、全体として非民主化している傾向が見て取れる。

より詳細にラテンアメリカ諸国の多様性を見てみよう。資源ブームは二〇〇〇年代半ばから二〇一四年頃に終了したことを踏まえ、図12－1には二〇〇五年と二〇一五年を表す縦の点線が書き込まれている。この期間に着目して、各国の折れ線グラフの位置を見ると、三つのグループに分けられる。グループAは指標が〇・七五を常に上回る高いスコアを示している国々である。アルゼンチンなど南部南米諸国に加え、ペルーとパナマなどが

グループ	何回目の大統領選挙での当選か 3回以上	2回	1回	左傾化なし
A	アルゼンチン　チリ ウルグアイ　パナマ ブラジル　コスタリカ	ペルー		
B	グアテマラ エルサルバドル	ボリビア グアテマラ	エクアドル パラグアイ	メキシコ コロンビア ドミニカ共和国
C	ニカラグア		ベネズエラ	ホンジュラス

表12-1　左派政権の種類と体制スコアのグループの対応
（注）専制にあるキューバと内紛が深刻なハイチは除く。

含まれる。グループBは太線である全体の平均の周囲にあり、〇・七五に到達せず、総じてスコアが低落傾向にある国、言い換えれば民主制ではあるものの、その運用に問題がある国々を示す。メキシコや多くの中米諸国、そしてアンデス諸国が含まれる。最後に、グループCは水準が〇・四以下、つまり民主制とは言えない体制にある国々である。共産党一党支配が続き、常に値が低いキューバ（第6章）に加え、以前は民主制であったが、のちにそうでなくなった四つの国（ニカラグア、ベネズエラ、ホンジュラス、ハイチ）が含まれる。

この三つのグループと、前章で扱った左傾化における与党の新しさには対応があるのだろうか。第11章のように政党を新旧で分ける場合、研究者によって評価が分かれる政党があることから、表12-1では、左傾化の時期に与党となった左派政党が、何度目の大統領選挙で勝利したかに着目して対応を示している。第11章の分類で穏健な既存政党とされたものは三回以上、急進的な新興政党とされたものは一回の列に登場している。

まず、全体的に見れば、体制スコアの高さと左傾化政権の新しさには対応関係が見られる。グループAには大統領選挙の参加回数が多い、古くからある政党が与党となった国が集まる。そして、参加回数が少ないほどグループBやCに属する国が増える。

体制スコアの高さと与党となる左派政党の新しさにどのような関係があるのかはまだ明確な回答が出ていない。ただ、既存の政党が与党となったから（三回以上の列にあるから）といって、体制スコアが高いとは限らない一方、体制スコアが高い（Aの行にある）ペルーを例外として、既存の左派が必ず勝っていることがわかる。したがって、体制スコアが高い国では新興政党が人気を取ることが難しく、左派としての立場を安定して取り続けてきた組織的な政党が有権者の新自由主義批判を受け止めたと言えそうである。

なお、グループAに登場するいくつかの国には重要な特徴がある。ブラジルを除く南米南部諸国とコスタリカは国家形成期から自由主義の影響が強く（第2、6章）、ラテンアメリカ域内でも国民の福祉水準が比較的高いことである（第1章）。国家形成期や植民地期の状況が今日の民主制のあり方をいかにして左右するのか、そのメカニズムはまだ明確ではないが、安定した民主制に歴史的な起源があることを予想させる対応関係があることは興味深い。

なお、グループBやCについては、与党となった左派政党の新しさが多様である上に、左傾化を経験していない国も含まれている。これは、スコアの低さは与党の性格とは異なる別の要因が関わっていることを示唆している。また、急進的な態度を取る傾向がある新しい政党であっても、専制に転落したのはベネズエラのみであることから、大統領選挙の参加回数が一回や二回の新しい政党については、なぜベネズエラのようにならなかったのかを問う必要があるだろう。

2 ⦿ 資源ブームの終わり

二一世紀の資源ブームはラテンアメリカ諸国に好景気をもたらした。しかし、ブームが終われば、市民の生

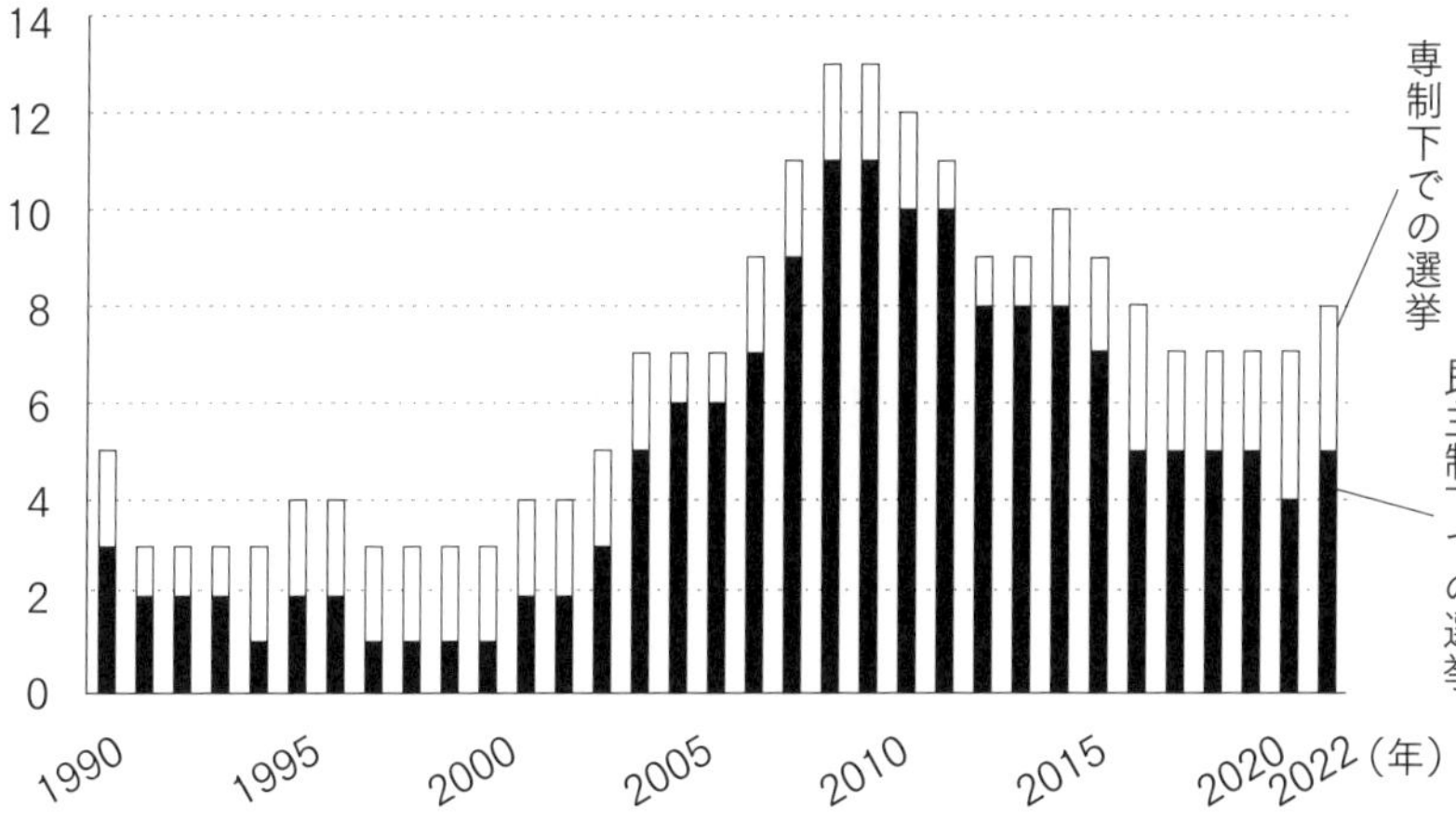

図 12-2　左派政権の数〈1990〜2022 年〉
（注）大統領など執政代表者の選挙時に選挙の競争性が最低限保障された体制（V-Dem 選挙民主主義指標下限 0.4 以上）を持つ国とそうでない国を示す。軍人と無所属の大統領は含まれない。

活は以前より苦しくなり、与党もまた従来のように潤沢な政府支出を続けることは困難となった。結果として、与党が選挙で敗北を喫することが多くなり、中道や右派の政党に政権を譲ることも増えた。

図12-2は一九九〇年から二〇二二年までの各年の年初時点における左派政権の数である。二〇〇九年にピークを迎えた政権数は一三に達したが、その後下落の一途をたどり、資源ブーム後の二〇一八年には七にまで減少した。二〇二二年の時点で左派政権数は下げ止まりの状態にあり、左派と中道・右派のどちらが優位になるかは確認されていない。

不況はまた、各国の政治運営を不安定にもした。図12-1のグループAを見ると、二〇一五年を境に各国の線が散り、二つの糸がほどけたような形状が見られ、下降線をたどる国が複数あることがわかる。中には、グループBの水準にまで大きくスコアを下げるブラジルのような事例もある。同様に、グループBもまた二〇一五年以降にスコアの散らばりが大きくなり、ボリビアはグループCの水準にまでスコアを下げた。

3 ⦿ 非民主化の実例

民主制の後退は具体的にどのような形で進展したのか。第11章で登場した国を再度取り上げることで確認しよう。

急進左派の事例であるベネズエラ統合社会主義党（ＰＳＵＶ）政権は二〇一〇年代にベネズエラを専制化させた。二〇一〇年代のウゴ・チャベス政権は、原油の輸出が好調であったにもかかわらず、様々な問題に直面した。その例として知られるのが食料の不足である。市民向けに安価に食料を提供するよう、政府が強い価格統制を行った結果、販売しても利益を見込めない生産者と小売業者が食料の供給を行わなくなった。治安も悪化し、政府に対する不満も必然的に高まったが、政府は野党政治家など政府を批判する者を相次いで逮捕した。

チャベスは二〇一三年に病死し、副大統領であるニコラス・マドゥロが大統領に昇格したものの、政治や経済の自由を厳しく制限する統治は続いた。とりわけ深刻だったのが、憲法に定められた統治ルールの侵害である。二〇一五年の議会選挙では野党が過半数を占めたが、マドゥロは二〇一七年に制憲議会選挙を行い、その際に野党の参加を著しく制限した。八割弱の議員がマドゥロ支持者で構成された制憲議会は、のちに自らをベネズエラの最高意思決定機関であると宣言し、既存の議会を否定した。二〇一八年に実施された大統領選挙もまた野党の参加が制限されるなど、選挙は公正さを欠き、マドゥロが圧勝を収めた。経済の混乱が一層激しくなったことも手伝い、現在までにベネズエラの国内総生産（ＧＤＰ）はチャベス政権発足時からほぼ半減し、人口三〇〇〇万人を擁する国にあって、六〇〇万人もの国民が出国した。

ダニエル・オルテガの個人政党と化したニカラグアのサンディニスタ民族解放戦線（ＦＳＬＮ）政権もま

た、ニカラグアを専制化させた。オルテガへの権力集中を可能にしたのは、オルテガが大統領就任後に進めた一連の制度改革である。二〇一一年の大統領選挙でオルテガは再選を果たし、議会でもＦＳＬＮが単独で過半数の議席を占めて圧勝した。二〇一四年には議会が憲法改正を行い、大統領の再選に関する規制を廃した上に、軍と警察の司令部の人事権は大統領のみが持つこととなった。さらには、軍や警察に限らず、あらゆる政府組織がＦＳＬＮ関係者で占められるようにもなった。その対象は最高裁判所や選挙管理委員会、会計機関などにも及んだ。

選挙の公正性の欠如は深刻である。議会における与党ＦＳＬＮの議席占有率は、二〇〇六年では三八パーセントであったが、二〇一一年以降は過半数を超えている。二〇二一年の大統領選挙では、選挙に先立って政府に批判的な野党政治家や市民組織のリーダーが逮捕されるなど、候補者間の競争が保障された状況ではなく、欧米諸国や米州機構などから批判が寄せられた。

言論の自由に対する侵害も著しい。政府は与党関係者の協力も得ながら、政府に批判的な報道機関の職員やフリーランスのジャーナリストに対し、脅迫から逮捕、司法の場での告発まで様々な手段で活動を妨げてきた。二〇二〇年にはインターネット上で「虚偽の情報」を流布した者を刑事罰に処する法律も制定されたが、何が虚偽であるかは明確な基準がないため、政府による恣意的な逮捕が可能な内容となっている。

（コラム） 中国とラテンアメリカ政治

二一世紀に入り、ラテンアメリカ諸国と中国の経済関係は急速に緊密化し、それに伴い政治的、社会的な関係も深まった。二〇〇八年、胡錦濤率いる中国政府は対ラテンアメリカ政策についてまとめた「対ラテンアメリカ・カリブ政策白書」を発表した。中国とラテンアメリカは相互に経済成長をもたらす存在であるとした上で、ラテンアメリカとの補完的な関係の構築と平和的繁栄を目指すと白書は提唱した。

二〇一〇年代になって投資や金融、インフラ建設といった経済面での中国の存在感はさらに顕著となった。習近平が国家主席となったのち、二〇一六年にはラテンアメリカとの協力は新たな段階に入ったと中国政府は表明し、政府の教育文化機関である孔子学院などを活用したソフトパワー（軍事力や経済力による強制ではなく、文化理解などによる共感によって支持を得る力）を強化した。さらに翌二〇一七年には、ユーラシア大陸の貿易促進を主な目的としたインフラ整備プロジェクトである「一帯一路構想」を拡張し、ラテンアメリカもその構想の対象に含まれることが発表された。ラテンアメリカ諸国は構想への参加を次々と表明し、二〇二二年までに一二の国が中国政府と覚書を取り交わした。

ラテンアメリカが中国との関係を深めることについては、三つの見方がある。まず、外交上の友好国が増えることで、ラテンアメリカの国際関係において長らく見られた米国の優位を解消することができるという肯定的な見方がある。これに対し、開発援助のみならず、シャープパワー（世論操作や工作活動などで相手国の体制を転覆させる力）も行使して、米国に代わりラテンアメリカを支配するという悲観的な見方もある。さらには、こうした二つの見方はいずれも大国本位で国際関係を見ているという批判に基づき、ラテンアメリカ諸国は米中双方に対して自立的に行動することを強調する見方もある。ラテンアメリカ諸国が今後、どのような外交を行うかが注目される。

民主化の観点から言えば、二つのことが関心として挙げられる。まず、中国が民主制国家ではないことから、ラテンアメリカ諸国の専制を国外から支えることが予想される。この点についてはいまだ明確ではないが、中国の主な関心が経済的利益にあり、政治体制は関係強化の要因にはならないという評価が現在では有力である。例えば、チャベス政権期のベネズエラと中国は非常に友好的な関係にあったが、経済が混乱を極めたマドゥロ政権においては、中国はかつてほど積極的にベネズエラとの交流を深めようとはしていない。

もう一つの関心は中国政府の開発援助の影響である。中国の援助がラテンアメリカで拡大した背景として、資金の用途や事業が与える環境的影響に関する審査が欧米や日本のそれに比べて簡素であり、ラテンアメリカ諸国の政府には利用しやすいことが知られている。しかし、この簡素さが原因で、中国の援助に関連する事業が汚職の温床になっているとの指摘もある。

2……民主制を脆弱にするもの

民主制がその質を損ね、場合によっては専制にまで陥ってしまう事態を前に、その原因に関する研究が進められている。この節では、考察の上で重要なテーマとなると思われる中間層、統治機構、汚職という三つのテーマを扱う。

1◉中間層

富裕層でも貧困層でもない集団である中間層は、民主制の運営にとって重要な存在である。一定の教育水準と所得水準を持つ彼らに対しては、納税者として政府を監視し、政府が正しく機能するよう規律づけることが期待できる。中間層には多様な定義が存在するが、どの定義を取るにせよ確実に言えることは、ラテンアメリカでは二一世紀に入ってから中間層が増えたということである。

図12-3はある国際機関が推計した中間層の人口比率である。この調査では中間層を、一日あたり一〇〜五〇米ドルを消費する者として定義している。この図からは、一部の国を除いて中間層が顕著に増加していることがうかがわれる。ウルグアイでは人口の過半数が中間層となり、人口が二億人を超えるブラジルでは一〇ポイント以上も上昇し、二〇〇〇万を優に超える国民が貧困層から抜け出した。

この新しい中間層の存在は政治の民主化に貢献しているという評価がある。ブラジルでは二〇一三年、一部主要都市の政府が公共交通料金を値上げしたのを機に、それに反対する抗議行動が起きた。実際の抗議の対象は料金の問題にとどまらず、深刻な汚職から、翌年開催のサッカーワールドカップや三年後に開催のオリンピ

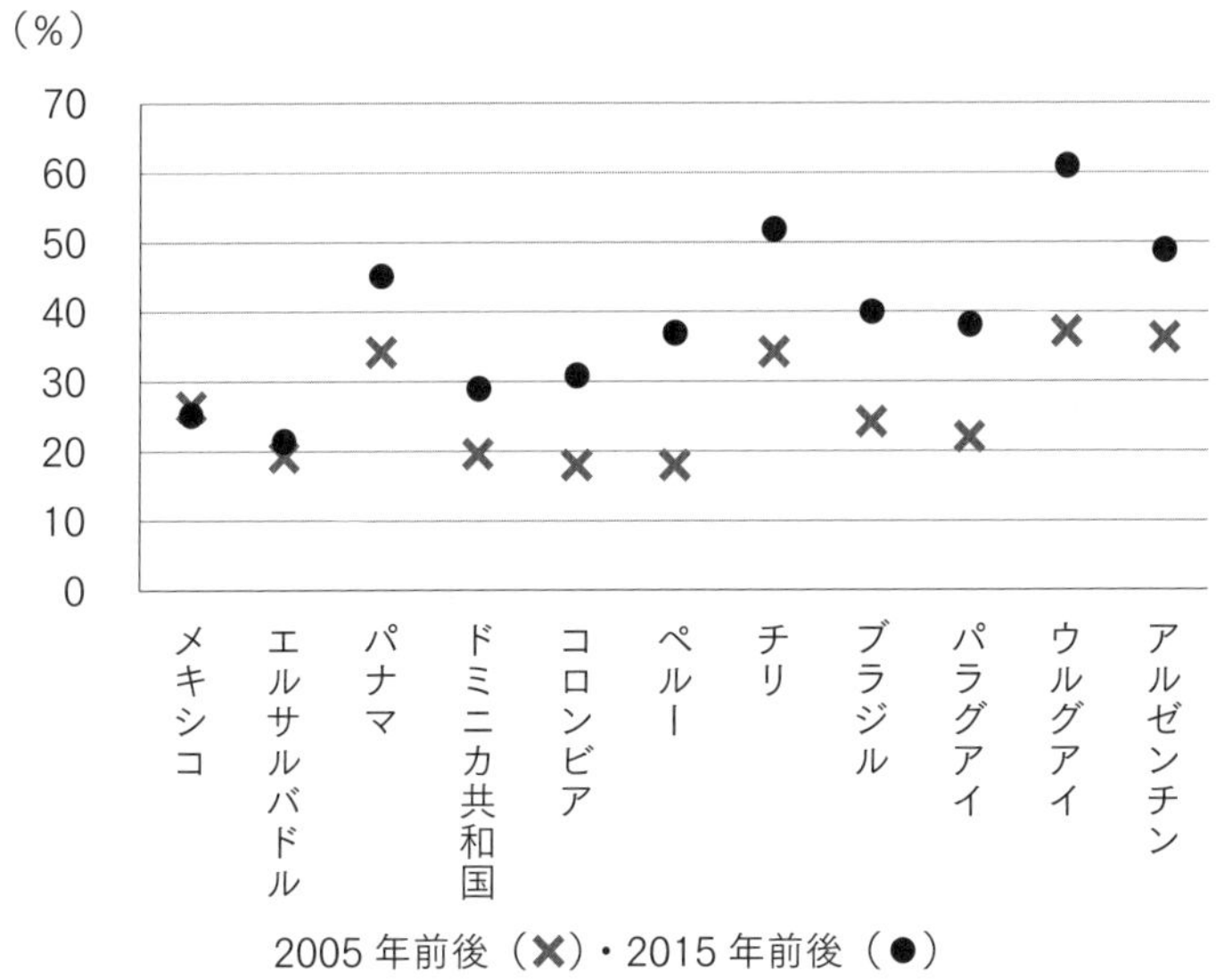

図 12-3　中間層人口比率

（注）各国とも基準年に最も近いデータを示している。

ックに向けた政府の過剰な支出まで、広範囲に及んだ。他の国でも、二〇一〇年代に同様の抗議運動が都市部で発生したが、いずれも政府に適正な政策を求めるものであった。

一方、中間層の評価に対しては二つのことに留意する必要がある。まず、中間層の性格が国を問わず同じである保障はない。ペルーの世論調査に関する分析では、同国の中間層は増税によって行政サービスを拡充することを肯定的には評価せず、むしろ政府の役割を小さくすることを好むことが指摘されており、政府に対する中間層の関心の低さがうかがわれる。

もう一つの留意すべき点として、安定性の問題がある。工業化に成功し、自国で有力な商品を作り出せる経済を持っていれば、中間層の雇用は比較的安定していると言える。しかし、ラテンアメリカはいまだ原料の輸出で経済を支える状況にある。これは原料の国際価格の変動によって景気が大きく左右され、価格が下がれば中間層の雇用も大きく失われることを意味する。

資源ブームが終わり、新型コロナウイルスの影響で不況に一層拍車がかかることで、多くの中間層が貧困層に転落した。このことは昨今の民主制の後退の原因になっている可能性がある。今後は、失われた中間層の規模とその影響について、詳細に検討する必要がある。

2 ⦿ 統治機構

民主制における基本的な統治機構とは、立法を司る議会、司法を担う裁判所、そして政策の執行を担う執政による三権の分立である。しかし、一九九〇年代のペルーや（第10章）、二一世紀のベネズエラやニカラグアで見られたように、大統領率いる執政が立法や司法を支配することがある。三権がそれぞれの役割を果たすという憲法上の想定が実現しないのは、三権の間には鋭い対立が生じる可能性があることに起因する。

執政と議会の関係については、ラテンアメリカ諸国が大統領制を採用していることに注意する必要がある。大統領制は議院内閣制とは異なり、執政と立法が分離している（第3章）。執政は法律を根拠に政策を行うが、大統領が過半数の議員の支持を受けていない場合、そのような法律は制定されない。また、大統領は何らかの罪に問われても裁判を受けない特権を持つことが多いが、議会が承認すれば裁判にかけられる、あるいは議会自体が大統領を裁判できると定める法を持つ国は多い。さらに、大統領を解任できる弾劾の権利を憲法が議会に認めている場合もある。議会を支配できていない大統領は、自らの望む政策を実行できず、常に地位を脅かされる場合もあるため、議会を閉鎖しようとする動機が働くことになる。

司法もまた大統領に不利な働きをすることがある。司法は立法で定められた法律のみならず、執政が進める政策に対し、憲法に照らして適法であるかを判断する権限を持つため、政策を妨げるおそれがある。また、大統領が裁判にかけられた場合、その命運は判事に委ねられる。加えて、大統領自身が裁判にかけられなくても、大統領の支持者や政党に対し不利な判決を下すおそれもある。こうしたリスクを回避すべく、大統領は自らに忠実な裁判官を多数任命すること（コートパッキング）や、不利な判決を下す可能性のある裁判官を脅迫することなどによって、司法を執政に従属させようとする。

無論、執政が司法や立法を支配するこうした行為は憲法違反であり、大統領の権威の根拠となる憲法を自ら否定することになる上に、有権者や外国から批判を受けることも避けられない。冷戦期の軍事政権に見られたように、専制であっても有権者の支持がないと政治の運営は困難であり（第7章）、非民主的な政府に対しては外国から貿易の停止などの制裁を受けることもあるため、三権分立を崩すことは大統領にとって容易ではない選択肢である。

言い換えれば、大統領が三権分立を侵害する選択を下したことは、そのようにしなければならない強い理由があったことを意味する。これまでの議論を踏まえれば、大統領が何を政策として実行したいのか、議会や司法、そして有権者が大統領をどの程度支持しているのか、そして三権のそれぞれにどのような権限があるのかに着目して、分析を進める必要があると言える。

3 ⦿ 汚職

汚職は古くからある政治問題であり（第5章）、現在においてもまたそうである。とりわけ、積極国家の時代から政府が担うべき役割が広がった結果、不正を働く機会も増えた。

政府の役割が肥大化した悪弊として知られるのが企業の登記である。企業を立ち上げ、政府に届ければ、企

程度 （指数の範囲）	国数	ラテンアメリカ	その他の国
低（69-87）	23	ウルグアイ	日本　米国
やや低（50〜69）	36	チリ　コスタリカ	スペイン
やや高（29〜50）	71	キューバ　アルゼンチン　エクアドル コロンビア　パナマ　ペルー　ブラジル エルサルバドル　ボリビア　メキシコ	中国
高（9〜29）	40	ドミニカ共和国　パラグアイ　グアテマラ ホンジュラス　ニカラグア　ハイチ　ベネズエラ	北朝鮮

表 12-2　汚職認識指数〈2019 年〉
（注）各カテゴリーでは、指数の高い順に国名が並んでいる。

業は法律で認められた存在となり、銀行から融資を受けるなどの利益を受けられる。日本で起業する場合、手続き完了に一〇日程度を要すると言われる。一九八〇年代前半のペルーで、経済学者エルナンド・デ＝ソトがTシャツ製造会社を起業したところ、実に二八九日もかかり、その過程で度重なる賄賂の要求もされた。企業を法的に認める名目で不必要な手続きが作られ、それを利用して公務員が私的に利益を得る構図は、市民が行政を利用する動機を減らし、法の保護から外れた人々（インフォーマルセクター）を作る原因とされる。デ＝ソトの研究は、政府の効率化を求める新自由主義を推進する根拠となった。

市民が煩雑な手続きに直面し、それを避けることができないなら、賄賂を渡して解決することは当然の選択肢となる。これは効率的汚職と呼ばれる。市民に悪意はないにしても、効率的汚職を行うことは法を遵守する意義を低くしてしまう上に、政権を獲得することで得られる利権を高め、不正をしてでも政権を獲得ないし維持しようとする誘因となるため、民主制を損ねるおそれがある。

表12-2は、国際NGOであるトランスペアレンシー・インターナショナル（TI）が二〇一九年に発表した腐敗認識指数をもとに、ラテンアメリカ諸国と主要国を比較したものである。総じて、体制スコアの高いグループに

いる国ほど、汚職の程度が低い傾向は見て取れるが、ＴＩの評価で汚職の度合いが低いと言える最低限の値である五〇を上回っているのはわずかに三か国のみで、ほとんどの国は汚職の多い国として評価されている。

一方、経済のグローバル化が進んだ結果、汚職もまた一国には収まらない問題となっており、解決は困難である。資産に税を課さない国である租税回避地の利用はその例として知られる。世界各国の富裕層は自国で資産を持っていると課税されることから、租税回避地に資産を移す。租税回避地は資産に関する情報を外国に提供しないため、汚職に手を染めた者もまた不正に得た資産を租税回避地に移し、汚職の証拠を隠す。二〇一六年に租税回避地を扱うパナマの法律事務所の内部文書、通称パナマ・ペーパーが漏洩し、複数のラテンアメリカの国で租税回避地が利用されていることが判明している。

（コラム）

破綻国家ハイチ

ラテンアメリカで最初に独立を果たしたハイチは、フランスから課された多額の賠償金（第3章）、米軍による支配（第6章）、そして経済開発に無関心な独裁者による長期統治（第8章）など、苦難の多い歴史をたどってきた。そして、現在のハイチは政府が有効な統治を行うことができていない国、いわゆる破綻国家として知られている。

長期独裁を行ったデュバリエ家の支配が終わった後、ハイチでは国政選挙が複数回行われたが、選挙の公正さや結果をめぐって複数の政治勢力が対立を続け、政治家や市民に身体的危害を加えることが常態と化した。ここで言う「政治勢力」には、いわゆるギャングが含まれる。彼らは武装し、企業を脅迫して活動資金を上納させ、外国人や宗教関係者を誘拐しては身代金を手に入れる。また、食料やガソリンなど生活必需品の物流を支配することで、市民の生活を支配している。対立するギャングに縄張りを支配されないよう、住民に対しては脅迫によって沈黙を強いる。

「数週間前から、抗争中のギャングたちは首都ポルトープランスの一部居住地を支配した。家を一軒ずつ訪ねては、女性をレイプし、男性を殺害し、ほとんどの成人は首をはねられ、親を失った子どもたちを無理やりメンバーにした」。これは二〇二二年七月に米紙ニューヨーク・タイムズに掲載された記事の冒頭であり、ギャングが市民に躊躇なく暴力を振るう残酷さを伝えている。

ギャングの発達は、二一世紀に入ってから政治家が政敵に危害を加える目的でギャングを用いるようになったことで、深刻な水準になったと言われる。ハイチでは、政治的に中立な立場から市民の治安を守る警察の力が不十分なため、政治家や有力な企業は政府の保護ではなく、ギャングに保護を求めるようになった。二〇一六年に大統領となったジョベネル・モイーズに至っては、あるギャングを討伐するため、ライバルのギャングに警察を通じて武器を渡したことで知られている。モイーズは二〇二一年七月に自宅で暗殺された。

ハイチ政府が自国民の安全を保障することは困難であると判断した国連は、二〇〇四年に多国籍軍をハイチに派遣し、治安の回復を図った。国連要員の滞在は二〇一九年まで続いたが、その退出後にギャングは再び活動を活性化させているとも報じられる。とどまるところを知らない暴力をいかに食い止め、市民が信頼を寄せる政府をどのようにして作り出すかという難しい問いにハイチは直面している。

3……注目すべきイシュー

ここまで、現在のラテンアメリカの政治が直面する問題の数々を扱ってきた。この章を締めくくるにあたり、前章まで散発的に言及されてきたにとどまるものの、今後の民主制に関わる重要な問題群を挙げる。

1 ⊙ 多様性の尊重

宗教や言語など、いわゆる文化的な属性を共有していると自ら考える集団をエスニシティと呼ぶ。ラテンアメリカでは独立以来、とりわけポピュリズムが登場してから、国民意識を強く持つことを政府が強く唱えてきた（第5章）。そこで想定される国民のイメージは、ヨーロッパ系の言語を話すなど、植民地期より各国の社会で優位にある文化的な要素を前提としたものであった。そして、国家が持続し、教育の普及などを通して国民の意識が高まるなら、エスニシティは消失するはずであるが、実際には逆の現象が発生した。

ラテンアメリカにおける代表的なエスニシティは先住民である。ここまでの記述では、国家形成期における土地の喪失（第3章）や、ポピュリズムが国民として先住民の存在に関心を向けたこと（第5章）、そして中米紛争における国家テロの被害者となる（第9章）など、先住民は国政で主導権を持てない存在として言及されてきた。植民地期以来、先住民としてのアイデンティティを持つことは難しいことであった上に（第1

章）、冷戦期に至るまでラテンアメリカの左派を率いたポピュリズムや社会主義においては、先住民は階級の観点から農民として扱われ、先住民の文化的な特徴が重視されることは乏しかった。

二〇世紀後半に入ると、国連を中心に各国の社会的弱者（マイノリティ）に対する人権保障の関心が高まるとともに、欧米の人類学者による現地調査が活発に行われるなど、ラテンアメリカの先住民に注目が集まるようになった。こうした国外からの支援を受け、農民運動のリーダーや高等教育の修了者など、エスニシティに対して強い問題意識を持つ先住民が運動を組織するようになった。その要求は大きく二点にまとめられ、先住民とそうでない人々との間にある経済的な格差や文化的な差別を解消すること、そして先住民が持つ文化的な属性を尊重することが唱えられた。

先住民運動が勢いを得た背景には、一九八〇年代に始まる「二重の移行」がある。政治活動を自由に行える環境が整う一方、新自由主義政策の導入によって政府による貧困や格差の是正が積極的に行われなくなった。そして、先住民の劣位の根源は植民地化に端を発し、新自由主義の導入が外国から課されたことから、国外から持ち込まれた脅威に対抗するというナショナリズム的な色彩を先住民運動は持つようになった。

一九九〇年代はラテンアメリカで先住民が大きく注目を集めた年であった。八〇年代に各国で運動が成長を始めていたことに加え、一九九二年はクリストバル・コロン（クリストファー・コロンブス）がアメリカ大陸に到達して五〇〇年にあたることから、ラテンアメリカ全体で先住民に関する議論が広くなされた。同年には、グアテマラの軍事政権の人権侵害に抵抗したマヤ系の女性先住民活動家であるリゴベルタ・メンチュが、ノーベル平和賞を受賞した。一九九四年にはメキシコ政府が米国やカナダと結んだ自由貿易協定が発効するタイミングで、同国南部の先住民がサパティスタ民族解放軍を名乗って蜂起し、これに支持を寄せる村落は国家に統治されない自治区であることを宣言するようになった。一方、ラテンアメリカ各国でも一つの国民（ネーション）の中に多様な文化を持つことを憲法に記載する改正が行われるようになった。コロンビアの議会において先住民と黒人に議席を割り当てたのも、この年代のことである（第10章）。

二〇〇五年には、ボリビアで先住民運動組織を基盤とする政党である社会主義運動（ＭＡＳ）が国政選挙で大勝を収め、翌年にはアイマラ先住民の出自を持つ党首エボ・モラレスが大統領に就任した。ＭＡＳは一九九〇年代のボリビアの地方分権改革によって（第10章）、地方議会で議席を確保し、躍進を遂げた政党として知られる。モラレスは憲法を全面的に改正し、国名をボリビア共和国からボリビア多民族国に改めたが、多民族に該当する語である「プルリナシオナル」は「複数のネーションの」という意味を持つ形容詞であり、一つの国には一つのネーションしかないという従来のラテンアメリカの国家観を変える意味で新奇的であった。

アイデンティティを尊重する意識は先住民に限らず、黒人、女性、性的少数者など、ラテンアメリカ社会に常に存在しながら配慮されてこなかった人々への対応を迫ることになる。ただ法律上で尊重を謳うだけでなく、具体的な政策として何を行っていくのかが、多様な市民を広く包摂し、政府の正統性を高める上での大きな課題となる。

2 ⦿ 環境保護とオルタナティブな開発

ラテンアメリカの歴史を通じて、経済成長は政治における一大関心事であった。政治的な立場が保守であるか革新であるかを問わず、国家が物質的に豊かになり、国民の生活が改善することは望ましいこととされた。しかし、人間の経済活動が自然環境に負荷を与え、それが気候変動などを通じて人間の生活自体を破壊してしまうという問題意識が二〇世紀後半より世界的に高まりを見せ、ラテンアメリカもまたその例外ではなかった。

環境保護を訴える者は、国外のアクターと協力しつつ、開発政策の変更を求めてきた。ブラジルのノロポロエステ計画はその先駆的な例である。この計画は、世界銀行の融資によってブラジル政府が同国北部の熱帯雨林に道路を開通し、入植を促すものであったが、過度な森林伐採などの問題が発覚した。問題を提起したのはブラジル国内の環境活動家たちであり、これを受けて世界自然保護基金（WWF）など国際NGOは米国の議員に訴え、米国の議会を通じて世界銀行に圧力をかけた。世界銀行は計画に対する融資の停止を一九八五年に決定した。

注目したいのは、当時のブラジルでは「開放（アベルツーラ）」が始まっていたことである（第8章）。政治的自由の保障の度合いが高まったことで、活動家の主張が国内外に向けて発信された。環境運動もまた、他の政治運動と同様、民主化によって勢いを得たと言える。

環境運動は先住民運動とも密接な関係を持つ。先住民は白人や混血に比べて農村部に在住する者が多く、石油や鉱物の開発、ダムの建設、森林の伐採による家畜放牧用地の確保など、様々な経済活動で生活を脅かされる可能性が高い。開発に反対する運動を起こした先住民や環境活動家が、暗殺など身体的な危害を加えられる例は後を絶たない。

ブラジルのアマゾンを舞台に活躍した環境活動家シコ・メンデスもその一人である。アマゾンの天然ゴム採取組合の指導者だったメンデスは、アマゾンの森林を牧草地に変える大土地所有者たちに反対する運動を展開した。メンデスの活動は国内外で評価されたが、その活動を嫌った大土地所有者が刺客を雇いメンデスを殺害してしまう。しかし彼の死はアマゾン森林が不法に伐採される現実を世界中に周知させた。メンデスはブラジル環境運動の象徴となり、その精神は現在の環境運動家たちに引き継がれている。

二一世紀における左傾化においては、ボリビアのモラレスのように、GDPの増加に代表される従来型の開発ではなく、人間や自然を搾取することなくすべてのものが共存できる社会を目指すことを唱える者も現れた。これは「よく生きること」というスローガンで知られ、ボリビアとエクアドルでは左派政権のもとで、「よく生きること」を国が追求する価値とする憲法改正がなされた。

しかし、二一世紀はまた資源ブームを経験した時代でもあり、その中で環境を尊重し、オルタナティブな開発を目指すことはラテンアメリカ諸国に難しい選択を迫る。環境保護を優先し、輸出可能な天然資源の開発を控えるなら、経済成長をあきらめることになり、貧困の改善が困難となるおそれが大きい。実際、二一世紀のラテンアメリカ諸国は、「よく生きること」を掲げた国も含め、積極的に資源開発を推進した。開発を行うことでも、行わないことでも不利益を被る国民がいる以上、政府がどこに解を求め、有権者の理解を得るかが問われることになる。

3 ⦿ 宗教組織

エスニシティと並び、近年のラテンアメリカで注目を集めているのが宗教組織の存在である。植民地期に社会秩序の中心とされたカトリックは（第2章）、独立後の自由主義の普及によって国教としての立場を失い（第3章）、特定の宗教が国の制度として特権的な地位を得ることはなくなった。その一方、革新的なカトリック教会関係者が、貧困者の支援や民主化運動の拠点を提供したことや（第8、9章）、中絶反対を支持する勢力としてカトリックの存在があるなど（第10章）、宗教は引き続き政治に密接なつながりを持っている。

二一世紀に入り、存在感を高めている集団としてプロテスタントの一派である福音派がある。カトリックに対抗する宗派であるプロテスタントは（第1章）、ラテンアメリカにおいては長らく少数派であったが、二〇世紀後半より福音派の信者数が増加する傾向にある。信者が人口に占める比率は、メキシコでは一九八〇年から二〇二〇年にかけて三パーセントから一一パーセントへ、ブラジルでは一九七〇年代から二〇二〇年代にかけて五パーセント程度から三〇パーセントを超える水準にまで達している。

福音派は他の宗教と同様、各国の政治に影響力を与えるべく組織的な活動を行う。選挙において特定の候補者を支持し、当選に導くことができれば、その政治家が福音派に好意的な政策を進めてくれる期待が生まれる。問題は、福音派組織が総じて極端な政策を主張していることにある。神とのつながりを得るべく自助努力を重視する立場から、福音派は、貧困政策を含め社会的弱者を保護する政策を否定する。さらに、神が世界を創造したという世界観に基づき、神の存在を否定する西洋科学や、それに基づいて編成される公的教育のカリキュラムもまた批判の対象となる。

宗教組織は信者を動員する力があるため、政治家にとっては有力な支持基盤となる。その一方、宗教組織が正しいと信じて疑わない主張が政治的に力を持つことは、政治に価値観をめぐる妥協困難な対立を持ち込むことになる。多様性を重視する立場からすれば、宗教組織の主張それ自体は尊重されなければならないが、具体的な政策を決めるにあたっては対立が深刻化するおそれがある。

4 ⦿ 国際犯罪組織

国際犯罪組織は強制力の独占という国家の前提を揺るがすものであるが、ラテンアメリカにおいてその存在感は強烈である。一九八九年の米国のパナマ侵攻においては、パナマ政府関係者が麻薬取引に関わったことが原因の一つであったが（第9章）、武器の売買や不法移民のあっせんなど、国境をまたぐ多様な違法活動によって莫大な利益を上げる組織が、一九八〇年代より成長を遂げた。メキシコのシナロア・カルテル、中米諸国のマラ・サルバトゥルチャ、ブラジルのコマンド・ヴェルメーリョがその代表例である。これら犯罪組織は武器を所有するとともに、各国の政府関係者に贈賄や脅迫を仕掛けることで、処罰を免れてきた。

国際犯罪組織の存在は民主化にとって負の効果がある。非合法組織の成長と政府への不信には表裏一体の関係がある。非合法組織が成長すれば、生活への不安を常に抱え続ける市民は政府を信頼しなくなる。一方、十分な水準の生活を保障できない、非合法な活動をしても罰せられないなど政府の機能に対する市民の信頼の欠如が生じれば、非合法組織に参加することで生活の保障を求める市民も増える。こうした循環を断ち切るには、政府は妥協なく非合法組織の撲滅に邁進することが考えられるが、これは軍や警察による過剰な暴力行使につながる可能性がある。すなわち、非合法組織との関連が疑われるだけで不当に逮捕されるなど、市民の自由が侵害されやすい。

現在、国際犯罪組織に対抗するために、各国政府は密接な連携を取るようになっている。犯罪組織の被害者もまた、同じ経験を共有する存在として連携し、政府に対応や補償を求める動きを見せている。民主制への脅威となる国際犯罪組織はもはや一国で対応する問題ではなく、国際的に取り組むべき課題である。

あとがき

本書の構想は、ラテンアメリカ政治全体を俯瞰する教科書の必要性を感じていた舛方が、宮地に話を持ちかけたところから始まる。そして、約四年にわたる打ち合わせを経て、本書は完成に至った。二〇二〇年に新型コロナウイルスの感染が拡大してからはオンラインで構想を練り、毎月互いの進捗を確認しながら原稿を書き進めた。当初は第1章から第7章までを宮地が、第8章から第12章までを舛方が執筆する予定であったが、何度も議論を重ねて改稿したため、実質的にはすべての章を共同で執筆したということになる。

構想の段階では、筆者の出身校で当時学んでいた大学院生である安良城桃子さん、上野祥さん、菅野寿一さん、中尾実日子さんに内容を確認して頂いた。また、初稿作成の段階からは東京外国語大学の学部生である飯田理沙さんと遠藤大輔さんも加わって下さった。学生の方々からのチェックが入ったことで、高校と大学の橋渡しを目指す教科書としての質は高まった。

また、初稿を書き上げた後、ラテンアメリカ政治・社会を専門とする研究者たちと検討会を開く機会に恵まれた。磯田沙織さん、岡田勇さん、菊池啓一さん、田中秀一さん、牧田裕美さん、三浦航太さん、そしてロメロ＝ホシノ・イサミさんからは数多くの有益なコメントを頂いた。さらに、構想から出版に至るまで、内山直子先生、大矢根聡先生、酒井啓子先生、高橋均先生から貴重な助言を賜った。

最後に、出版不況と言われて久しい現状にもかかわらず、本書の企画に光を当て、のびのび書きなさいと背中を押して下さった東京外国語大学出版会元編集長の岩崎稔先生、暗礁に乗り上げかけた企画を軌道に戻して下さった現編集長の久野量一先生、そして原稿の進捗を辛抱強く見守り、真摯で丁寧な仕事をして下さった編集者の大内宏信さんに感謝したい。

二〇二三年二月

筆者一同

人名索引

〔ア行〕

〔カ行〕

〔サ行〕

〔タ行〕

欧文略語

〔さ行〕

事項索引

【著者紹介】

舛方周一郎
（ますかた しゅういちろう）

東京外国語大学世界言語社会教育センター講師。1983年生まれ。上智大学大学院グローバル・スタディーズ研究科博士後期課程修了、博士（国際関係論）。サンパウロ大学客員研究員、神田外語大学専任講師を経て2020年4月より現職。専門は国際関係論、現代ブラジル政治。著書に『つながりと選択の環境政治学――「グローバル・ガバナンス」の時代におけるブラジル気候変動政策』（晃洋書房、2022年）、“Global environmental governance and ODA from Japan to Brazil,” Nobuaki Hamaguchi and Danielly Ramos eds. *Brazil-Japan Cooperation: From Complementarity to Shared Value*, Springer, 2022, “Illiberal Bandwagoning: United States–Brazil Relations under the Trump-Bolsonaro Administrations,” Hiroki Kusano and Hiro Katsumata eds. *Non-Western Nations and the Liberal International Order: Responding to the Backlash in the West*, Routledge, forthcoming などがある。

宮地隆廣
（みやち たかひろ）

東京大学大学院総合文化研究科教授。1976年生まれ。東京大学大学院総合文化研究科博士課程単位取得退学、博士（学術）。同志社大学専任講師、東京外国語大学准教授、東京大学准教授を経て、2022年4月より現職。専門は比較政治学、ラテンアメリカの政治と開発。主な著書として『解釈する民族運動――構成主義によるボリビアとエクアドルの比較分析』（東京大学出版会、2014年）、主な論文として “Referendo de iniciativa gubernamental y calidad de la democracia en América Latina,” *De Política*（Asociación Mexicana de Ciencias Políticas）9, 2017、訳書としてフェルナンド・エンリケ・カルドーゾ／エンソ・ファレット『ラテンアメリカにおける従属と発展――グローバリゼーションの歴史社会学』（鈴木茂・受田宏之との共訳、東京外国語大学出版会、2012年）がある。

世界の中のラテンアメリカ政治

二〇二三年三月二三日　初版第一刷発行

著　者……舛方周一郎　宮地隆廣
発行者……林　佳世子
発行所……東京外国語大学出版会
〒一八三-八五三四　東京都府中市朝日町三-一一-一
電話番号……〇四二（三三〇）五五五九
ＦＡＸ番号…〇四二（三三〇）五一九九
e-mail　tufspub@tufs.ac.jp

装丁者……臼井新太郎
印刷・製本…株式会社　精興社

Printed in Japan
ISBN978-4-910635-04-0